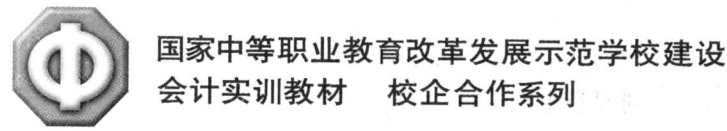

国家中等职业教育改革发展示范学校建设
会计实训教材　校企合作系列

政府与非营利组织会计岗位实务

刘智慧／主编

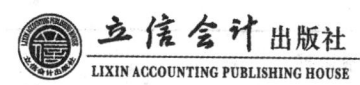

图书在版编目(CIP)数据

政府与非营利组织会计岗位实务/刘智慧主编. —上海：立信会计出版社，2015.7
(校企合作系列)
国家中等职业教育改革发展示范学校建设. 会计实训教材
ISBN 978 - 7 - 5429 - 4550 - 1

Ⅰ.①政… Ⅱ.①刘… Ⅲ.①单位预算会计—中等专业学校—教材 Ⅳ.①F810.6

中国版本图书馆 CIP 数据核字(2015)第 025927 号

策划编辑　　余　榕
责任编辑　　余　榕
封面设计　　周崇文

政府与非营利组织会计岗位实务

出版发行	立信会计出版社
地　　址	上海市中山西路 2230 号　　邮政编码　200235
电　　话	(021)64411389　　传　真　(021)64411325
网　　址	www.lixinaph.com　　电子邮箱　lxaph@sh163.net
网上书店	www.shlx.net　　电　话　(021)64411071
经　　销	各地新华书店
印　　刷	上海天地海设计印刷有限公司
开　　本	787 毫米×1092 毫米　　1/16
印　　张	18
字　　数	441 千字
版　　次	2015 年 7 月第 1 版
印　　次	2015 年 7 月第 1 次
印　　数	1—3100
书　　号	ISBN 978 - 7 - 5429 - 4550 - 1/F
定　　价	35.00 元

如有印订差错，请与本社联系调换

国家中等职业教育改革发展示范学校建设
会计实训教材 校企合作系列
编委会名单

主　　　任	韦雁玲	广西银行学校会计教学部主任
副　主　任	胡志勇	广西财政厅财会考试培训中心主任
	张红梅	广西银行学校会计教学部副主任

参编行业专家　（排名不分先后）

官小军	厦门网中网软件有限公司注册会计师
覃惠萍	广西机电设备总公司注册会计师
谢　聪	南宁市中智会计代理公司注册会计师
黄隽梅	南宁市佳永商务有限公司会计师
刘俊峰	广西南宁驰鼎科技有限公司总经理

参编学校教师（排名不分先后）

蒙丽容　吴　瑶　梁　湛　陆振萍　许小曼
李树佳　刘智慧　李　燕　张　祺　邹　虹
崔丹婷　李思静　陈　添　陈素萍

GENERAL PREFACE 总　　序

《国家中长期教育改革和发展规划纲要（2010—2020 年）》提出："大力发展职业教育。""把提高质量作为重点。以服务为宗旨，以就业为导向，推进教育教学改革。实行工学结合、校企合作、顶岗实习的人才培养模式。""建立健全技能型人才到职业学校从教的制度。调动行业企业的积极性。""建立健全政府主导、行业指导、企业参与的办学机制，制定促进校企合作办学法规，推进校企合作制度化。鼓励行业组织、企业举办职业学校，鼓励委托职业学校进行职工培训。制定优惠政策，鼓励企业接收学生实习实训和教师实践，鼓励企业加大对职业教育的投入。"专业建设的核心是课程建设，课程建设的核心是教学内容改革与创新，教材则是教学内容的主要载体，教学基本建设的重要内容，更是教学改革成果的具体体现。

在"国家中等职业教育改革发展示范学校建设"中，会计专业是目前全国各中等职业学校设置较为普遍的专业之一，招生规模大，在校生人数多。近年来，全国中职会计专业的教材建设取得了长足进步，各学校一线骨干教师，根据《国家中长期教育改革和发展规划纲要（2010—2020 年）》提出的要求，系统研究了国内外中等职业教育的特点，不断总结全国各中职学校成功教学经验，依托自身教学改革和专业建设推出很多高质量的教材。

广西银行学校作为"国家中等职业教育改革发展示范学校建设"第一批立项建设学校，其会计专业实力雄厚，有一支业务水平高、教学能力强、专兼结合、双师型结构的优秀教学团队。近年来，广西银行学校在大力推进教学改革的基础上，在专业建设方面取得了明显成效，毕业生就业率达到95%以上,毕业生双证率达到99%以上,地域品牌效应显著,已经成为广西中职学校会计专业学生规模最大的学校。广西银行学校教师依据教学改革成果,结合中职教育人才培养目标和会计专业特点,以本校为主,在会计专业理事分会的指导下,联合行业企业专家,推出一套具有很强的实用性和科学性的高质量的基于工作过程的会计实训教材。

本套基于工作过程的会计实训教材主要具有以下特征:

(1) 从职业能力出发,注重培养学生的岗位技能。技能型人才是中等职业教育的培养目标,会计职业技能是学生立足社会之本,本套教材从会计岗位工作过程入手,突出培养学生的岗位实践动手能力,每部分教学内容把"基础知识"、"岗位技能"、"职业素养"等教学目标有机整合,设置职业能力目标,明确典型工作任务,引导学生进行有效学习。

(2) 注重学生可持续发展的需要,拓宽学生视野。在突出培养学生实践动手能力的同时,也兼顾学生可持续发展能力的培养,本套教材在编写时充分考虑了中职学生职业发展需求和综合能力的培养,又融入会计专业理论知识,尤其是对与实践业务紧密结合的会计专业理论知识进行了一定的拓展,为学生进一步深造和走上工作岗位的后续发展奠定基础。

(3) "岗位、证书、订单"一体化有效衔接。"岗位、证书、订单"一体化是中等职业教育教学组织的重要方式,配合教学形式的要求,本套教材中按"岗位"设置内容,结合考取职业资格证书的要求,让学生在学习过程中能够进行即时训练,在每一业务活动后均设置"练一练"内容,进一步巩固学生所学内容的同时,有效地与职业资格证书相衔接,并对职业技能进行系统训练。

(4) 校企合作,突出职业素养的培养。校企合作是中等职业教育永恒的主题,在"国家中等职业教育改革发展示范学校建设"中,企业全程参与专业建设。在本套教材编写过程中,广西银行学校专门成立了教材编委会,从课程标准的制定到教材的编写与审定,校企共同参与其中,尤其在实践环节的内容和处理方法上,由企业人员把关,使教材的会计岗位特色更加鲜明,更适合培养学生的综合技能。

本套教材依据《企业会计准则》和《小企业会计准则》编写,是广西银行学校和行业企业专家在国家中等职业教育改革发展示范学校建设中的心血和结晶,不论是课程标准的开发,还是教学内容的把握、教学方法的运用、教学设计和创新,都凝聚了编写队伍多年的教学经验和心血,本套教材的出版,相信会为中职教育教材建设的不断发展提供新的助力。

韦雁玲

FOREWORD 前 言

　　政府与非营利组织会计是会计学在政府预算管理中的运用,是与企业会计相并列的两大会计分支之一。作为执行国家预算的会计,政府与非营利组织会计是国家预算管理的组成部分,其核算对象是反映和监督国家集中与分配财政资金过程中所引起的财政资金收支活动及其结果。以财政部1997年颁布并于1998年起施行的《财政总预算会计制度》、2013年颁布并于2014年起施行的《行政单位会计制度》、2012年颁布并于2013年起施行的《事业单位会计准则》和《事业单位会计制度》、2004年颁布并于2005年起施行的《民间非营利组织会计制度》为标志,我国的政府与非营利组织会计经过了一次比较彻底的改革,其理论体系和技术方法也发生了很大的变化,这些情况使政府与非营利组织会计理论与实践都必须顺应时代发展的需要。为适应会计专业教育的需要,在吸收国内同类教材的优点的基础上,编者结合多年来的会计教学经验而编写了本书。

　　本书按"模块—任务—业务活动"的结构进行编写,以各个会计主体作为模块,以会计要素作为任务,以各主要会计账户作为业务活动。全书主要分为五个模块:模块一为总论,主要介绍政府与非营利组织会计的基本概念、基本理论和基本方法;模块二为财政总预算会计,主要介绍财政资产、负债、净资产、收入、支出;模块三为行政单位会计,主要介绍行政单位资产、负债、净资产、收入、支出;模块四为事业单位会计,主要介绍事业单位资产、负债、净资产、收入、支出;模块五为民间非营利组织会计,主要介绍民间非营利组织资产、负债、净资产、收入、支出。本书最大的特色就是注重实际操作,不仅在正文中均以实务、案例的形式展开,而且在课后习题的安排中,每个业务活动后都设置"练一练",每个任务后都设置实训题,每个模块后更设置了一套综合实训。希望通过这些习题的解答,能够促使学生对各个会计主体的会计方法和理论知识有更加深入和全面的理解。

本书由刘智慧担任主编,负责拟定大纲并统稿;吴瑶、张祺、陈素萍任副主编。本书的具体编写分工如下:

刘智慧编写模块一和模块二;张祺、陈洁怡编写模块三;吴瑶编写模块四;陈素萍编写模块五。

本书可以用作中等职业学校财会类专业和其他专业开设预算会计、公共部门会计、政府与非营利组织会计等课程的教材;也可作为财政总预算会计人员、行政事业单位和民间非营利组织会计人员的岗位培训用书,以及财会人员的自学参考书籍。

由于编者水平有限,书中难免存在错漏之处,恳请广大读者批评指正。编者不胜感激!

编 者

2015 年 7 月

CONTENTS 目　录

模块 1　总论 ··· 001
　　任务 1　政府与非营利组织会计概述 ·· 001
　　任务 2　政府与非营利组织会计的基本理论 ·· 004
　　任务 3　政府与非营利组织会计的组成体系 ·· 007

模块 2　财政总预算会计 ··· 010
　　任务 1　财政资产 ·· 012
　　任务 2　财政负债 ·· 032
　　任务 3　财政净资产 ··· 038
　　任务 4　财政收入 ·· 045
　　任务 5　财政支出 ·· 056
　　综合实训题 ··· 068

模块 3　行政单位会计 ··· 070
　　任务 1　行政单位会计资产 ·· 071
　　任务 2　行政单位会计负债 ·· 099
　　任务 3　行政单位会计净资产 ··· 109
　　任务 4　行政单位会计收入 ·· 119
　　任务 5　行政单位会计支出 ·· 127
　　综合实训题 ··· 135

模块 4　事业单位会计 ··· 137
　　任务 1　事业单位会计资产 ·· 139
　　任务 2　事业单位会计负债 ·· 159
　　任务 3　事业单位会计净资产 ··· 173
　　任务 4　事业单位会计收入 ·· 184

任务5　事业单位会计支出 197
　　综合实训题 210

模块5　民间非营利组织会计 213
　　任务1　民间非营利组织资产 214
　　任务2　民间非营利组织负债 238
　　任务3　民间非营利组织净资产的核算 248
　　任务4　民间非营利组织收入 252
　　任务5　民间非营利组织费用 261
　　综合实训题 264

各章综合实训题参考答案 266

模块 1

总　论

学习目标	了解政府与非营利组织会计的概念；知道政府与非营利组织的会计主体、目标、原则、会计要素及组成体系。
能力目标	通过学习，学生能够对财政总预算会计、行政单位会计、事业单位会计和民间非营利组织的财务核算有一个全面的了解。
背景介绍	会计是伴随着人类的生产实践而产生的管理活动，是一个以提供财务信息为主的经济信息系统。政府与非营利组织会计是现代会计中与企业会计相对应的另一分支，是适用于各级政府部门、行政单位、事业单位和各类非营利组织的会计体系，它不以营利为目的，一般不直接生产物质产品，而是通过各自的业务(服务)活动，为上层建筑、生产建设和人民生活服务。

任务 1　政府与非营利组织会计概述

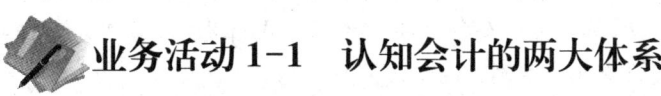

业务活动 1-1　认知会计的两大体系

【活动目标】　熟知会计的两大体系，认知非营利组织会计。

【例 1-1】　会计按其核算、监督的对象及适应范围划分，可分为哪两大体系？

社会组织按照是否以营利为目的分类及其与会计分类的关系(见图 1-1)。

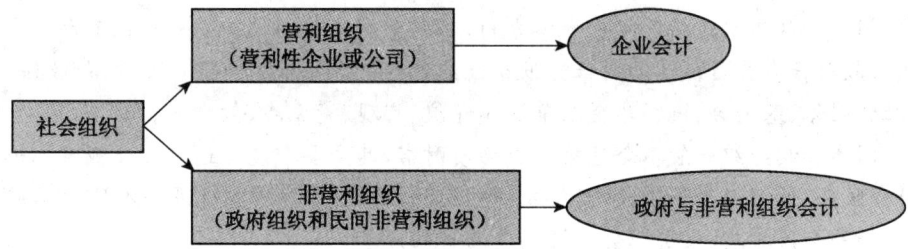

图 1-1　社会组织分类及其与会计分类关系图

知识链接

政府与非营利组织

政府与非营利组织就是不以营利为目的的组织,在我国主要指各级政府部门、行政单位、事业单位及其他民间非营利组织。它们在社会再生产过程中担负不同的任务,具有不同的社会职能。

1. 政府部门及其职能

各级政府部门是组织国家财政收支,办理国家预算、决算(中央及地方)的行政机关,包括中央、省(自治区、直辖市)、县(市、区)、乡(镇)等各级政府机关。其中,财政部门的主要职能是组织预算收入,合理安排国家预算支出,完成各级政府核定的预算任务,对国民经济进行宏观调控和管理。

2. 行政单位及其职能

行政单位是国家为实现对社会公共事务的有效管理而按一定的法律程序建立起来的组织实体。行政单位按其管理职权不同分为以下几类:

(1) 国家权力机关:主要指中央和地方各级人民代表大会及其常务委员会的常设机构。

(2) 国家行政机关:主要指国务院及地方各级人民政府的常设机构及其派出机构。

(3) 司法机关:主要指中央及地方各级法院和检察机关。

(4) 列入国家行政编制的各党派和人民团体。

行政单位的主要职能是对社会公共事务实施有效的管理,并通过使用国家管理职能,组织、领导和调控国民经济与社会发展。行政单位在国民经济和社会发展中起着统筹规划和核心的作用。

3. 事业单位及其职能

事业单位是指国家以社会公益为目的的,由国家机关举办或者其他组织利用国有资产举办的,从事教育、科技、文化、卫生等活动的社会服务组织,在组织形式上一般都表现为一定的机构,接受某一个行政部门的领导或者资助,通常分为科研、文化、教育、卫生以及经济建设等几个类别。

事业单位的主要职能有二:一是从事教育、卫生、科技、文化等领域的公共服务活动;二是在特定的情境下,依据法律、法规的授权和行政机关的委托,从事一定社会事务的管理活动。

4. 民间非营利组织及其职能

民间非营利组织是指民间出资举办的,不以营利为目的的,从事教育、科技、文化、卫生、宗教等社会公益性活动的社会服务性组织,具体包括依照国家法律、行政法规登记的社会团体、基金会、民办非企业单位和寺院、宫观、清真寺、教堂等。

民间非营利组织一般不会直接创造物质财富,其主要职能是通过文化教育、科学技术、社会服务、医疗卫生等手段,直接或间接地为上层建筑、经济建设和人民生活服务,以达到提高全民素质、促进社会经济发展的目的。

1. （单项选择题）会计学有两大分支：一是政府与非营利组织会计，二是（　　）。
   A. 企业会计　　　B. 预算会计　　　C. 管理会计　　　D. 财务会计
2. （单项选择题）下列各项中，不属于政府与非营利组织的会计主体是（　　）。
   A. 南宁市财政局　　　　　　　　　B. 广西大学
   C. 北京市民政局　　　　　　　　　D. 国家地震局

业务活动 1-2　政府与非营利组织会计的概念

【活动目标】　了解政府与非营利组织会计的概念，知晓非营利组织的构成。

政府与非营利组织会计是以预算（政府预算和单位预算）管理为中心，以经济和社会事业发展为目的，以预算收支核算为重点，用于反映和监督社会再生产过程中精神生产和社会福利领域（分配领域）的国家预算资金及单位业务资金运动的会计体系。政府与非营利组织会计不以营利为目的，由各级财政总预算会计、行政单位会计、事业单位会计、民间非营利组织会计共同组成（见图 1-2）。

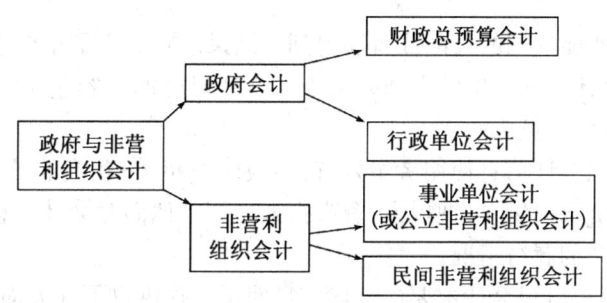

图 1-2　政府与非营利组织会计的构成

1. （单项选择题）在政府与非营利组织会计体系中，我国检察机关会计属于（　　）。
   A. 财政会计　　　　　　　　　　　B. 事业单位会计
   C. 非营利组织会计　　　　　　　　D. 政府会计
2. （单项选择题）在政府与非营利组织会计体系中，我国公立学校会计属于（　　）。
   A. 财政会计　　　　　　　　　　　B. 事业单位会计
   C. 非营利组织会计　　　　　　　　D. 政府会计
3. （判断题）我国的政府与非营利组织会计是建立在预算会计的基础上，从预算会计发展而来的。（　　）
4. （判断题）我国所有的学校、医院均属于非营利组织，其会计核算均为非营利组织会计。（　　）
5. （判断题）我国的国有企业由政府投资举办，所以属于政府会计的范畴。（　　）

任务2 政府与非营利组织会计的基本理论

业务活动1-3 知 识 准 备

【活动目标】 知晓政府与非营利组织会计的会计主体、会计目标及会计原则,熟知政府与非营利组织会计的特殊核算原则。

1. 会计主体

会计主体是指会计工作为之服务的特定单位。作为一个会计主体,必须拥有资产,承担义务,独立进行财务活动,实行独立的经济核算。

政府与非营利组织会计的主体是各级政府、行政机关以及各类非营利组织。财政总预算会计的主体是各级政府而不是财政机关。因为财政总预算各项收支的使用,是国家各级政府的职权范围,财政机关只是代表政府执行预算,管理财政收支。行政单位和非营利组织会计的主体,是会计为之服务的各类行政机关和各类非营利组织。

2. 会计目标

会计目标是会计所要达到的目的或者要得到的结果。它决定了整个会计活动过程的发展方向和方式,是进行会计活动的出发点和归结点。会计目标的内容包括:向谁提供信息;提供哪些信息;如何提供这些信息。

政府与非营利组织会计信息使用者主要有:各级政府机关;各类非营利组织董事会、理事会;债券购买者;各类资金提供者;纳税人;资产捐赠人等。他们对会计信息的关注点在于政府与非营利组织受托责任的履行情况。

因此,政府与非营利组织会计主要向上述信息使用者提供以下几方面的会计信息:

(1) 提供单位预算和各单位财务收支情况的信息。

(2) 提供资金使用效益与信息。

(3) 提供非营利组织服务能力的信息。

(4) 提供经济资源、债权债务、净资产及其变动的信息。

3. 会计原则

市场经济的建立和发展,对会计工作提出了更高的要求,政府与非营利组织会计工作毫不例外。为了保证政府与非营利组织会计工作的顺利进行,保证其所提供的会计信息质量,政府与非营利组织会计核算过程中首先应遵循衡量会计信息质量的一般原则:可靠性(客观、真实)、相关性、可比性(横向可比和纵向可比)、一贯性、及时性、重要性、配比性、可理解性(明晰性);其次应遵循对经济业务确认、计量、报告要求的原则:收付实现制和权责发生制原则以及专款专用原则。

1) 收付实现制和权责发生制原则

(1) 权责发生制是按照收入的权利和支出的义务发生时间来确定收益和费用归属期的会计原则。

(2) 收付实现制是按照款项时间收到或付出的日期来确定收益和费用归属期的会计

原则。

财政总预算会计和行政单位会计统一采用收付实现制;事业单位会计采用收付实现制(其中:发生经营业务的采用权责发生制);民间非营利组织会计则采用权责发生制。

2) 专款专用原则

专款专用原则是指对于特定用途的资金,应当按照规定的用途使用,不得擅自改变用途,挪作他用,并应单独报告。

1. (单项选择题)政府与非营利组织会计的外部信息使用者对会计信息的要求是(　　)。
   A. 反映受托责任履行情况　　　　B. 反映内部管理情况
   C. 反映盈利能力　　　　　　　　D. 反映偿债能力
2. (单项选择题)政府与非营利组织的主要目标是(　　)。
   A. 谋求最大利润　　　　　　　　B. 谋求最大经济效益
   C. 谋求最大社会效益　　　　　　D. 谋求最大财富
3. (单项选择题)与企业会计相比,我国政府会计特有的会计原则是(　　)。
   A. 相关性原则　　　　　　　　　B. 客观性原则
   C. 一贯性原则　　　　　　　　　D. 专款专用原则
4. (单项选择题)不完全以收付实现制作为会计处理基础的单位是(　　)。
   A. 行政单位　　　　　　　　　　B. 事业单位
   C. 非营利组织　　　　　　　　　D. 政府机关
5. (多项选择题)政府与非营利组织会计信息的使用者包括(　　)。
   A. 资源提供者　　　　　　　　　B. 社会监督机构
   C. 投资者　　　　　　　　　　　D. 服务对象
   E. 政府组织
6. (多项选择题)我国政府与非营利组织会计中完全采用收付实现制会计基础的专业会计有(　　)。
   A. 财政总预算会计　　　　　　　B. 行政单位会计
   C. 民间非营利组织会计　　　　　D. 事业单位会计
7. (判断题)财政总预算会计核算的主体是各级财政机关。　　　　　　　　　　(　　)

业务活动1-4　会 计 要 素

【活动目标】　知晓政府与非营利组织会计的会计要素,能够判别各会计要素之间的关系。

1. 政府与非营利组织会计要素的含义

政府与非营利组织会计核算的一般对象,是指各级政府、行政事业单位和各类非营利组织实际发生的各项经济业务,即预算资金收支活动过程和结果。为了全面核算、监督政府与非营利组织发生的资金运动,政府与非营利组织会计核算的一般对象可进一步划分为资产、负债、净资产、收入、支出五大类,每一会计要素都有其特定的内涵,并进一步细分为若干项目。

1) 资产

资产是指政府与非营利组织过去的交易或事项形成并由政府与非营利组织拥有或者控制的资源,该资源预期会给政府与非营利组织带来经济利益或者服务潜能。资产包括各种财产、债权和权利。

2) 负债

负债是指政府与非营利组织过去的交易或事项形成的现时义务,履行该义务预期会导致含有经济利益或者服务潜能的资源流出政府与非营利组织。

3) 净资产

净资产是指政府与非营利组织所拥有的资产净值,从数量上等于会计主体资产减去负债后的余额。

4) 收入

收入是指政府与非营利组织开展业务活动依法取得的,导致本期净资产增加的经济利益的流入。该经济利益的流入具有非偿还性。

5) 支出

支出是指政府与非营利组织为开展业务活动,按照经批准的预算所发生的、导致本期净资产减少的各项资产耗费和损失。

小贴士

政府与非营利组织会计通常也不设结余要素,因为结余通常不作为考核政府与非营利组织财务业绩的重要指标。

2. 政府与非营利组织会计等式

政府与非营利组织会计要素之间客观存在着必然相等的关系,称为会计等式或会计平衡式。其用公式表示为:

$$资产 = 负债 + 净资产 \quad (1)$$

在政府与非营利组织经济业务发生过程中,必然取得一定数额的收入,同时相对应地发生一定数额的支出。收入与支出相抵后的余额称为结余,三者的关系用公式表示为:

$$收入 - 支出 = 结余 \quad (2)$$

一定期间的结余可以增加净资产(结余为负数时减少净资产),将公式(1)、公式(2)结合起来表示为:

$$资产 = 负债 + 净资产 + (收入 - 支出) \quad (3)$$
$$资产 + 支出 = 负债 + 净资产 + 收入$$

公式(1)通常称为静态会计等式,反映了政府与非营利组织在某一时点上的资产、负债和净资产的情况;公式(2)、公式(3)通常称为动态会计等式,反映了政府与非营利组织收支结余情况和净资产增加情况。

1. （多项选择题）政府与非营利组织会计要素包括（　　）。
   A. 资产及负债　　B. 利润　　C. 收入与支出　　D. 所有者权益
   E. 结余　　F. 净资产
2. （判断题）政府与非营利组织会计与企业会计的会计等式相同。（　　）
3. （简答题）资产与支出为什么统称为资产部类要素？两者有什么共同点？
4. （简答题）负债、净资产与收入为什么统称为负债部类要素？三者有什么共同点？

任务 3　政府与非营利组织会计的组成体系

业务活动 1-5　政府预算的组成体系

【活动目标】　了解政府与非营利组织会计的组成体系。

政府与非营利组织会计核算的一般对象是预算资金收支活动的过程和结果,因此政府预算组成体系决定了政府与非营利组织会计的组成体系。政府预算组成体系按照统一领导分级管理原则进行。

1. 纵向体系

政府预算组成纵向体系是按照国家政权结构和行政区域来划分的,实行一级政府一级预算(见图 1-3)。

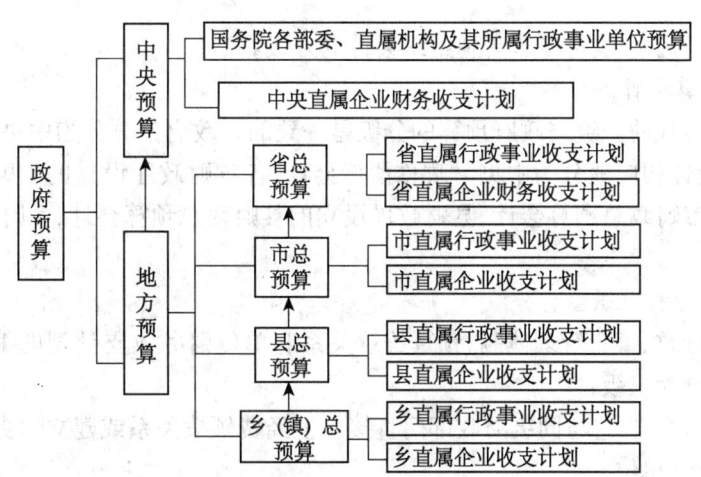

图 1-3　政府预算组成纵向体系

2. 横向体系

政府预算组成横向体系是按照各级政府所属各部门划分建立的,由各级政府财政总预算会计、行政单位会计、事业单位会计、民间非营利组织会计和参与预算执行的国库会计、税收征解会计、专业银行拨款会计共同组成(见图1-4)。

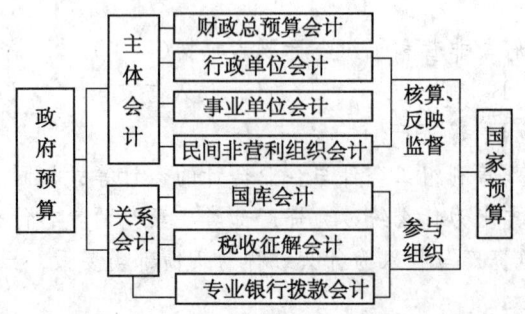

图1-4 政府预算组成横向体系

1. (单项选择题)我国财政总预算会计管理体系设置的原则为(　　)。
   A. 按管理权限设置　　　　　　B. 统一领导、分级管理
   C. 按行政区域设置　　　　　　D. 一级政府,以及总预算会计
2. (多项选择题)参与政府预算执行的会计有(　　)。
   A. 国库会计　　B. 企业会计　　C. 税收会计　　D. 财务会计
   E. 专业银行拨款会计
3. (判断题)政府与非营利组织会计组成体系与政府预算体系相一致。(　　)

业务活动1-6　政府与非营利组织会计的分级

【活动目标】　了解政府与非营利组织会计的分级。

1. 财政总预算会计的分级

财政总预算会计的分级与政府预算的分级是一致的。政府预算分为中央、省、市、县、乡五级,财政总预算会计相应地分为中央财政总预算会计、各省财政厅设立的省财政总预算会计、市财政局设立的市财政总预算会计、县财政局设立的县财政总预算会计、乡财政所设立的乡财政总预算会计。

2. 行政与非营利组织会计分级

按照现行的行政、事业管理体制、预算拨款关系和单位财务收支计划的编制程序,行政与非营利组织会计分为三级:

(1) 主管会计单位:它与同级财政部门直接发生经费领拨关系或建立财务关系,并有所属会计的,为主管会计单位。

(2) 二级会计单位:它与主管会计单位或上级会计单位发生经费领拨关系、财务收支计划与会计决算审批关系,并有所属会计单位的,为二级会计单位。

(3) 三级会计单位:它与主管会计单位或二级会计单位发生经费领拨关系、财务收支计划与会计决算审批关系,下面没有所属会计单位的,为三级会计单位,也称基层会计单位。

政府与非营利组织会计的分级见图1-5。

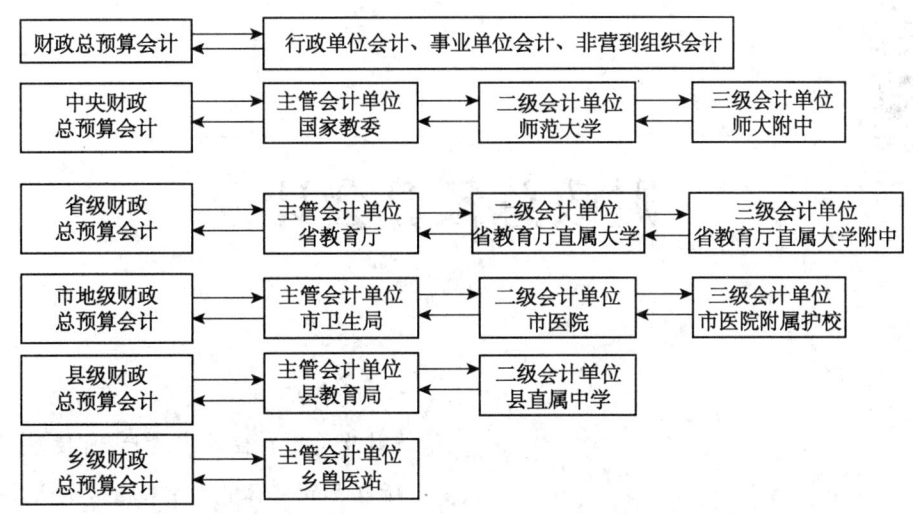

注：→表示指导监督关系；←表示经费领报关系。

图1-5 政府与非营利组织会计的分级

1. （单项选择题）下列各项中，行政单位接受（　　）的指导监督。
A. 政府　　　　B. 事业单位　　　C. 非营利组织　　　D. 其他
2. （单项选择题）下列各项中，事业单位向（　　）进行经费的领报。
A. 政府　　　　B. 行政单位　　　C. 非营利组织　　　D. 其他

模块 2

财政总预算会计

学习目标

了解财政总预算会计中资产、负债、净资产、收入、支出所包含的具体内容;掌握这五大会计要素之间的关系;熟悉这五大要素中的常用会计科目;清楚地掌握各个科目的记账规则;掌握各个会计科目的账务处理程序。

能力目标

掌握财政总预算会计各个会计科目的账务处理程序,对具体的经济业务能够正确及时地办理核算工作;调度好各项财政资金;实行会计监督,参与预算管理;组织和指导预算会计工作;做好预算会计的有关管理工作。

背景介绍

财政总预算会计为国家预算执行服务,对财政性资金进行核算和监督,为合理调度预算资金提供会计信息,并为宏观经济管理提供信息。财政总预算会计核算的是国家的预算收支情况,其业务范围主要包括资产业务、负债业务、净资产业务、收入业务和支出业务。在核算这些业务过程中,要求采用收付实现制进行业务核算,并且不进行成本核算和计算损益,这与企业会计有着本质的区别。现在我们就来学习财政总预算会计的会计科目(见表2-1)和各种经济业务的处理。

表 2-1　　　　　　　　　　　财政总预算会计科目表

编　号	科 目 名 称	编　号	科 目 名 称
一、资产类		307	专用基金结余
101	国库存款	321	预算周转金
102	其他财政存款	322	财政周转基金
103	财政零余额账户存款	四、收入类	
104	有价证券	401	一般预算收入
105	在途款	405	基金预算收入
111	暂付款	406	国有资本经营预算收入
112	与下级往来	407	专用基金收入
121	预拨经费	411	补助收入
122	基建拨款	412	上解收入
131	财政周转金放款	414	调入资金
132	借出财政周转金	425	财政周转金收入
133	待处理财政周转金	五、支出类	
二、负债类		501	一般预算支出
211	暂存款	505	基金预算支出
212	与上级往来	506	国有资本经营预算支出
213	已结报支出	507	专用基金支出
222	借入款	511	补助支出
223	借入财政周转金	512	上解支出
三、净资产类		514	调出资金
301	预算结余	516	国有资本经营预算调出资金
305	基金预算结余	524	财政周转金支出
306	国有资本经营预算结余		

本章的例题均围绕×市财政局 2014 年发生的经济业务展开。该市财政局的主体背景如下：

主体名称：×市财政局　　　　　　　　公章：
性　　质：政府机关
法　　人：黄　兵
财务主管：李　宏
会　　计：陈　雨
出　　纳：梁　晓
开户银行：中国工商银行×市朝阳支行
账　　号：006082007000000001

任务1 财政资产

财政资产是指一级财政所掌管或控制的能以货币计量的经济资源,包括财政性存款、有价证券、暂付及应收款项、预拨款项、财政周转金等。根据《财政部预算会计制度》的规定,财政资产适用收付实现制(现金制)原则确认,根据实际发生款额计量。

 业务活动2-1 财政性存款的核算

【活动目标】 知晓财政性存款的管理规定,学会财政性存款收支的账务处理。

1. 财政性存款的概念

财政性存款是财政部门代表政府所掌管的财政资金,包括国库存款和其他财政存款。为了核算财政性存款,应设置"国库存款"账户和"其他财政存款"账户。

2. 账户设置及账务处理

1)"国库存款"账户

该账户核算各级总预算会计在国库的预算资金(含一般预算和基金预算)存款。该账户属资产类账户,借方登记国库存款增加数;贷方登记国库存款减少数;该账户的余额在借方,反映国库存款的结存数。账户按"一般预算存款"和"基金预算存款"进行明细核算。

【例2-1】 2014年6月10日,×市财政局收到国库报来的"预算收入日报表"(见图2-1)。

要求:根据"预算收入日报表"以会计陈雨的身份编制记账凭证(见图2-2)。

预算收入日报表

2014年06月10日 单位:元

预算科目	本日收入
增值税	133 000
消费税	106 500
营业税	96 500
城市维护建设税	23 520
企业所得税	130 800
个人所得税	15 280
合　计	505 600

图2-1 预算收入日报表

【例2-2】 2014年6月11日,×市财政局拨付本市水利局经费30万元,用于市内水利技术改造。

要求:根据预算拨款凭证(见图2-3)以会计陈雨的身份编制记账凭证(见图2-4)。

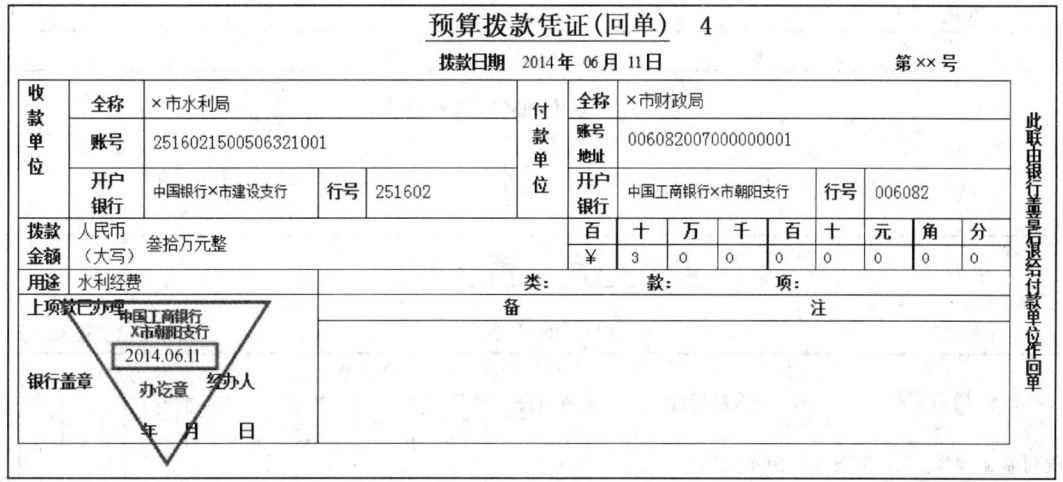

图 2-2　记账凭证

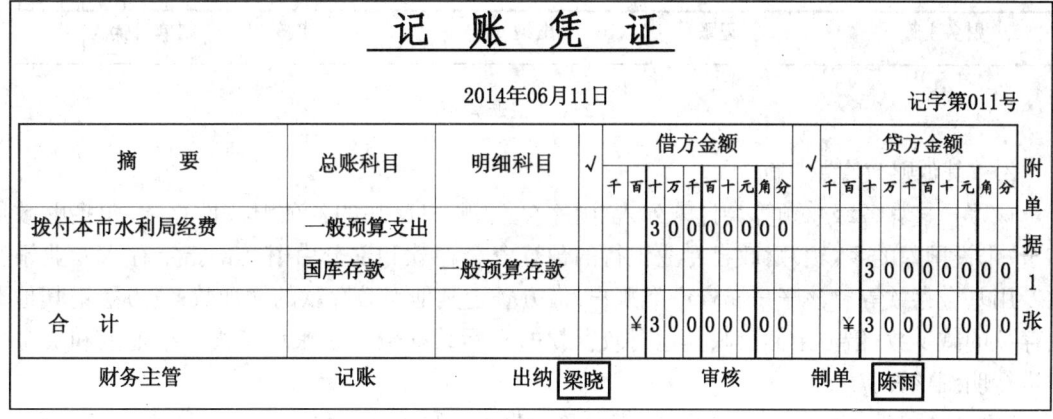

图 2-3　预算拨款凭证

图 2-4　记账凭证

【例 2-3】 2014 年 6 月 11 日，×市财政局收到国库报来的"基金预算收入日报表"（见图 2-5）。

要求：编制记账凭证（见图 2-6）。

基金预算收入日报表

2014 年 06 月 11 日　　　　　　　　　　　　　　　　　单位：元

预 算 科 目	本 日 收 入
工业交通部门基金	28 900.00
商贸部门基金	36 900.00
文教部门基金	21 400.00
农业部门基金	13 500.00
合　　计	100 700.00

图 2-5　基金预算收入日报表

记　账　凭　证

2014年06月11日　　　　　　　　　　　　　　　　记字第012号

摘　要	总账科目	明细科目	√	借方金额	√	贷方金额
收到基金预算收入日报表	国库存款	基金预算存款		100 700 00		
		基金预算收入				100 700 00
合　计				¥100 700 00		¥100 700 00

财务主管　　　　记账　　　　出纳 梁晓　　　　审核　　　　制单 陈雨

附单据 1 张

图 2-6　记账凭证

2）"其他财政存款"账户

该账户核算各级总预算会计未列入"国库存款"账户反映的各项财政性存款，包括财政周转金、未设国库的乡（镇）财政在专业银行的预算资金存款和部分由财政部指定存入专业银行的专用基金存款等。该账户属资产类账户，借方登记其他财政存款的增加数；贷方登记其他财政存款的减少数；借方余额反映其他财政存款的实际结存数。该账户应按交存地点和资金性质进行明细核算。

【例 2-4】 2014 年 6 月 12 日，×市财政局收到区财政厅拨付的粮食风险基金 150 万元。

要求：根据预算拨款凭证（见图 2-7）编制记账凭证（见图 2-8）。

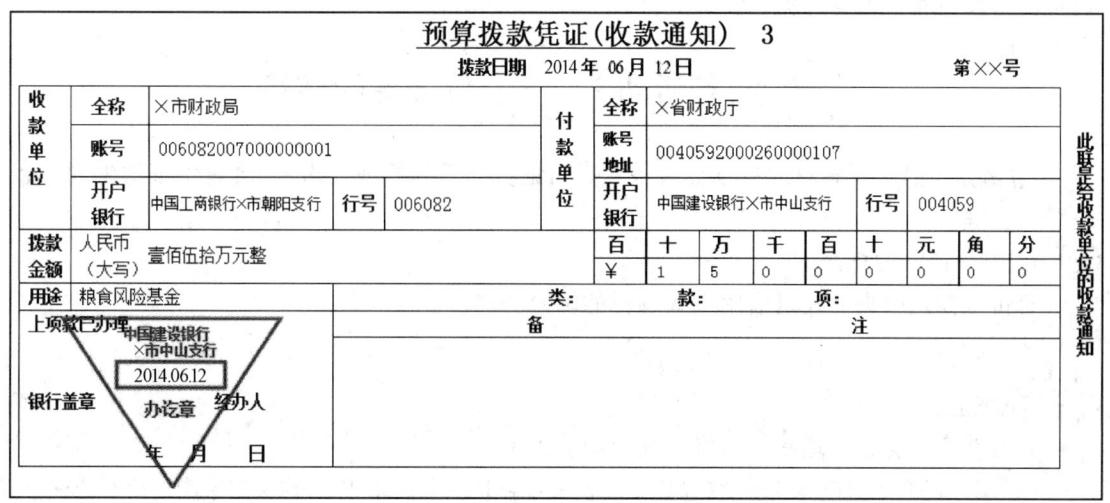

图 2-7　预算拨款凭证

图 2-8　记账凭证

1.（多项选择题）财政总预算会计存款类账户包括（　　）。
A."银行存款"
B."国库存款"
C."其他财政存款"
D."其他货币资金"
E."外币存款"

2.（业务题）×市财政局收到国库报送的一般预算收入日报表，本日各项营业税、所得税等收入合计 300 万元，行政收费收入为 60 万元。请编制相应的会计凭证。

3.（业务题）×市财政局开出拨款凭证拨付市卫生局 42 万元，用于该局卫生设备的技术改造。请编制相应的会计凭证。

业务活动 2-2 有价证券的核算

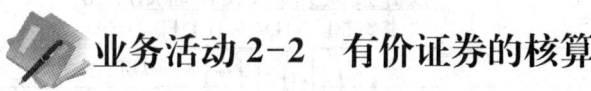

【活动目标】 了解财政总预算会计对有价证券核算的管理要求,学会有价证券的内容以及账务处理。

1. 有价证券的概念

有价证券是中央财政以信用方式发行的国家公债。

小贴士

财政总预算会计管理和核算有价证券的要求是:

(1) 只能用各项财政结余资金(包括一般预算结余和基金预算结余)购买国家指定的有价证券。

(2) 支付购买有价证券的资金不能列作支出。

(3) 有价证券的利息收入应按购买时的资金性质,分别计入一般预算收入或基金预算收入。

(4) 有价证券(含债券收款单)要视同货币一样妥善保管。

2. 账户设置和账务处理

为核算各级政府按国家统一规定用各项财政结余购买的有价证券,应设置"有价证券"账户。该账户属于资产类账户,借方登记有价证券的购入数,贷方登记本金的兑付数,期末借方余额反映有价证券的实际库存数。该账户应按有价证券种类设置明细账。

各级财政购入有价证券,借记该账户,贷记"国库存款"或"其他财政存款"账户;到期兑换有价证券时,兑付本金部分,借记"国库存款"或"其他财政存款"账户,贷记该账户;利息收入通过有关收入账户核算。

【例 2-5】 2014 年 6 月 14 日,×市财政局用预算结余资金购买有价证券 20 万元。

要求:根据预算拨款凭证(见图 2-9)编制记账凭证(见图 2-10)。

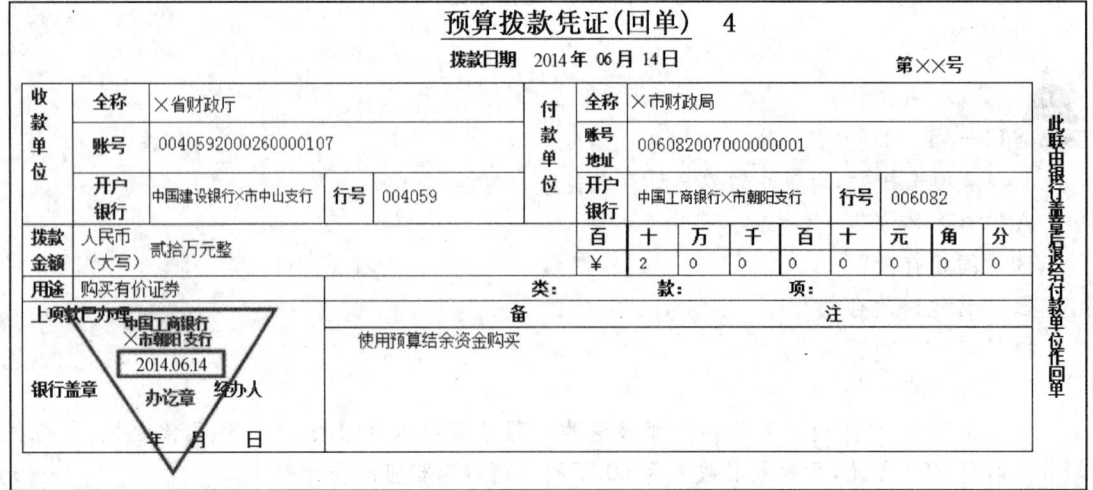

图 2-9 预算拨款凭证

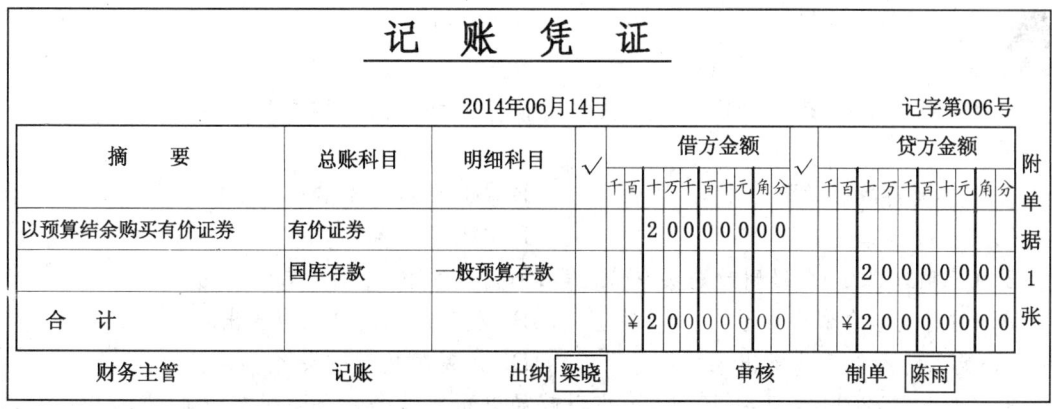

图 2-10　记账凭证

【例 2-6】　2014 年 6 月 15 日，×市财政局兑付上年用基金预算结余资金购买的有价证券本金 100 000 元和利息 1 000 元。

要求：根据预算拨款凭证（见图 2-11）编制记账凭证（见图 2-12）。

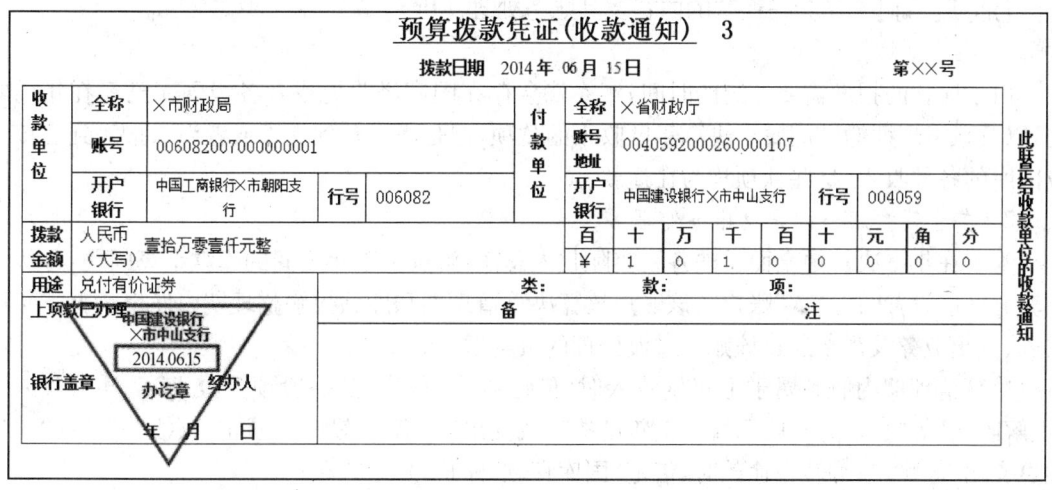

图 2-11　预算拨款凭证

图 2-12　记账凭证

练一练

1.（单项选择题）政府财政会计在核算用预算外资金结余购买国库券时，应借记（　　）账户。

　　A．"其他财政存款"　　　　　　　B．"基金预算支出"
　　C．"一般预算支出"　　　　　　　D．"有价证券"

2.（多项选择题）各级财政购买有价证券，下列说法中，正确的有（　　）。

　　A．用财政结余资金购买　　　　　B．利息收入冲减相应支出
　　C．购入时不能列作支出　　　　　D．用基建拨款购买

3.（业务题）2014年3月10日，×市财政局以预算结余资金购买有价证券10 000份，每份面值为25元，3年期，票面利率为5%。请分别编制购买时和到期兑付时的会计凭证。

业务活动2-3　在途款的核算

【活动目标】　学会在途款的内容及其账务处理。

1. 在途款的概念

由于库款的报解需要一定的时间，年终就会存在国库经收处或者各级国库已经在年前收纳，以及在清理期缴纳应属于决算年度收入的款项，但是尚未转到支库或者尚未报解到各该上级国库的各种收入，这些款项称为在途款。

2. 在途款的账户设置及账务处理

为了在年终决算中全面反映各级实际收入总额，解决上下年度间的库款结算问题，各级总预算会计应设置"在途款"账户。该账户核算决算清理期和库款报解整理期内发生的上下年度收入、支出业务及需要通过该账户过渡处理的资金数。

决算清理期内收到属于上年度收入时，借记该账户，贷记"一般预算收入"、"补助收入"、"上解收入"等收入账户；收回属于上年度拨款或支出时，借记该账户，贷记"预拨经费"或"一般预算支出"等账户；冲转在途款时，借记"国库存款"账户，贷记该账户。

【例2-7】　×市财政局在库款整理期内，收到国库报来上年度车辆购置税收入70 000元。

要求：根据预算收入日报表（见图2-13）编制记账凭证（见图2-14）。

预算收入日报表

2014年06月23日　　　　　　　　　　　　　　　　单位：元

项　目	本 日 收 入
一、税收收入	1 020 000.00
其中：本年数	950 000.00
上年车辆购置税	70 000.00
二、非税收入	130 000.00
合计	2 150 000.00

图2-13　预算收入日报表

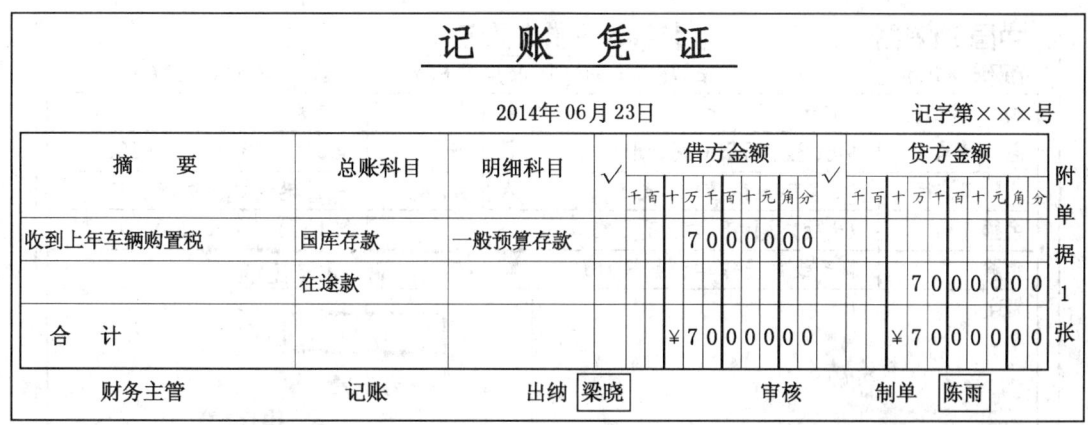

图 2-14 记账凭证

1.（业务题）某市财政局在年终库款清理中收到国库报来的属于上年度文教部门基金收入 80 000 元。请编制相应的会计凭证。

2.（业务题）某市财政局在年终库款清理中收到国库报来的属于上年度一般预算支出 50 000 元。请编制相应的会计凭证。

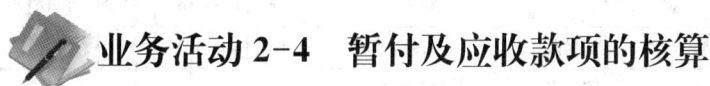

业务活动 2-4　暂付及应收款项的核算

【活动目标】

1. 暂付及应收款项的内涵

暂付及应收款项是各级财政部门预算往来结算中形成的债权,包括在预算执行过程中上下级财政结算形成的债权,以及对预算单位借垫款形成的债权。它具体包括暂付款和与下级往来。

2. 账户设置和账务处理

1)"暂付款"账户

该账户核算各级财政部门借给所属预算单位或其他单位临时使用的款项。该账户属于资产类账户,借方登记暂付款的增加数,贷方登记暂付款的减少数。该账户应及时清理结算,年终,该账户原则上无余额。该账户应按资金性质及借款单位名称设置明细账。

借给所属单位或其他单位临时急需的款项时,借记该账户,贷记"国库存款"或"其他财政存款"账户;收回或转作预算支出时,借记"国库存款"或"其他财政存款"账户,贷记该账户。

【例 2-8】　2014 年 6 月 15 日,×市财政局临时借给市教育局 40 万元,用于该局下属学校的校舍修理。

要求:根据特种转账凭证(见图 2-15)编制记账凭证(见图 2-16)。

【例 2-9】　2014 年 6 月 20 日,×市财政局本月临时借给×市教育局的 40 万元,于本月 20 日将其转作经费拨款,有关通知见图 2-17。

要求:编制记账凭证(见图 2-18)。

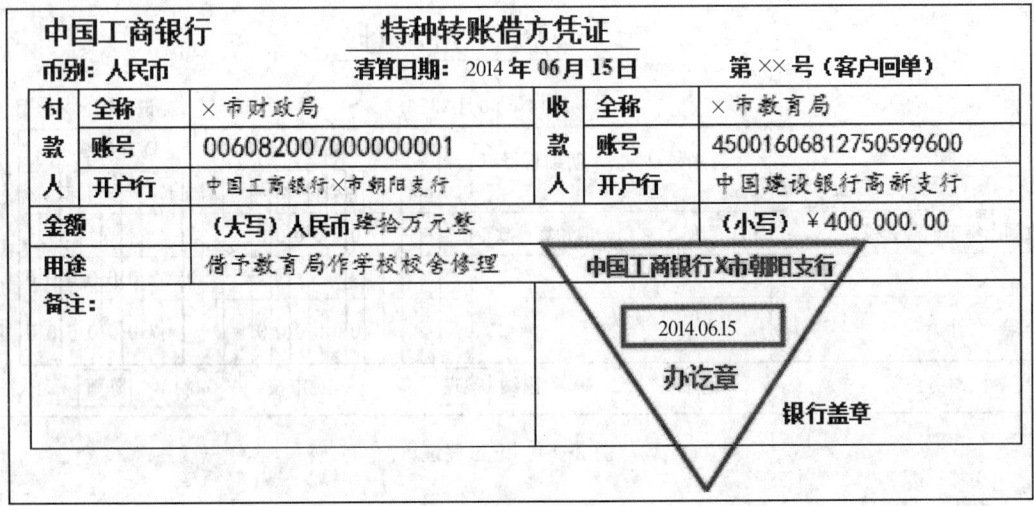

图 2-15 特种转账借方凭证

图 2-16 记账凭证

图 2-17 借款转为经费拨款的通知

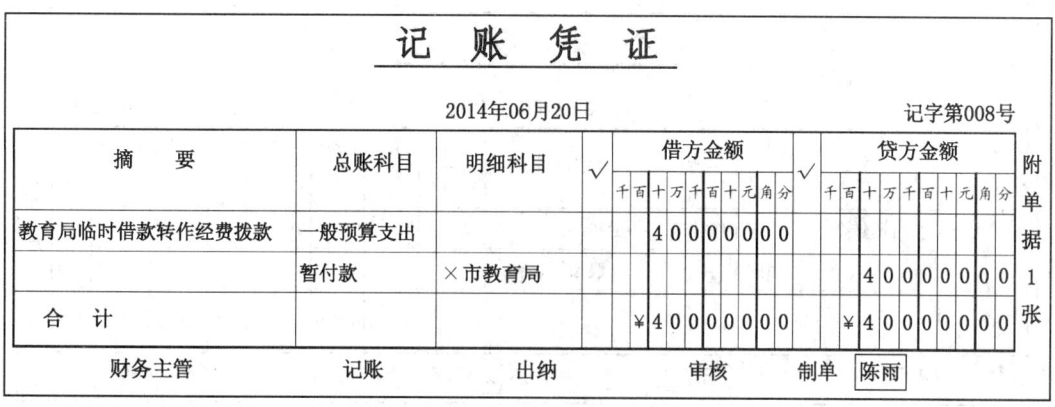

图 2-18　记账凭证

2)"与下级往来"账户

该账户核算与下级财政部门的资金往来。该账户属于资产类科目,借方登记债权发生和增加,以及债务的减少和清偿;贷方登记债权的减少和回收,以及债务发生和增加。该账户借方余额,反映下级财政应归还本级财政的款项;贷方余额反映本级财政欠下级财政的款项。该账户应按资金性质和下级财政部门名称设置明细账户。

各级财政机关,借给下级财政款项时,借记该账户,贷记"国库存款"账户。借款收回,转作补助支出或体制结算应补助下级财政数时,借记"国库存款"、"补助支出"等账户,贷记该账户。

【例 2-10】　2014 年 6 月 21 日,×市财政局同意所属甲县财政局申请,借给临时周转金 50 万元。

要求:根据特种转账借方凭证(见图 2-19)编制记账凭证(见图 2-20)。

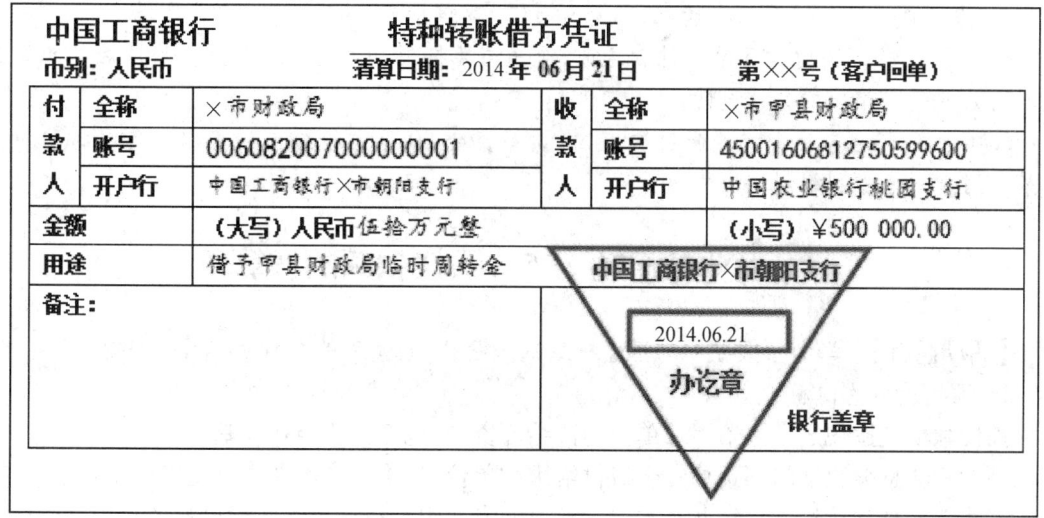

图 2-19　特种转账借方凭证

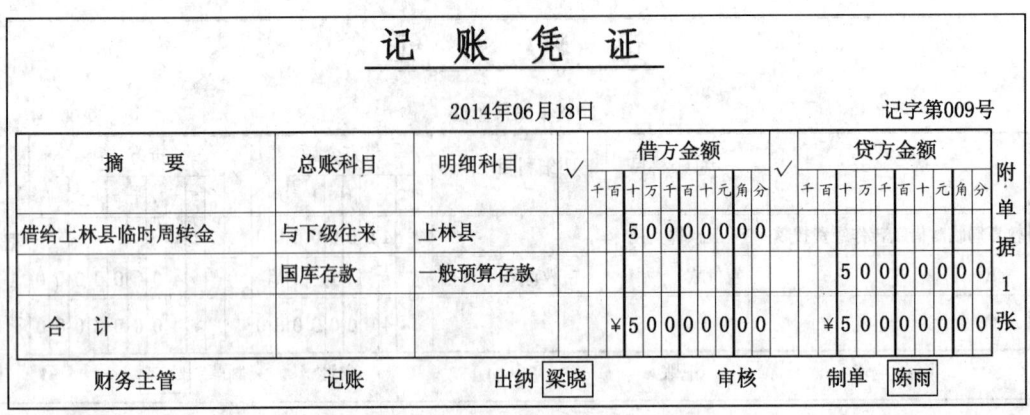

图 2-20 记账凭证

1.（单项选择题）财政部门借给所属预算单位急需款项时，应借记（　　）账户，贷记"国库存款"账户。

　　A."借出财政周转金"　　　　　B."预拨经费"
　　C."与下级往来"　　　　　　　D."暂付款"

2.（单项选择题）市级财政部门借给县级财政款项时，应借记（　　）账户，贷记"国库存款"账户。

　　A."借出财政周转金"　　　　　B."预拨经费"
　　C."与下级往来"　　　　　　　D."暂付款"

3.（单项选择题）在财政总预算会计中，"与下级往来"账户的性质是（　　）。

　　A. 资产类　　　B. 负债类　　　C. 双重性质　　　D. 净资产类

4.（单项选择题）在财政总预算会计中，"暂付款"账户的性质是（　　）。

　　A. 资产类　　　B. 负债类　　　C. 双重性质　　　D. 净资产类

5.（业务题）×省财政厅签发付款凭证，通知国库将预算资金120万元借给所属的市财政局。请分别编制相应的会计凭证。

6.（业务题）×市财政局经研究决定，将预算资金80万元借给市科委作为购买科研设备的紧急用款。请分别编制相应的会计凭证。

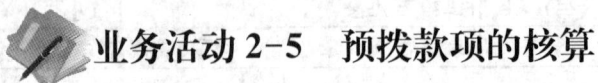 业务活动2-5　预拨款项的核算

【活动目标】　学会预拨款项与基建拨款的内容，了解两者的区别，学会两者的账务处理。

1. 预拨款项的内涵

预拨款项是按规定预拨给用款单位的待结算资金，包括预拨经费和基建拨款。

预拨经费是财政部门用预算资金拨付给用款单位，尚未列作本期预算支出的待报账款项。

基建拨款是预拨给受托经办基本建设支出的专业银行或拨付基本建设财务管理部门的基本建设款项。

2. 账户设置以及账务处理

1）“预拨经费”账户

该账户借方登记财政拨款数，贷方登记到期的转列支出数和各单位缴回财政机关数，借方余额反映尚未转列支出或尚待收回的预拨借方数。该账户应按拨款单位设置明细账。

财政机关预拨经费时，借记该账户，贷记“国库存款”账户；转列支出或收到缴回财政部门数时，借记“一般预算支出”或“国库存款”账户，贷记该账户。

小贴士

如果财政部门拨出的是本期的经费，就直接记入有关支出账户，不通过“预拨经费”账户核算。

【例 2-11】 2014 年 12 月 1 日，×市财政局以预算资金预拨给市水利局下年水利建设经费 800 万元。

要求：根据预算拨款凭证（见图 2-21）编制记账凭证（见图 2-22）。

预算拨款凭证（回单） 4

拨款日期 2014 年 12 月 01 日　　第××号

收款单位	全称	×市水利局			付款单位	全称	×市财政局									
	账号	2516021500506321001				账号地址	006082007000000001									
	开户银行	中国银行×市建设支行	行号	251602		开户银行	中国工商银行×市朝阳支行				行号	006082				
拨款金额	人民币（大写）	捌佰万元整				百	十	万	千	百	十	元	角	分		
						¥	8	0	0	0	0	0	0	0		
用途	预拨下年水利经费				类：			款：			项：					
上项款已办理 银行盖章	中国工商银行 ×市朝阳支行 2014.12.01 办讫章 经办人 年 月 日				备注											

此联由银行盖章后退给付款单位作回单

图 2-21　预算拨款凭证

记 账 凭 证

2014年12月01日　　记字第001号

摘要	总账科目	明细科目	√	借方金额 千	百	十	万	千	百	十	元	角	分	√	贷方金额 千	百	十	万	千	百	十	元	角	分	附单据1张
预拨×市水利局下年经费	预拨经费	×市水利局			8	0	0	0	0	0	0	0	0												
	国库存款	一般预算存款														8	0	0	0	0	0	0	0	0	
合计				¥	8	0	0	0	0	0	0	0	0		¥	8	0	0	0	0	0	0	0	0	

财务主管　　记账　　出纳 梁晓　　审核　　制单 陈雨

图 2-22　记账凭证

【例 2-12】 2014 年 6 月 24 日，×市财政局将上年预拨给市水利局经费中的 600 万元，转作预算支出，其余的 200 万元收回（有关单据见图 2-23 和图 2-24）。

要求：编制记账凭证（见图 2-25）。

×市财政局文件

财发[2014]42号

×市财政局关于将上年预拨水利局经费部分转为支出的通知

×市水利局：

经财政局研究决定，将上年预拨给你局的水利经费中的 600 万元转作对你局的预算支出，剩余的 200 万元，仍由你局于 2014 年 06 月 24 日归还。

主题词：……　……　……

×市财政局办公室　　2014 年 06 月 24 日

图 2-23　预拨经费部分转为支出的通知

中国工商银行进账单（收账通知）1

2014年06月24日　　第 19 号

付款人	全　称	×市水利局	收款人	全　称 ×市财政局
	账　号	2516021500506321001		账　号 006082007000000001
	开户银行	中国银行×市建设支行		开户银行 中国工商银行×市朝阳支行
人民币（大写）	贰佰万元整			￥2 0 0 0 0 0 0 0 0（千百十万千百十元角分）
票据种类				中国工商银行×市朝阳支行 2014.06.24 办讫章 收款人开户行盖章
票据张数				
单位主管　会计　复核　记账				

图 2-24　银行进账单

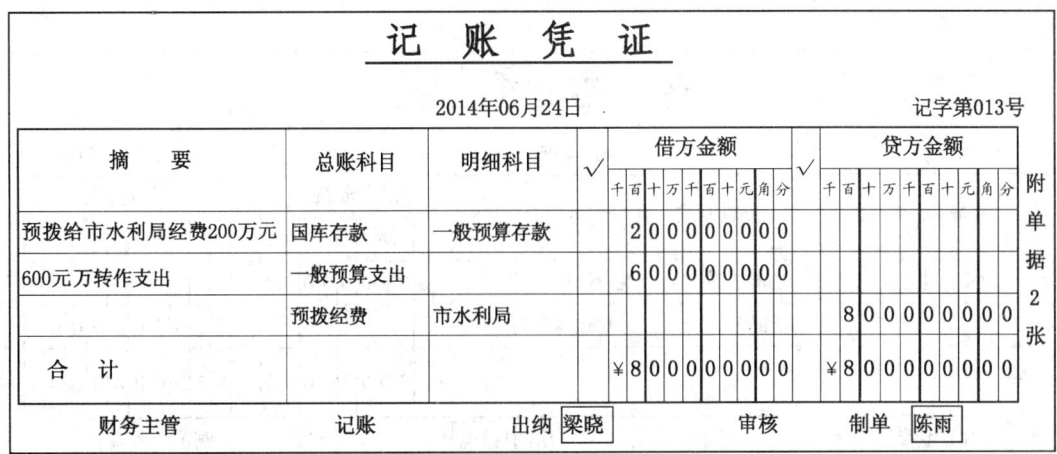

图 2-25 记账凭证

2)"基建拨款"账户

该账户借方登记财政拨款数,贷方登记收到基本建设财务管理职能部门或基本建设支出的专业银行报来的拨付建设单位数和缴回财政数。该账户借方余额反映尚未列报支出的拨款数。该账户应按拨款单位设置明细账。

财政机关预拨基建款项时,借记该账户,贷记"国库存款"账户;收到基本建设财务管理职能部门或基本建设支出的专业银行报来的拨付建设单位数以及缴回财政数时,借记"一般预算支出"或"国库存款"账户,贷记该账户。

小贴士

财政部门直接拨给建设单位的基本建设资金,不通过"基建拨款"账户核算。

【例 2-13】 2014 年 6 月 24 日,×市财政局拨存建设银行 500 万元,用于拨付建设单位的基建款。

要求:根据预算拨款凭证(见图 2-26)编制记账凭证(见图 2-27)。

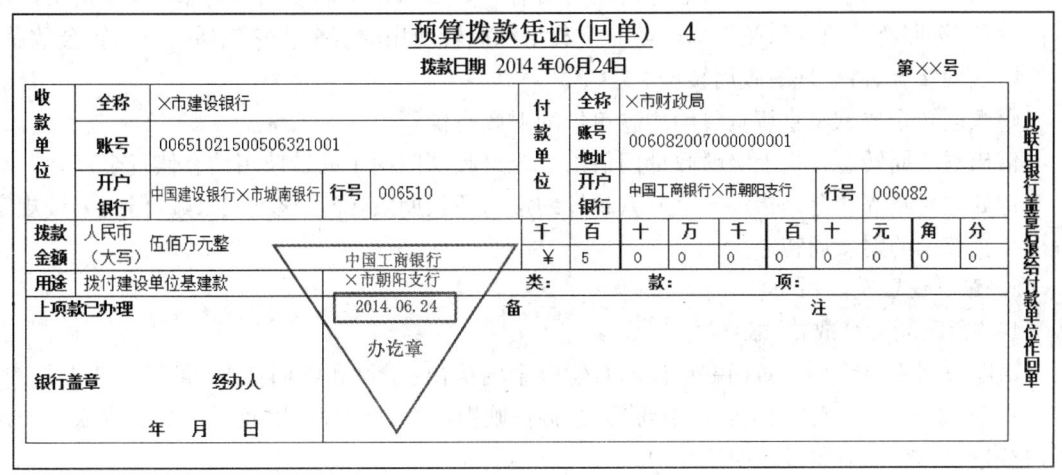

图 2-26 预算拨款凭证

图 2-27 记账凭证

1. （判断题）"基建拨款"属于负债性质的账户。（　　）
2. （判断题）财政部门拨出的经费一律通过"预拨经费"账户核算。（　　）
3. （业务题）2014 年 12 月 1 日，×市财政局根据下属×县水利局申请，预拨下年度农田经费 40 万元。请编制相应的会计凭证。

业务活动 2-6　财政周转金的核算

【活动目标】　学会财政周转金放款与借出财政周转金的内容，了解两者的区别，学会两者的账务处理。了解待处理财政周转金的内容，学会相关账户的适用。

1. 财政周转金的概念

政府与非营利组织开展正常业务活动需要有一定数量的周转金，财政周转金是指由财政部门管理，按照有偿原则供政府部门与非营利组织周转使用的资金。它包括财政周转金放款、借出财政周转金、待处理财政周转金。

财政周转金放款是直接贷付给用款单位的财政有偿资金。

借出财政周转金是指上级财政部门借给下级财政部门用于周转使用的有偿资金。

待处理财政周转金是指周转金放款超过约定的还款期限，经审核已成呆账，但尚未按规定程序报批核销的财政周转金。

2. 账户设置及账务处理

1)"财政周转金放款"账户

该账户用于核算财政对用款单位的有偿资金的拨出、贷付和收回情况，属于资产类账户，其借方登记贷付数，贷方登记收回数，借方余额反映财政会计掌握的财政有偿资金放款数。该账户按贷付（放）款对象设置明细账户。

将财政周转金贷放给用款单位时，借记该账户，贷记"其他财政存款"账户；收回款项时,借记"其他财政存款"账户,贷记该账户,收回的利息单列入"财政周转金收入"账户。

【例 2-14】 为了保障城南区城市生活用水的供应,×市财政局于 2014 年 6 月 25 日经研究决定向陈村水厂有偿贷放财政周转金 80 万元,期限为 1 年,年利率为 5%。

要求:根据特种转账借方凭证(见图 2-28)编制贷放时的记账凭证(见图 2-29)。

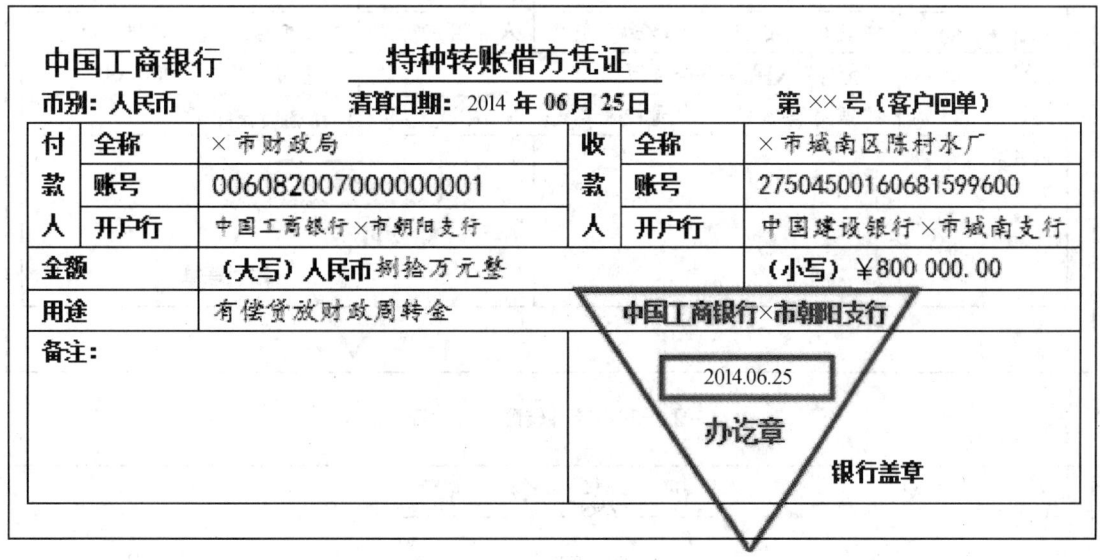

图 2-28 特种转账借方凭证

图 2-29 记账凭证

【例 2-15】 2014 年 6 月 25 日,×市财政局收到陈村水厂归还上年借的财政周转金本息。

要求:根据特种转账贷方凭证(见图 2-30)编制收回本息时的记账凭证(见图 2-31)。

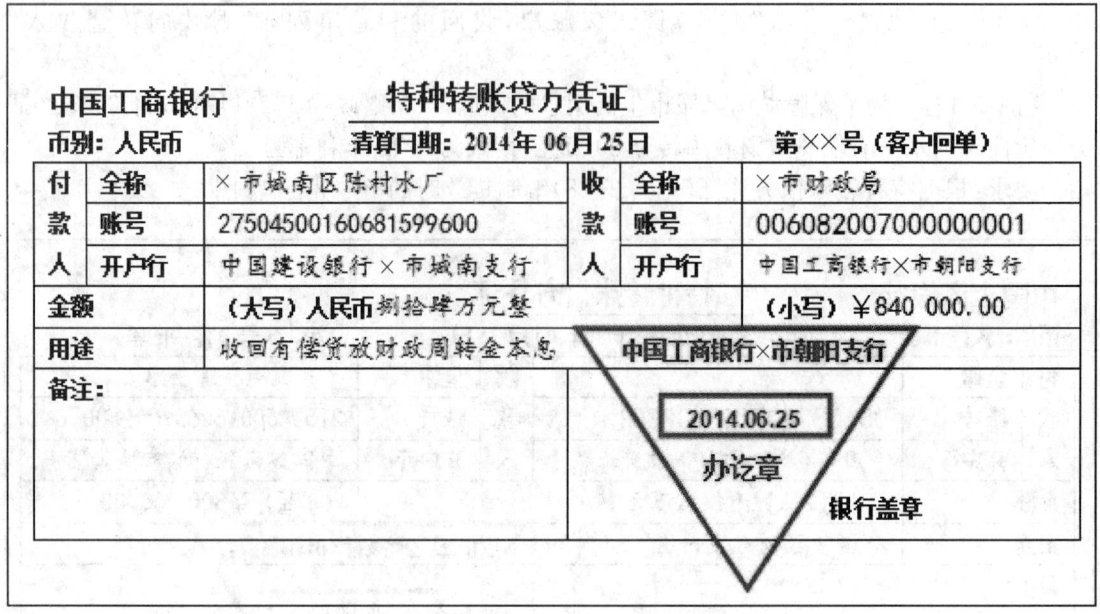

图 2-30 特种转账贷方凭证

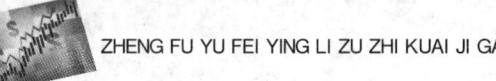

图 2-31 记账凭证

2)"借出财政周转金"账户

该账户用于核算上级财政借给下级财政部门周转金的借出和收回情况,属于资产类账户,其借方登记借给下级财政部门周转金的数额,贷方登记下级财政部门的归还数,余额在借方,反映借出财政周转金尚未收回数。该账户按借款对象设置明细账户。

本级财政借给下级财政部门周转金时,借记该账户,贷记"其他财政存款"账户;下级财政部门归还时,借记"其他财政存款"账户,贷记该账户,收回的利息单列入"财政周转金收入"账户。

【例 2-16】 ×市财政局于 2014 年 6 月 25 日借给下属马山县财政局财政周转金 60 万元,期限为 1 年,年利率为 3%。

要求:根据特种转账借方凭证(见图 2-32)编制贷放时的记账凭证(见图 2-33)。

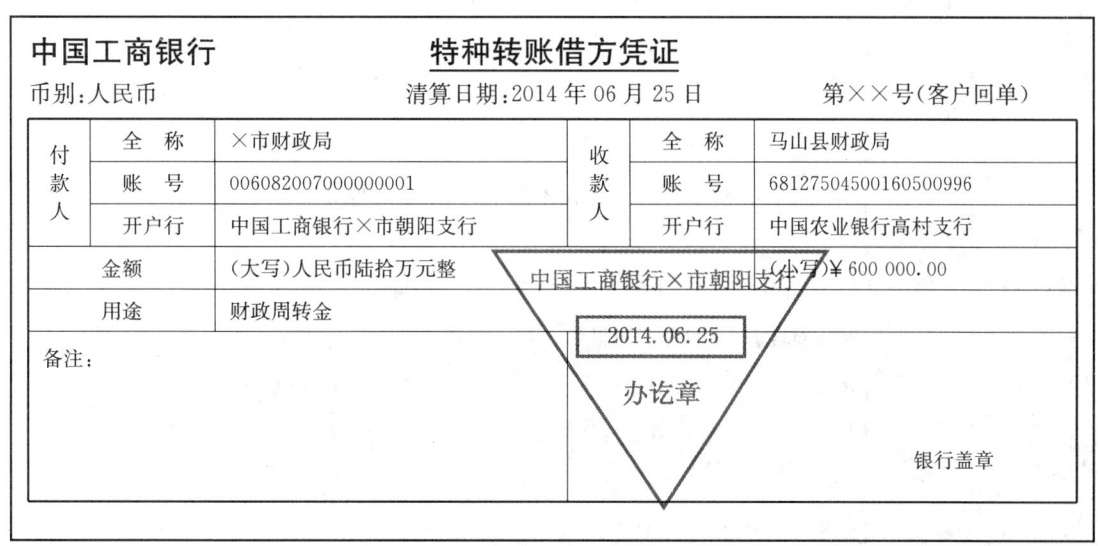

图 2-32　特种转账借方凭证

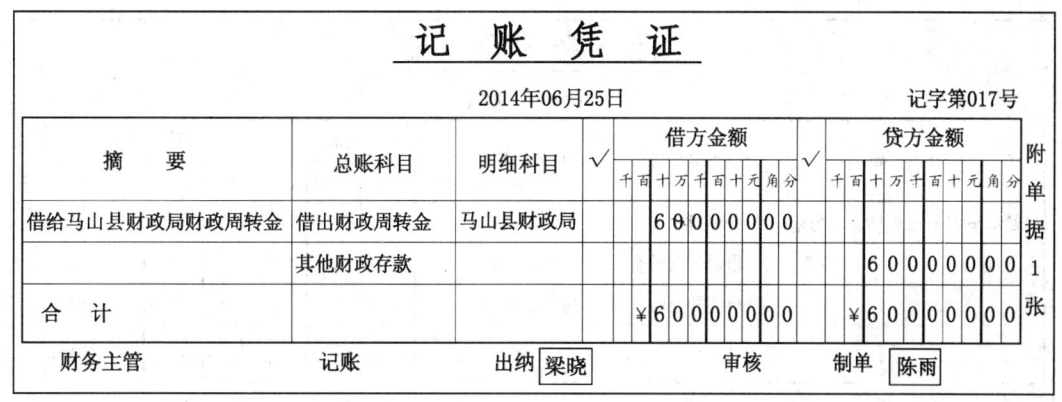

图 2-33　记账凭证

3)"待处理财政周转金"账户

该账户用于核算经审核已成为呆账但尚未按规定程序报批核销的逾期财政周转金收入和核销情况。该账户属于资产类账户,其借方登记经批准转入的逾期未还的周转金数额,贷方登记按规定程序报批核销的数额,余额在借方,反映尚待核销的待处理资金数。该账户按欠款单位设置明细账户。

逾期未还的周转金经批准转入时,借记该账户,贷记"财政周转金放款"或"借出财政周转金"账户;按规定程序报经核销时,借记"财政周转基金"账户,贷记该账户。

【例 2-17】　×市财政局于 2013 年 6 月 25 日借给下属隆安县财政局的财政周转金 40 万元(期限为 1 年,年利率为 2%),2014 年 6 月 25 日到期,隆安县财政局无力偿还。经审核已经成为呆账,×市财政局规定程序核销该笔呆账(有关通知见图 3-34)。

要求:编制记账凭证(见图 2-35 和图 2-36)。

×市财政局文件

财发[2014]51号

×市财政局关于核销财政周转金放款的通知

本市财政局于2013年6月25日借给下属隆安县财政局的财政周转金40万元（期限为1年，年利率为2%），2014年06月25日到期，隆安县财政局无力偿还。经审核已经成为呆账，本市财政局按规定程序核销该笔呆账。

主题词：…… ……

×市财政局办公室　　　　　　　　2014年06月25日

图2-34　核销财政周转金放款的通知

记 账 凭 证

2014年06月25日　　　　　　　　　　记字第018号

摘要	总账科目	明细科目	√	借方金额 千百十万千百十元角分	√	贷方金额 千百十万千百十元角分
借给隆安县财政周转金成为呆账	待处理财政周转金			4 0 8 0 0 0 0 0		
	借出财政周转金	隆安县财政局				4 0 0 0 0 0 0 0
	财政周转金收入	利息收入				8 0 0 0 0 0
合　计				¥4 0 8 0 0 0 0 0		¥4 0 8 0 0 0 0 0

财务主管　　　记账　　　出纳　　　审核　　　制单 陈雨

附单据1张

图2-35　记账凭证

记 账 凭 证

2014年06月25日　　　　　　　　　　记字第019号

摘要	总账科目	明细科目	√	借方金额 千百十万千百十元角分	√	贷方金额 千百十万千百十元角分
核销借给隆安财政周转金	财政周转基金			4 0 8 0 0 0 0 0		
	待处理财政周转金					4 0 8 0 0 0 0 0
合　计				¥4 0 8 0 0 0 0 0		¥4 0 8 0 0 0 0 0

财务主管　　　记账　　　出纳　　　审核　　　制单 陈雨

附单据1张

图2-36　记账凭证

1. （单项选择题）财政部门将财政周转金贷给用款单位时，应借记（　　）账户。
   A．"借出财政周转金"　　　　　B．"财政周转金放款"
   C．"财政周转基金"　　　　　　D．"财政周转金支出"

2. （单项选择题）本级财政将财政周转金贷给下级财政时，应借记（　　）账户。
   A．"借出财政周转金"
   B．"财政周转金放款"
   C．"财政周转基金"
   D．"财政周转金支出"

3. （多项选择题）下列有关财政周转金的账户中，属于资产类的有（　　）。
   A．"待处理财政周转金"
   B．"财政周转基金"
   C．"财政周转金放款"
   D．"借出财政周转金"
   E．"借入财政周转金"

4. （多项选择题）下列有关财政周转金的账户中，用于核算财政周转金贷放过程中形成的上下级财政之间的债权债务关系的有（　　）。
   A．"待处理财政周转金"
   B．"财政周转基金"
   C．"财政周转金放款"
   D．"借出财政周转金"
   E．"借入财政周转金"

5. （业务题）×市财政局上年度贷放给某用款单位的财政周转金35万元，于2014年7月1日经审核已成为呆账，按规定程序报批核销。请编制相应的会计凭证。

6. （实训题）×市财政局2014年12月发生以下业务：
   (1) 1日，收到同级国库报来的预算收入日报表，列示一般预算收入为490 000元，基金预算收入为260 000元。
   (2) 3日，收到国库报来的上年增值税收入70 000元，上年已将其作为在途款入账。
   (3) 5日，用预算结余购买国库券300 000元。
   (4) 6日，经审批，向卫生局发放紧急借款300 000元，用于购置医疗设备。
   (5) 7日，同意下属某县财政局申请，借给临时周转金650 000元。
   (6) 8日，按规定拨给教育局下年度经费1 000 000元。
   (7) 9日，拨给某基建管理部门的基本建设款500 000元。
   (8) 10日，借给下属某县财政局一笔财政周转金700 000元。
   (9) 12日，经批准将财政周转金500 000元借给平果铝矿公司。
   (10) 15日，上年度借出给下属某县的一笔财政周转金1 000 000元，经查明已属呆账，按规定报批核销。

   要求：根据上述业务编制会计凭证。

任务2 财政负债

财政负债是指一级财政所承担的能以货币计量、需以资产偿付的债务。财政会计所核算的负债主要包括以下内容：①按法定程序及核定的预算举借的公债。②因财政体制结算和向上级借入调度资金形成的与上级往来。③向上级财政借入的财政周转金。④财政部门与预算单位之间因某些特殊原因而发生的应付、暂收款项。

业务活动 2-7 应付及暂收款项的核算

【活动目标】 了解应付及暂收款项的内容，学会其账务处理。

1. 应付及暂收款项的概念

应付及暂收款项是财政部门与预算单位之间因某些特殊原因而产生的待结算款项以及本级财政部门与上级财政的往来待结算款项。

2. 账户设置以及账务处理

1)"暂存款"账户

该账户核算各级财政部门临时发生的应付、暂收和不明性质的款项。该账户属负债类账户，贷方登记收到的款项；借方登记冲转退还或转作收入的款项。该账户余额在贷方，反映尚未结清的存款数额。该账户应按资金性质、债权单位或款项来源设置明细账。

【例 2-18】 2014 年 7 月 1 日，×市财政局收到性质不明的预算缴款 10 000 元。

要求：根据进账单(见图 2-37)编制记账凭证(见图 2-38)。

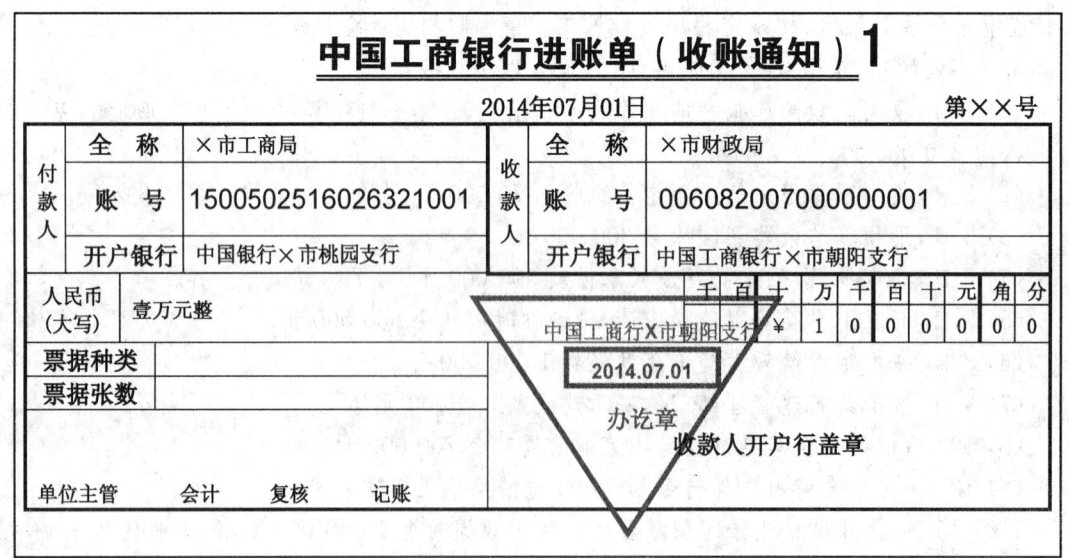

图 2-37 进账单

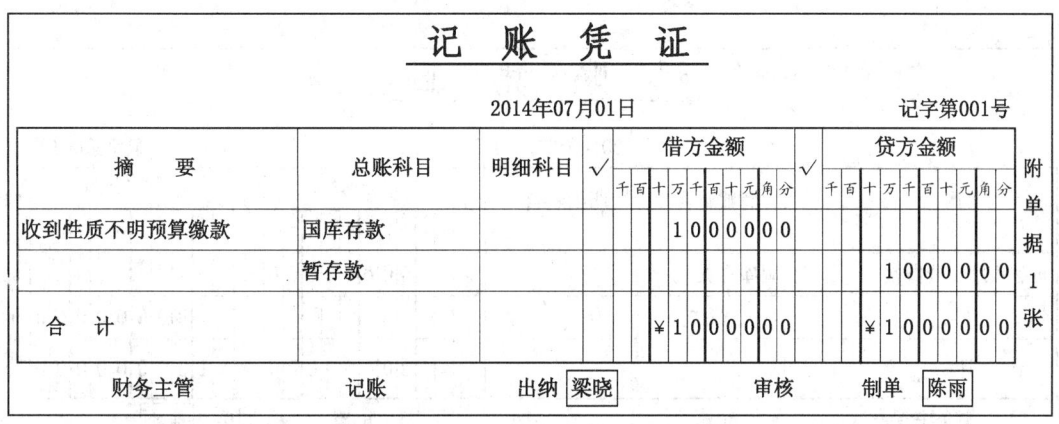

图 2-38 记账凭证

2)"与上级往来"账户

该账户核算与上级财政的往来结算款项。该账户属于负债类账户,贷方登记借入数,借方登记偿还数、转作补助收入数及体制结算中应由上级的补给数。该账户余额在一般在贷方,反映本级财政欠上级财政的借款数额;若余额在借方,反映上级财政欠本级财政的数额或本级财政多缴上级财政的数额。该账户应按资金性质和上级财政部门名称设置明细账户。

小贴士

"与上级往来"账户是与上级财政的"与下级财政"账户相对应的账户。两者均属于往来账户,具有资产、负债双重性质。两者均是反映上下级财政之间的无息债权债务关系。

【**例 2-19**】 2014 年 7 月 3 日,×市财政局向省财政厅无偿借入 180 万元,已入库。

要求:根据进账单(见图 2-39)编制记账凭证(见图 2-40)。

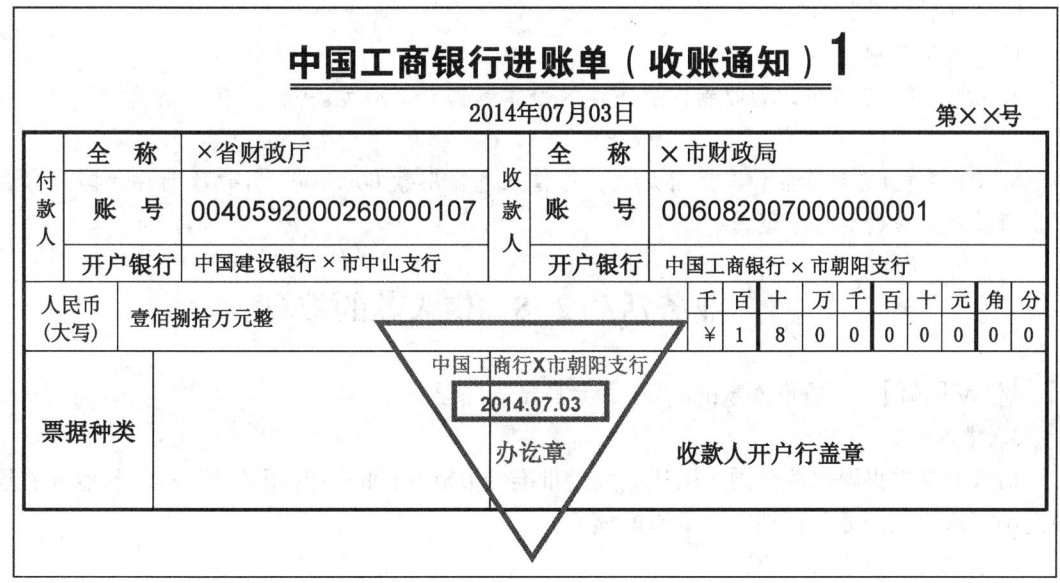

图 2-39 进账单

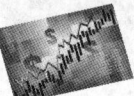

记 账 凭 证					
2014年07月03日					记字第004号
摘　要	总账科目	明细科目	√	借方金额 千百十万千百十元角分	√	贷方金额 千百十万千百十元角分
向财政厅无偿借款	国库存款			1 8 0 0 0 0 0 0 0		
	与上级往来					1 8 0 0 0 0 0 0 0
合　计				¥1 8 0 0 0 0 0 0 0		¥1 8 0 0 0 0 0 0 0
财务主管　　　　记账　　　　出纳　　　　审核　　　　制单 陈雨						

附单据 1 张

图 2-40　记账凭证

1.（判断题）"暂存款"账户属于资产性质的账户。　　　　　　　　　　（　　）

2.（单项选择题）在财政总预算会计中，"与上级往来"账户的性质是（　　）。

A. 资产类

B. 负债类

C. 双重性质

D. 净资产类

3.（单项选择题）财政部门借给下级财政部门预算资金，会计核算的账户是（　　）。

A. "暂付款"

B. "与下级往来"

C. "预拨经费"

D. "借出款项"

4.（业务题）某市财政局收到性质不清的预算缴款 30 000 元，列作暂存。请编制相应的会计凭证。

5.（业务题）总预算会计向上解财政机关借入急需用款 600 000 元，款项已存入国库存款户。请编制相应的会计凭证。

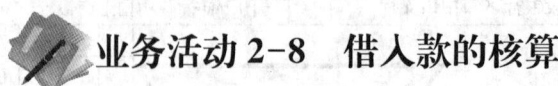 业务活动 2-8　借入款的核算

【活动目标】　了解借入款的内容，学会其账务处理。

1. 借入款的概念

借入款是中央财政按全国人民代表大会批准的数额举借的国内、国外债务，以及地方财政根据国家法律或国务院特别规定举借的债务。

2. 账户设置及账务处理

"借入款"账户核算财政总预算会计中的借入款业务。该账户属负债类账户，贷方登记发

行债券款或举借款;借方登记到期偿还的款项。该账户余额在贷方,反映尚未偿还的债务数额。该账户应按债券种类或债权人设置明细账。

【例 2-20】 2014 年 7 月 14 日,中央财政根据有关规定,向社会公开发行 1 年期国库券 700 万元,年利率为 5%。

要求:编制发行时的记账凭证(见图 2-41)。

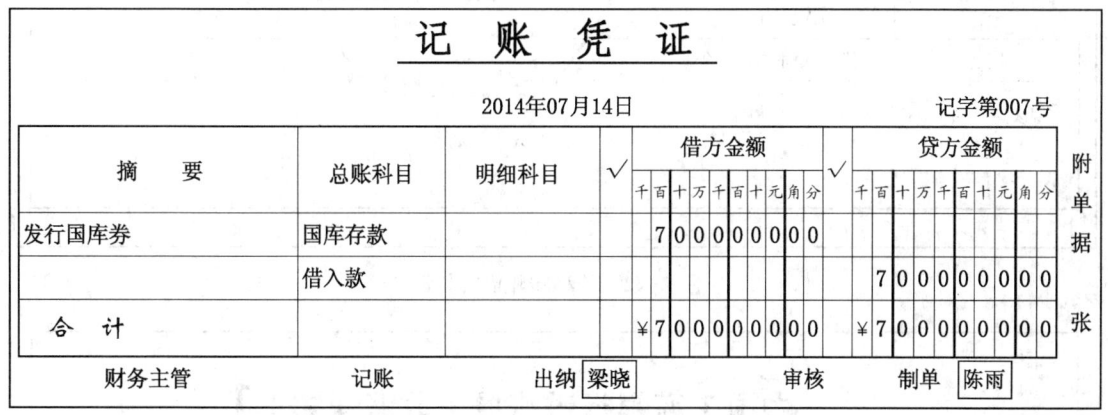

图 2-41 记账凭证

1. (业务题)×市财政按照国家有关规定,举债 300 万元。请编制相应的会计凭证。

2. (业务题)×市财政向社会公开发行 3 年期国债 5 000 万元,年利率为 6%。请编制相应的会计凭证。

业务活动 2-9 借入财政周转金的核算

【活动目标】 了解借入财政周转金的内容,学会其账务处理,并能够区分与"与上级往来"的不同

1. 借入财政周转金的概念

借入财政周转金是地方财政部门向上级财政借入有偿使用的财政周转金。从内容上看,它与财政资产中的"借出财政周转金"的内容相互对应的。

2. 账户设置及账务处理

"借入财政周转金"账户核算向上级财政借入的财政周转金。该账户属负债类账户,贷方登记借入数;借方登记偿还数。该账户余额在贷方,反映尚未归还的数额。该账户应按上级财政部门设置明细账。

【例 2-21】 2014 年 7 月 15 日,×市财政局向上级×省财政厅有偿借入财政周转金 500 万元。

要求:根据特种转账借方凭证和进账单(见图 2-42 和图 2-43)编制记账凭证(见图 2-44)。

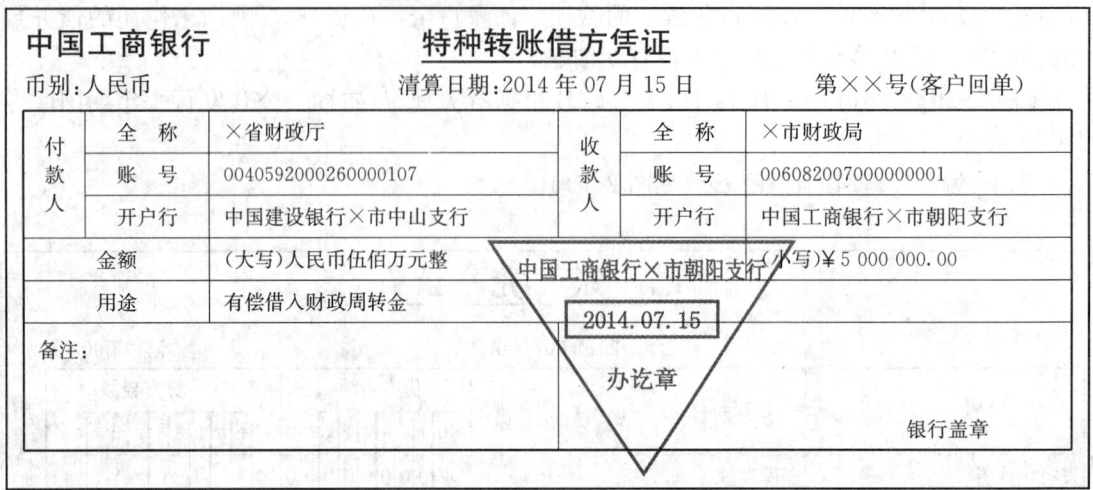

图 2-42 特种转账借方凭证

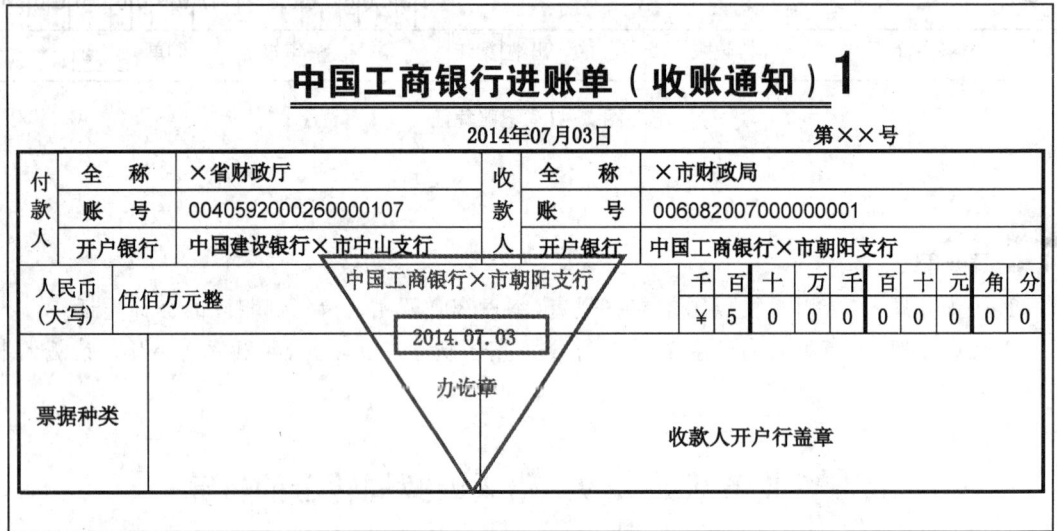

图 2-43 进账单

记 账 凭 证

2014年07月15日　　　　　　　　　　　　　　　记字第008号

摘　要	总账科目	明细科目	√	借方金额	√	贷方金额	附单据2张
向财政厅有偿借入财政	国库存款			5 000 000 00			
周转金	借入财政周转金					5 000 000 00	
合　计				¥5 000 000 00		¥5 000 000 00	

财务主管　　　　　记账　　　　　出纳 梁晓　　　　　审核　　　　　制单 陈雨

图 2-44 记账凭证

【例 2-22】 2014 年 8 月 15 日，×市财政局归还上月向上级×省财政厅有偿借入的财政周转金 500 万元，并支付资金占用费 1 万元。

要求：根据特种转账借方凭证（见图 2-45）编制记账凭证（见图 2-46）。

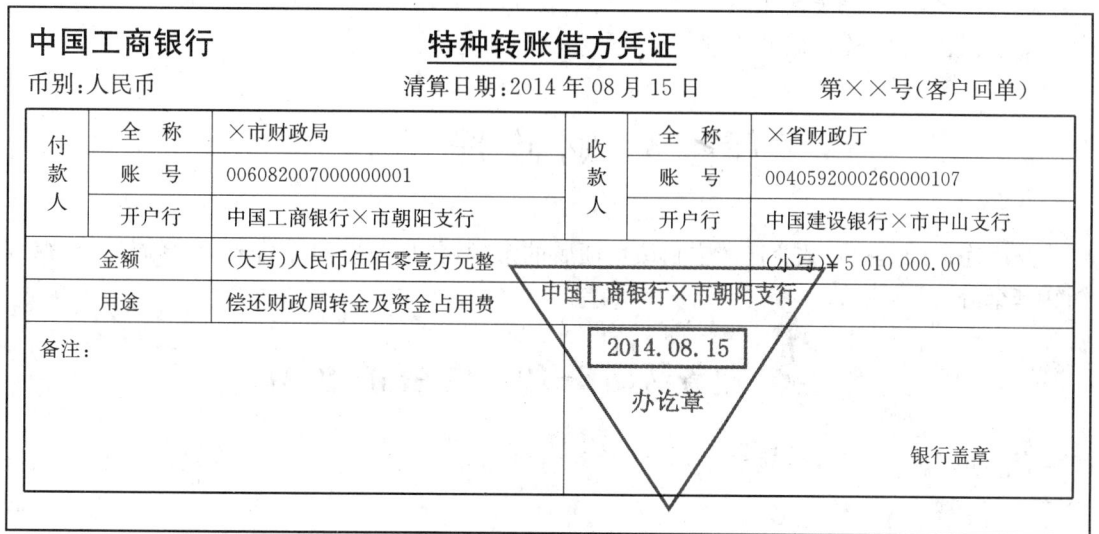

图 2-45　特种转账借方凭证

图 2-46　记账凭证

练一练

1.（业务题）×市财政向上级财政借入财政周转金 300 000 元。请编制相应的会计凭证。

2.（业务题）续上题，该市归还借入的财政周转金，并支付资金占用费 10 000 元。请编制相应的会计凭证。

3.（实训题）×市财政局于 2014 年 11 月发生如下经济业务：

(1) 1 日，因急需用款，向上级财政紧急借入款项 150 万元。

(2) 3 日，向上级财政借入财政周转金 200 万元，期限 1 年，年利率为 3%。

(3) 7日，收到性质不明的缴款65 000元。
(4) 18日，归还1日借入款项中的80万元，剩余部分转为上级财政对本级财政的补助。
(5) 20日，按国家规定，发行国债1 000万元。
(6) 25日，经查明发现上述性质不明的缴款65 000元原来是个人所得税收入。
要求：根据以上资料编制该市财政局的相应会计凭证。

任务3　财政净资产

财政净资产是指财政资产减去财政负债后的余额，包括各项预算结余、预算周转金、财政周转基金等。

业务活动2-10　结余的核算

【活动目标】　了解各项结余的内容，熟悉各项结余的计算方法，学会各项结余的账务处理。

1. 结余的概念

结余是财政收支的执行结果，是下年度可以结转使用或重新安排使用的资金，包括一般预算结余、基金预算结余和专用基金结余。

各项结余必须分别核算，不得混淆。各项结余应每年结算一次，年终将各项收入与相应的支出冲销后，即成为该项资金的当年结余。当年结余加上上年年末滚存结余为本年年末滚存结余。

三种结余的计算方法如下：

一般预算结余＝（一般预算收入－一般预算支出）＋（一般预算补助收入－一般预算补助支出）
　　　　　　＋（上解收入－上解支出）＋调入资金
基金预算结余＝（基金预算收入－基金预算支出）＋（基金算补助收入－基金预算补助支出）－调出资金
专用基金结余＝专用基金收入－专用基金支出

2. 账户设置

1) "预算结余"账户

该账户用来核算各级财政预算收支的年终执行结果。年终转账时，应将"一般预算收入"、"补助收入——一般预算补助"、"上解收入"、"调入资金"等账户的贷方余额转入该账户贷方，将"一般预算支出"、"补助支出——一般预算补助"、"上解支出"账户的借方余额转入该账户借方。根据本年预算结余增设预算周转金时，按增设数借记该账户，贷记"预算周转金"账户。该账户贷方余额，反映本年的预算滚存结余，转入下年度。

2) "基金预算结余"账户

该账户用来核算各级财政管理的政府性基金收支的年终执行结果。年终转账时，应将"基金预算收入"、"补助收入——基金预算补助"等账户的贷方余额转入该账户贷方，将"基金预算支出"、"补助支出——基金预算补助"、"调出资金"账户的借方余额转入该账户借方。该账户贷方余额反映本年的基金预算滚存结余，转入下年度。

3)"专用基金结余"账户

该账户用来核算总预算会计管理的专用基金收支的年终执行结果。年终转账时,应将"专用基金收入"账户的贷方余额转入该账户贷方,将"专用基金支出"账户的借方余额转入该账户借方。该账户贷方余额反映本年的专用基金的滚存结余,转入下年度。

【例 2-23】 2014 年 12 月 31 日,×市财政局本年度各收入支出账户余额见表 2-2,年终将它们分别结转。

要求:分别每个账户编制年终结转记账凭证(见图 2-47~图 2-52)。

表 2-2　　　　　　　　　　　本年度各收入支出账户　　　　　　　　　　单位:元

账　　户	余　　额
一般预算收入	4 850 000
调入资金	860 000
基金预算收入	327 000
补助支出——基金预算补助	7 000 000
调出资金	500 000
专用基金收入	2 000 000

记 账 凭 证

2014年12月31日　　　　　　　　　　　记字第×××号

摘　要	总账科目	明细科目	√	借方金额	√	贷方金额	附单据
				千百十万千百十元角分		千百十万千百十元角分	
年终一般预算收入结转	一般预算收入			4 8 5 0 0 0 0 0 0			张
	预算结余					4 8 5 0 0 0 0 0 0	
合　计				¥4 8 5 0 0 0 0 0 0		¥4 8 5 0 0 0 0 0 0	
财务主管　　　　记账　　　　出纳　　　　审核　　　　制单 陈雨							

图 2-47　记账凭证

记 账 凭 证

2014年12月31日　　　　　　　　　　　记字第×××号

摘　要	总账科目	明细科目	√	借方金额	√	贷方金额	附单据
				千百十万千百十元角分		千百十万千百十元角分	
结转调入资金	调入资金			8 6 0 0 0 0 0 0			张
	预算结余					8 6 0 0 0 0 0 0	
合　计				¥8 6 0 0 0 0 0 0		¥8 6 0 0 0 0 0 0	
财务主管　　　　记账　　　　出纳　　　　审核　　　　制单 陈雨							

图 2-48　记账凭证

记 账 凭 证

2014年12月31日 记字第×××号

摘要	总账科目	明细科目	√	借方金额 千百十万千百十元角分	√	贷方金额 千百十万千百十元角分
年终基金预算收入结转	基金预算收入			3 2 7 0 0 0 0 0		
	基金预算结余					3 2 7 0 0 0 0 0
合　计				¥3 2 7 0 0 0 0 0		¥3 2 7 0 0 0 0 0

财务主管　　　记账　　　出纳　　　审核　　　制单 陈雨

图 2-49　记账凭证

记 账 凭 证

2014年12月31日 记字第×××号

摘要	总账科目	明细科目	√	借方金额 千百十万千百十元角分	√	贷方金额 千百十万千百十元角分
年终结转基金预算支出	基金预算结余			7 0 0 0 0 0 0 0 0		
	补助支出	基金预算补助				7 0 0 0 0 0 0 0 0
合　计				¥7 0 0 0 0 0 0 0 0		¥7 0 0 0 0 0 0 0 0

财务主管　　　记账　　　出纳　　　审核　　　制单 陈雨

图 2-50　记账凭证

记 账 凭 证

2014年12月31日 记字第×××号

摘要	总账科目	明细科目	√	借方金额 千百十万千百十元角分	√	贷方金额 千百十万千百十元角分
结转调出资金	基金预算结余			5 0 0 0 0 0 0 0		
	调出资金					5 0 0 0 0 0 0 0
合　计				¥5 0 0 0 0 0 0 0		¥5 0 0 0 0 0 0 0

财务主管　　　记账　　　出纳　　　审核　　　制单 陈雨

图 2-51　记账凭证

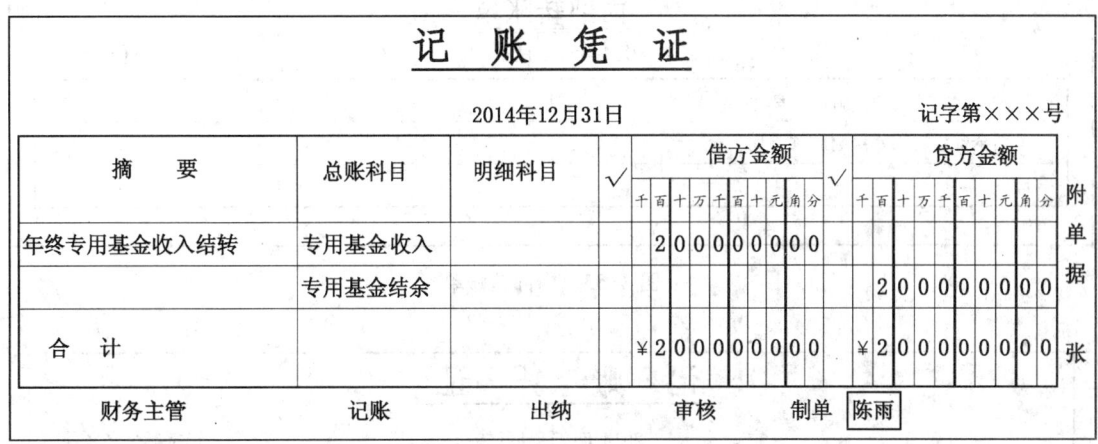

图 2-52 记账凭证

1.（业务题）×市财政局全年税收返还收入为 800 万元，年终将其结转。请编制相应的会计凭证。

2.（业务题）×市财政局全年上解省财政厅一般预算存款共计 1 005 万元，年终将其结转。请编制相应的会计凭证。

业务活动 2-11　预算周转金的核算

【活动目标】　了解预算周转金的内容，学会预算周转金的账务处理。

1. 预算周转金的概念

预算周转金是指各级财政为平衡预算年度内季节性收支差异，保证及时用款而设置的周转资金。

预算周转金一般从本级财政预算净结余中设置和补充，专作预算周转之用，不能作支出安排，也不能任意转为结余。非经上级批准，年终必须保持原有数额，不能随意减少。

2. 账户设置

"预算周转金"账户核算财政总预算会计中预算周转金的增减变动情况。该账户属于净资产类账户，用于核算各级财政设置的用于平衡季节性预算收支差额而周转使用的资金。当设置和补充预算周转金时，借记"预算结余"账户，贷记该账户。该账户借方一般无发生额，贷方余额为预算周转金实有数额。

【例 2-24】　2014 年 12 月 31 日，×市财政局根据上级核定的数额，动用上年结余资金增设本级财政预算周转金。

要求：根据内部转账单（见图 2-53）编制记账凭证（见图 2-54）。

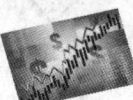

内部转账单	
2014年12月31日	单位:元
摘要	金额
上年结余资金转入本级财政预算周转金	1 000 000
合计	1 000 000

图 2-53 内部转账单

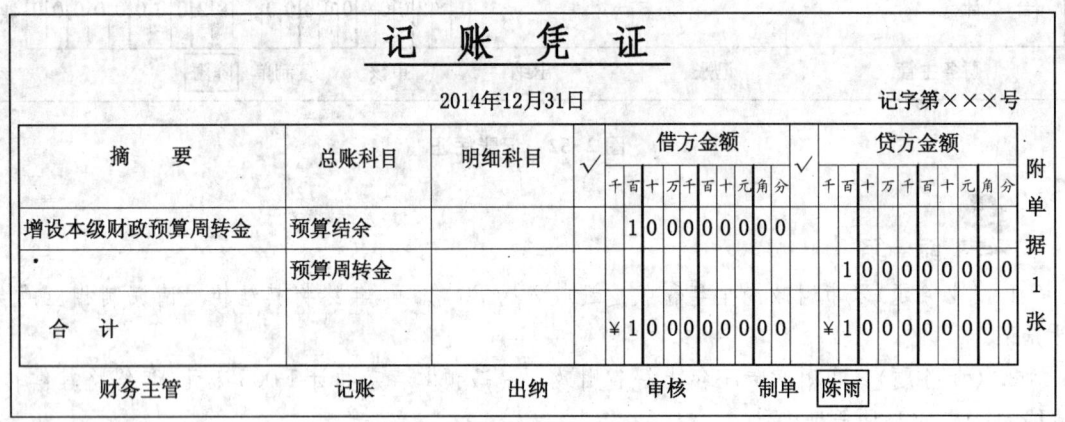

图 2-54 记账凭证

1.（判断题）"预算周转金"账户借方登记预算周转金的减少数。（　　）
2.（判断题）"预算周转金"账户贷方登记预算周转金的增加数。（　　）

业务活动 2-12　财政周转基金的核算

【活动目标】　了解财政周转基金的内容，学会财政周转基金的账务处理。

1. 财政周转基金的概念

财政周转基金是指地方各级财政按规定设置的用作有偿周转使用的资金，它反映了一级地方财政金规模。

2. 账户设置

应设置"财政周转基金"账户来对财政周转基金进行核算。该账户属于净资产类账户，用于核算各级财政设置的有偿使用资金。当用预算资金增补有偿使用的周转基金时，借记有关预算支出账户，贷记"国库存款"账户，同时借记"其他财政存款"账户，贷记该账户。收回财政周转基金仍转入预算资金时，作相反分录。当用财政周转金收入补充财政周转基金时，借记"财政周转金收入"账户，贷记该账户。该账户贷方余额反映财政周转基金总额，年终余额结转下年。

【例 2-25】 2014 年 10 月 1 日，×市财政局用本级财政的一般预算资金和财政周转金收入增设本级财政周转基金。

要求：根据内部转账单（见图 2-55）编制记账凭证（见图 2-56～图 2-58）。

内部转账单

2014 年 10 月 01 日　　　　　　　　　　　　　　　　　　　单位：元

摘 要	金 额
本级财政的一般预算资金转入本级财政周转基金	500 000
财政周转金收入转入本级财政周转基金	100 000
合计	600 000

图 2-55　内部转账单

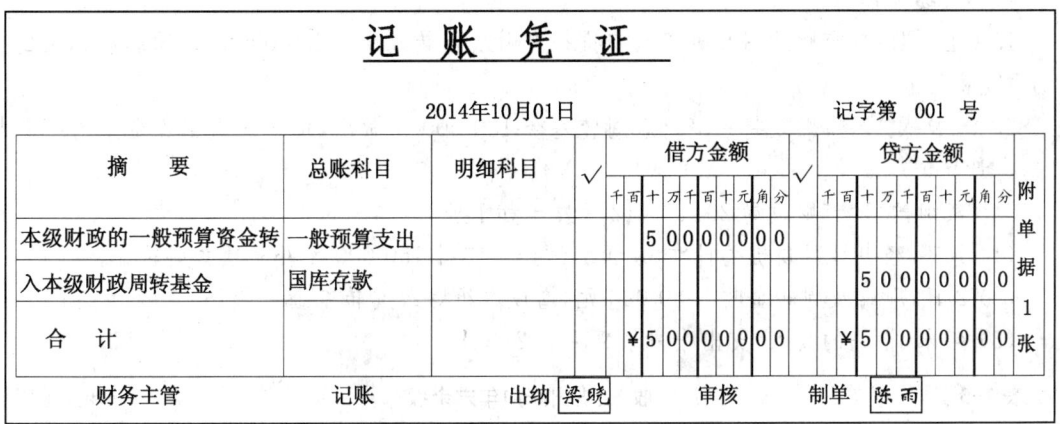

图 2-56　记账凭证

图 2-57　记账凭证

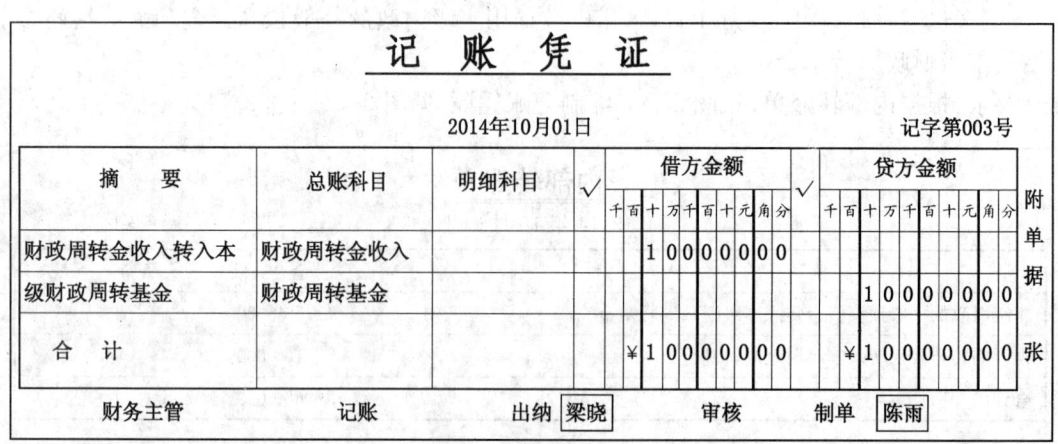

图 2-58 记账凭证

1.（业务题）×市财政用预算资金安排补充财政周转基金 2 600 000 元。请编制相应的会计凭证。

2.（业务题）×市财政将一笔财政周转基金 180 000 元撤出，仍转入预算资金。请编制相应的会计凭证。

3.（实训题）×市财政局 2014 年 12 月发生如下业务：

（1）1 日，经上级财政机关批准，从预算结余中安排 150 000 元补充预算周转金。

（2）2 日，用财政周转金收入 80 000 元，增设本级财政周转基金。

（3）年末，相关的收入、支出账户余额见表 2-3。

表 2-3　　　　　　　　收入、支出账户年末余额　　　　　　　　单位：元

账　户	余　额
一般预算收入	1 200 000
基金预算收入	1 000 000
专用基金收入	600 000
补助收入	
——一般预算补助	70 000
——基金预算补助	45 000
上解收入	850 000
调入资金	60 000
一般预算支出	800 000
基金预算支出	660 000
专用基金支出	400 000
补助支出	
——一般预算补助	24 000
——基金预算补助	19 000
上解支出	300 000
调出资金	60 000

要求：根据以上资料，编制该市财政局年末的会计凭证。

任务 4 财 政 收 入

财政收入是国家为实现其职能，根据有关法令和法规所取得的非偿还性资金。财政收入一般包括一般预算收入、基金预算收入、专用基金收入、资金调拨收入和财政周转金收入。

 **业务活动 2-13　一般预算收入的核算**

【活动目标】　了解一般预算收入包含的内容、征收机构和缴库方式，学会一般预算收入的账务处理。

1. 一般预算收入的概念

一般预算收入是通过一定的形式和程序，有计划有组织并由国家支配的纳入预算管理的资金。属于一般预算收入的有：①工商税收，包括增值税、营业税、消费税、专项调节税、个人所得税、证券交易税、遗产税、土地增值税、外商投资企业和外国企业所得税、城市维护建设税、车船税、房产税、屠宰税、资源税、印花税等。②关税。③农牧业税和耕地占用税。④企业所得税。⑤国有企业上缴利润。⑥国有企业计划亏损补贴。⑦债务收入，包括中央政府和地方政府向外国政府或国际组织借款收入、国库券收入等。⑧基本建设贷款归还收入。⑨其他收入，包括事业收入、外事服务收入、中外合资企业其他收入等。⑩预算调剂收入，包括税收返还收入、上年结余收入、调入资金等。⑪企业所得税退税，指企业按"先征后退"政策所退的所得税。⑫罚没收入。⑬行政性收费收入。

2. 一般预算收入的征收机构

一般预算收入的征收机构有财政机关、税务机关、海关等。其具体分工如下：

(1) 财政机关负责征收国有企业上缴利润、农牧业税和其他收入等。

(2) 税务机关负责征收工商税收和按规定应由税务机关负责征收的其他预算收入。

(3) 海关负责征收关税、行李和邮递物品进口税，此外负责代征进口环节的增值税和消费税。

3. 一般预算收入的缴库方式

(1) 就地缴库。由基层缴库单位（缴款人）按征收机关规定的缴款期限，直接向当地国库或国库经收处缴纳。

(2) 集中缴库。由基层缴款单位将应缴的预算收入通过银行汇解到上级主管部门，由主管部门汇总后按征收机关规定的缴款期限向国库或国库经收处缴纳。

(3) 自缴自汇。由缴款单位直接向基层税务机关、海关缴纳税款，由税务机关、海关将所收的款项汇总缴国库或国库经收处。国库收到预算收入后，按照财政管理体制规定的预算级次和收入划分，将入库款项分别划解入各级国库。

4. 账户设置及账务处理

"一般预算收入"账户核算财政总预算会计中一般预算收入的增减变动情况。该账户属于收入类账户。根据国库报来的预算收入日报表所列当日预算收入数，借记"国库存款"账户，贷记该账户;当日收入为负数时以红字计入。年终结账时,将该账户贷方余额全数转入"预算结余"账户,应借记该账户,贷记"预算结余"账户。该账户平时贷方余额反映预算收入累计数。年终结转后该账户无余额。该账户应根据当年《政府预算收支科目》设置相应明细账。

【例 2-26】 2014 年 9 月 1 日,×市财政局收到国库报来的一般预算收入日报表(见图 2-59)。

要求:根据一般预算收入日报表编制记账凭证(见图 2-60)。

一般预算收入日报表

2014 年 09 月 01 日   单位:元

预算科目	本日收入
增值税	150 000.00
消费税	30 000.00
营业税	100 000.00
城市维护建设税	19 600.00
企业所得税	200 000.00
个人所得税	90 000.00
合计	589 600.00

图 2-59 一般预算收入日报表

记 账 凭 证

2014年09月01日   记字第001号

摘要	总账科目	明细科目	✓	借方金额	✓	贷方金额	附单据1张
收到预算收入日报表	国库存款	一般预算存款		589 600 00			
		一般预算收入				589 600 00	
合 计				¥589 600 00		¥589 600 00	

财务主管   记账   出纳 梁晓   审核   制单 陈雨

图 2-60 记账凭证

1. (多项选择题)预算收入的征收机关有(   )。
   A. 财政机关   B. 税务机关
   C. 国家金库   D. 海关
2. (多项选择题)下列收入中,属于一般预算收入的有(   )。

A. 消费税和营业税 B. 国有资产收益税
C. 粮食风险基金 D. 行政性收费

3.（业务题）×市财政局收到同级国库报来的预算收入日报表列示：当日企业所得税100万元。请编制相应的会计凭证。

4.（业务题）收到国库通知，第3题所述款项中有10万元属于错收款项，已退还相应的缴税企业。请编制相应的会计凭证。

业务活动2-14　基金预算收入的核算

【活动目标】　了解基金预算收入包含的内容，学会基金预算收入的账务处理。

1. 基金预算收入的概念

基金预算收入是按规定收取、转入或通过当年财政安排，由财政管理并具有指定用途的政府性基金收入。我国国家基金预算收入主要包括：①工业交通部门基金收入类。②商贸部门基金收入类。③文教部门基金收入类。④社会保障基金收入类。⑤农业部门基金收入类。⑥其他部门基金收入类。⑦地方财政税费附加收入类。

2. 账户设置及账务处理

应设置"基金预算收入"账户来对基金预算收入进行核算。该账户属于收入类账户。财政会计在取得基金预算收入时，借记"国库存款"账户，贷记该账户；对于财政部明文规定在指定银行存储的基金，应按规定办理转存手续；基金预算收入在银行的存款利息收入，作为"基金预算收入"处理。年终结账时，将该账户贷方余额全数转入"基金预算结余"账户，应借记该账户，贷记"基金预算结余"账户。该账户平时贷方余额反映当年基金预算收入累计数。年终结转后该账户无余额。

【例2-27】　2014年9月1日，×市财政局收到国库报来的基金预算收入日报表（见图2-61）。

要求：根据基金预算收入日报表编制记账凭证（见图2-62）。

基金预算收入日报表

2014年09月01日　　　　　　　　　　　　　　　　　单位：元

预算科目	本日收入
工业交通部门基金收入	28 900
商贸部门基金收入	36 900
社会保障基金收入	50 000
文教部门基金收入	21 400
农业部门基金收入	13 500
合计	150 700

图2-61　基金预算收入日报表

图 2-62 记账凭证

1. （单项选择题）下列收入中，属于基金预算收入的是（　　）。
   A. 消费税和营业税
   B. 国有资产收益税
   C. 粮食风险基金
   D. 行政性收费
2. （业务题）×市财政局收到同级国库报来的预算收入日报表列示：当日各种政府性基金 60 万元。请编制相应的会计凭证。

业务活动 2-15　专用基金收入的核算

【活动目标】　了解专用基金收入包含的内容，学会专用基金收入的账务处理。

1. 专用基金收入的概念

专用基金收入是指财政总预算会计管理的各项具有专门用途的资金收入，如粮食风险基金收入。专用基金收入是在基金预算收入之外单独管理的资金，并不要求缴入国库，而是应该在专业银行设立专户。

2. 账户设置及账务处理

应设置"专用基金收入"账户来对专用基金收入进行核算。该账户属于收入类科目。当从上级财政部门和本级预算支出安排中取得专用基金收入时，借记"其他财政存款"账户，贷记该账户；退回专用基金时，借记该账户，贷记"其他财政存款"账户。年终结账时，将该账户贷方余额全数转入"专用基金结余"账户，应借记该账户，贷记"专用基金结余"账户。该账户平时贷方余额反映当年专用基金收入累计数。年终结转后该账户无余额。

【例 2-28】　2014 年 9 月 2 日，×市财政局配套通过本级财政预算支出安排粮食风险基金 100 万元。

要求：根据特种转账借方凭证和进账单（见图 2-63 和图 2-64）编制记账凭证（见图 2-65 和图 2-66）。

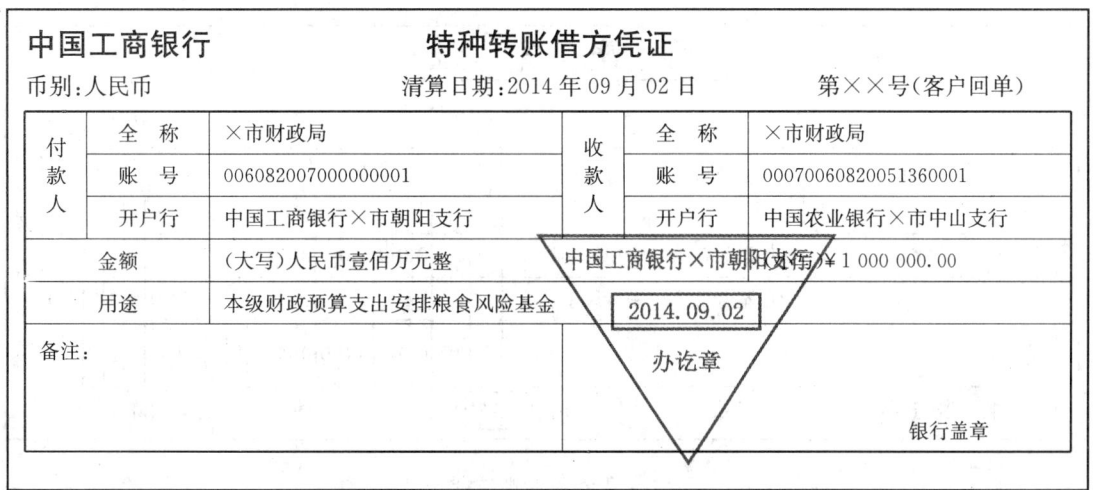

图 2-63 特种转账借方凭证

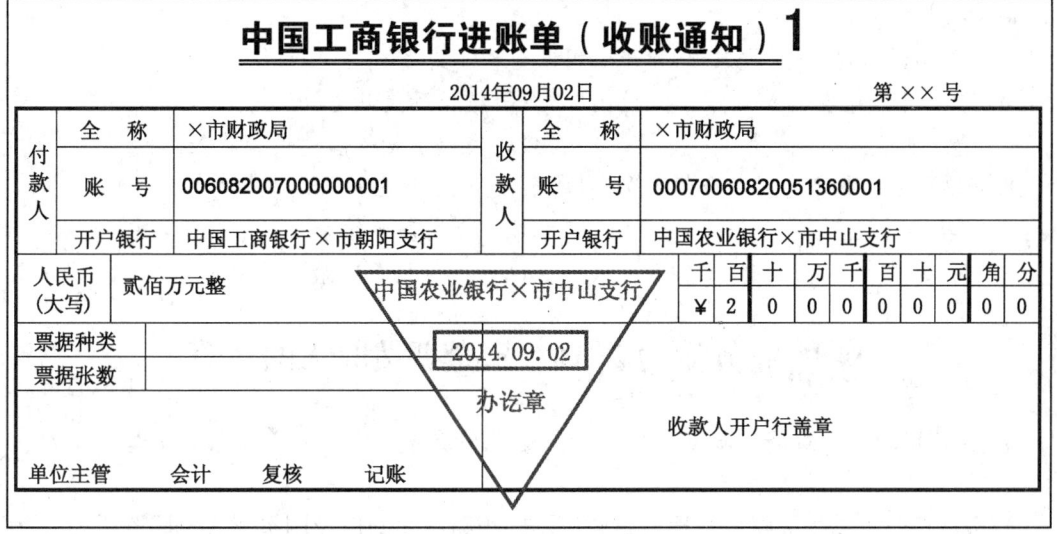

图 2-64 进账单

图 2-65 记账凭证

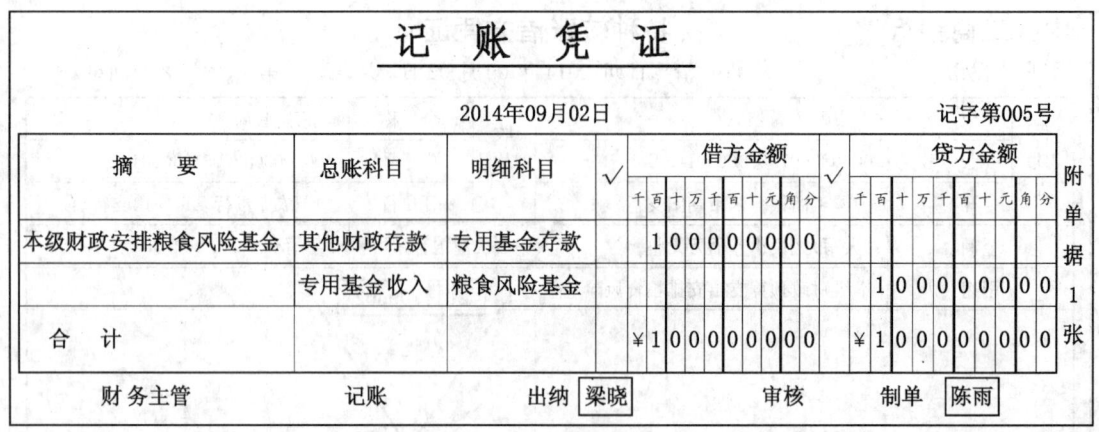

图 2-66 记账凭证

1. (单项选择题)下列收入中,属于专用基金收入的是( )。
   A. 电力建设基金收入　　　　　　B. 粮食风险基金收入
   C. 养路费收入　　　　　　　　　D. 民航机构管理建设费收入
2. (单项选择题)"专用基金收入"账户的余额,年终时应转入( )账户。
   A. "其他财政存款"　　　　　　　B. "专用基金结余"
   C. "预算结余"　　　　　　　　　D. "一般预算结余"

业务活动 2-16　资金调拨收入的核算

【活动目标】　了解资金调拨收入包含的内容,学会资金调拨收入的账务处理。

1. 资金调拨收入的概念

资金调拨收入是中央财政与地方财政等不同级财政之间以及同级财政不同资金项目之间调拨资金所形成的收入。预算资金调拨是平衡各级预算收支的一种手段,主要包括:①上下级财政之间通过上级补助和下级上解方式进行的资金调拨(分别设置"补助收入"账户和"上解收入"账户核算)。②同级财政的预算内外资金调拨,主要用于弥补预算赤字,平衡预算收支(设置"调入资金"账户核算)。

2. 账户设置及账务处理

1) "补助收入"账户

该账户用于核算上级财政通过预算补助给本级财政的收入。该账户属于收入类账户。当实际收到上级财政拨来的补助款时,借记"国库存款"账户,贷记该账户;当退还上级补助款时,借记该账户,贷记"国库存款"账户。该账户平时贷方余额反映当年上级补助收入累计数。年终结账时,将该账户贷方余额按补助收入资金的性质,分别转入"预算结余"或"基金预算结余"账户:应借记该账户,属于预算内资金的部分,贷记"预算结余"账户,属于预算外资金的部分,贷记"基金预算结余"账户。年终结转后该账户无余额。该账户应按补助资金性质设置明细账。

【例 2-29】 2014 年 9 月 3 日，×市财政局收到财政厅拨来的一般预算补助 100 万元，基金预算补助 40 万元。

要求：根据预算拨款凭证(见图 2-67)编制记账凭证(见图 2-68)。

预算拨款凭证(收款通知)　3

拨款日期 2014 年 09 月 03 日　　　　第××号

收款单位	全称	×市财政局	付款单位	全称	×省财政厅	
	账号	006082007000000001		账号地址	004059200026000107	
	开户银行	中国工商银行×市朝阳支行　行号 006082		开户银行	中国建设银行×市中山支行	行号 004059
拨款金额	人民币(大写)	壹佰肆拾万元整	千 百 十 万 千 百 十 元 角 分	¥ 1 4 0 0 0 0 0 0 0		
用途	一般预算补助 100 万元，基金预算补助 40 万元		类：	款：	项：	
上项款已办理 银行盖章	中国建设银行 ×市中山支行 2014.09.03 办讫章 经办人 年 月 日		备注			

此联给收款单位的收款通知

图 2-67　预算拨款凭证

记　账　凭　证

2014年09月03日　　　　记字第006号

摘要	总账科目	明细科目	√	借方金额(千百十万千百十元角分)	√	贷方金额(千百十万千百十元角分)
收到补助款	国库存款	一般预算存款		100000000		
	国库存款	基金预算存款		40000000		
	补助收入	一般预算补助				100000000
	补助收入	基金预算补助				40000000
合　计				¥140000000		¥140000000

附单据 1 张

财务主管　　记账　　出纳 梁晓　　审核　　制单 陈雨

图 2-68　记账凭证

2）“上解收入”账户

该账户用于核算下级财政按规定采用预算上解方式向本级财政解交的收入。该账户属于收入类账户。当财政部门收到下级上解款时，借记“国库存款”账户，贷记该账户；当退还上解收入时，借记该账户，贷记“国库存款”账户。该账户平时贷方余额反映当年下级上解给本级的收入的累计数。年终结账时，将该账户贷方余额全数转入“预算结余”账户，应借记该账户，贷记“预算结余”账户。年终结转后该账户无余额。该账户应按上解地区和资金性质设置明细账。

【例2-30】 2014年9月4日，×市财政局收到下属马山县的预算上解款30万元。

要求：根据特种转账借方凭证（见图2-69）编制记账凭证（见图2-70）。

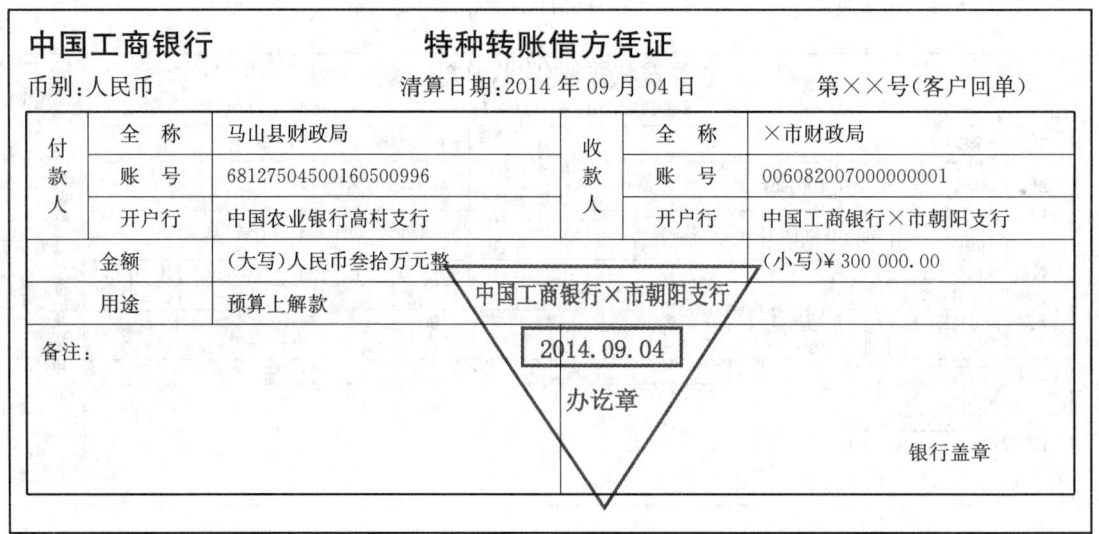

图2-69 特种转账借方凭证

图2-70 记账凭证

3)"调入资金"账户

该账户用于核算为了平衡一般预算收支，从预算外资金结余调入预算的资金以及按规定从其他渠道调入的资金。该账户属于收入类账户。当调入资金时，借记"国库存款"账户，贷记该账户；该账户平时贷方余额反映当年调入资金的累计数。年终结账时，将该账户贷方余额全数转入"预算结余"账户，应借记该账户，贷记"预算结余"账户。年终结转后该账户无余额。

【例2-31】 2014年9月5日，×市财政局为了平衡一般预算，从预算外资金结余中调入资金20万元。

要求：根据特种转账借方凭证和进账单（见图2-71和图2-72）编制记账凭证（见图2-73）。

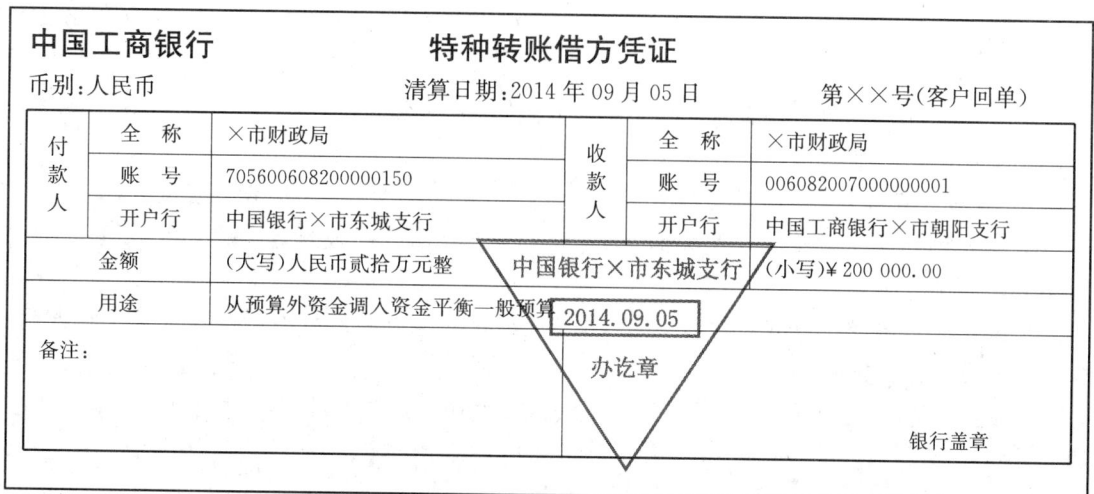

图 2-71 特种转账借方凭证

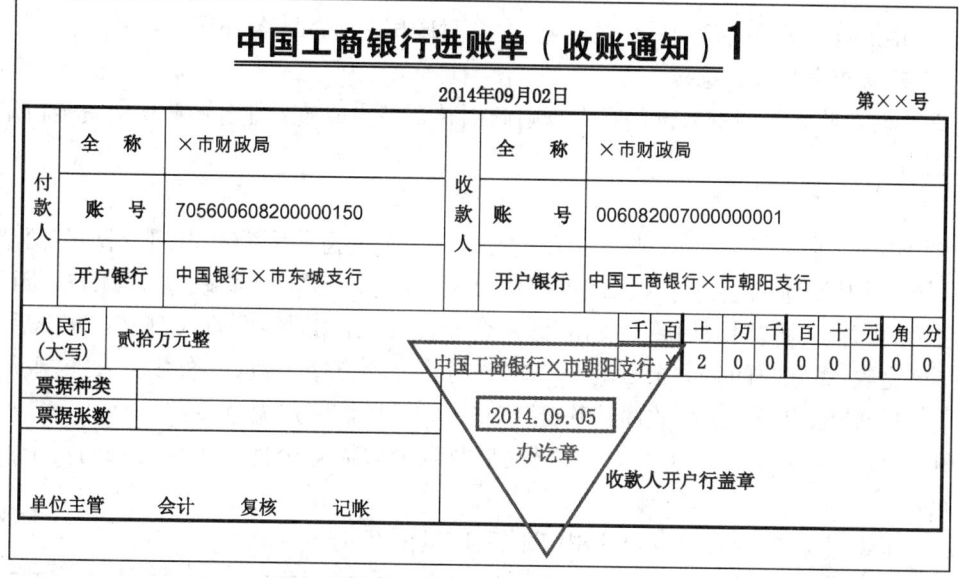

图 2-72 进账单

图 2-73 记账凭证

1. (判断题)补助收入余额在年终时一律转入"预算结余"账户。　　　　（　　）
2. (单项选择题)资金调拨收入不包括(　　)。
   A. 基金预算收入　　B. 补助收入　　C. 上解收入　　D. 调入资金
3. (业务题)×市财政局收到所属甲县按体制规定上缴的一般预算上解款10万元。请编制相应的会计凭证。
4. (业务题)年终为平衡一般预算收支,经批准调入地方财政税费附加结余款120万元。请编制相应的会计凭证。
5. (业务题)市财政局将上期对乙县的借款中的30万元转作对该项的补助。请编制相应的会计凭证。

业务活动 2-17　财政周转金收入的核算

【活动目标】　了解财政周转金的内容,学会财政周转金的账务处理。

1. 财政周转金收入的概念

财政周转金收入是指财政部门在办理财政周转金借出或放款业务中收取的资金占用费收入和利息收入。

2. 账户设置及账务处理

"财政周转金收入"账户属于收入类账户,其下设置"利息收入"和"占用费收入"两个明细账户。在取得财政周转金利息收入或占用费收入时,应借记"其他财政存款"账户,贷记该账户。年终结账时,先将"财政周转金支出"账户余额转入"财政周转金收入"账户;冲抵后,年终"财政周转金收入"账户的贷方余额为当年财政周转金收支结余数,应全数转入"财政周转基金"账户,借记该账户,贷记"财政周转基金"账户。结转后该账户无余额。

【例 2-32】　2014年9月6日,×市财政局收到财政周转金使用单位交来的资金占用费8 000元。

要求:根据进账单(见图2-74)编制记账凭证(见图2-75)。

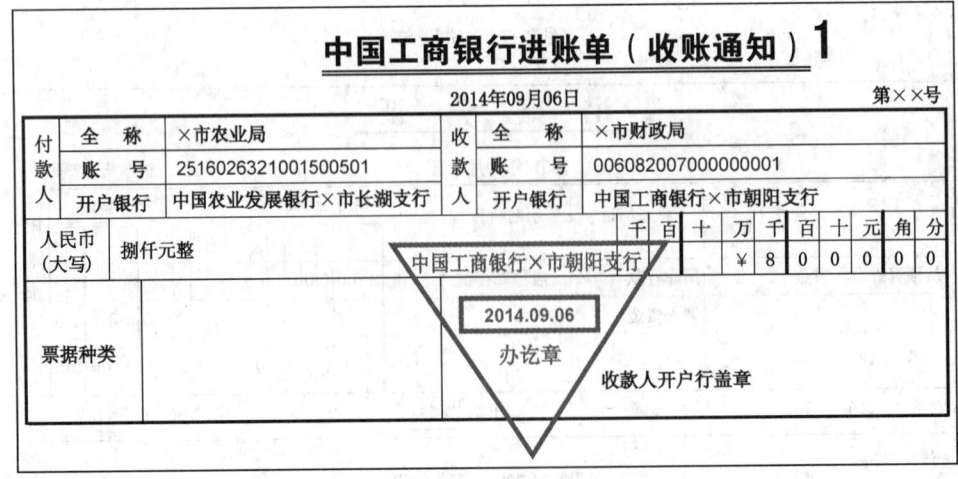

图 2-74　进账单

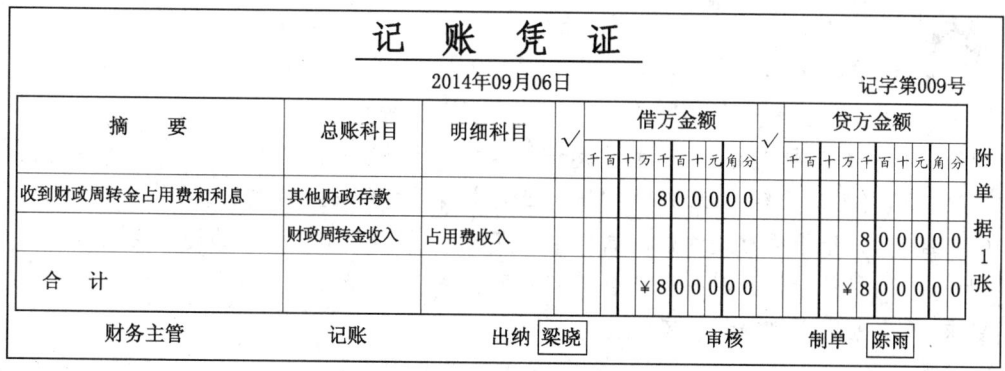

图 2-75 记账凭证

【例 2-33】 2014 年 12 月 31 日，×市财政局本年度未结账前财政周转金收入和财政周转金支出的累计总额见表 2-4，年终将其结转。

表 2-4　　　　　财政周转金收入、支出的累计总额　　　　单位：元

账　户	累　计　总　额
财政周转金收入	380 000.00
财政周转金支出	260 000.00

要求：编制记账凭证（见图 2-76 和图 2-77）。

记　账　凭　证
2014年12月31日　　　　　　　　记字第×××号

摘　要	总账科目	明细科目	√	借方金额	√	贷方金额
结转财政周转金支出	财政周转金收入			260 000 00		
	财政周转金支出					260 000 00
合　计				¥260 000 00		¥260 000 00

财务主管　　　记账　　　出纳　　　审核　　　制单 陈雨

图 2-76 记账凭证

记　账　凭　证
2014年12月31日　　　　　　　　记字第×××号

摘　要	总账科目	明细科目	√	借方金额	√	贷方金额
结转财政周转金收入	财政周转金收入			120 000 00		
	财政周转基金					120 000 00
合　计				¥120 000 00		¥120 000 00

财务主管　　　记账　　　出纳　　　审核　　　制单 陈雨

图 2-77 记账凭证

练一练

1. （实训题）×省财政于 2014 年 8 月发生如下经济业务：

(1) 1 日，将财政周转金 30 万元贷放给所属的市级财政。

(2) 3 日，将财政周转金 23 万元借给省属大学用于科研设备的购置。

(3) 31 日，借给市级财政的财政周转金如期收回，并收到 6 000 元的资金占用费。

(4) 31 日，借给学校的财政周转金经审核已属呆账，经批准做核销处理。

要求：根据上述资料编制相应的会计凭证。

2. （实训题）×市财政局在 2014 年 12 月发生如下经济业务：

(1) 1 日，收到国库报来的一般预算收入日报表，列示增值税 123 000 元，营业税 100 500 元，消费税 98 000 元，企业所得税 500 000 元，个人所得税 300 000 元。

(2) 2 日，收到国库报来的基金预算收入日报表，列示工业交通部门基金收入 108 000 元，商贸部门基金收入 120 000 元，社会保障基金收入 86 000 元，文教部门基金收入 100 000 元，农业部门基金收入 110 000 元。

(3) 3 日，收到上级财政拨入的粮食风险基金 180 000 元。

(4) 10 日，收到上级财政拨入的一般预算补助 300 000 万元，基金预算补助 200 000 元。

(5) 17 日，收到下属甲县上解的一般预算存款 240 000 元。

(6) 31 日，为了平衡一般预算，从预算外资金调入资金 310 000 元。

(7) 31 日，收到借给下属乙县本级财政周转金的利息收入 20 000 元。

(8) 31 日，收到基金预算收入在银行的存款利息 16 500 元。

(9) 年终结账前，财政总预算各收入账户的余额见表 2-5。

表 2-5　　　　　　　财政总预算各收入账户的余额　　　　　　　单位：元

收 入 账 户	贷 方 余 额
一般预算收入	1 200 000
基金预算收入	900 000
专用基金收入	250 000
补助收入	600 000
上解收入	500 000
调入资金	31 000
财政周转金收入	60 000

要求：请根据以上资料对该市财政局编制相应的会计凭证，并进行年终结账。

任务 5　财 政 支 出

财政支出是各级政府为了实现其职能，将所筹集的财政资金有计划地再分配，是对财政资金的运用。各级财政总预算会计核算的财政支出,包括一般预算支出、基金预算支出、专用基金支出、资金调拨支出和财政周转金支出。

业务活动 2-18 一般预算支出的核算

【活动目标】 了解一般预算支出的内容,了解一般预算支出的列报和管理规定,学会一般预算支出的账务处理。

1. 一般预算支出的概念

一般预算支出是指各级政府对集中的一般预算收入有计划地进行分配和使用而安排的各项支出。

一般预算支出包括:基本建设支出、企业挖潜发行资金、简易建筑费、地质勘探费、科技三项费用、流动资金、支持农村生产支出、农林气象等部门事业费、工业交通等部门事业费、商业部门事业费、城市维护费、文教事业费、科学事业费、其他部门事业费、抚恤和社会福利救济费、国防支出、行政管理费、武装警察部队支出、公检法支出、政策性补贴支出、债务支出、对外援助支出、支持不发达地区支出、其他支出、总预备费、预算调拨支出、农业综合开发支出、卫生经费、行政事业单位离退经费等。

2. 一般预算支出的列报口径

财政预算款项从拨付到实际耗费必须经过三个阶段:第一阶段为拨款阶段:财政按预算将款项从国库中拨付给主管部门,再从主管部门拨到用款单位。第二阶段为银行支出阶段:用款单位从银行支取存款,用于形成备用现金、材料储备或暂付资金。第三阶段为实际支出阶段:用款单位直接支取款项用于消费或将材料、现金投入使用。

对于已拨付到用款单位的款项,用款单位已从银行提取的部分即使未被实际消耗,财政部门都无法重新进行分配。因此,按收付实现制原则,一般预算支出的列报口径有以下两种:以财政拨款数为核算基础列报预算支出和以银行支出数为核算基础列报预算支出。

1) 以财政拨款数为核算基础

这种核算基础是以财政部门拨付给用款单位的数额作为预算支出列报。它主要适用于不实行限额管理的基本建设支出、行政事业单位的各种经费支出和专项支出。

2) 以银行支出数为核算基础

银行支出数是指用款单位从开户银行提取支用的数额,它包括直接投入使用已被消耗的现金(实际支出数),也包括从银行支款但尚未被实际消耗的资金(银行支取未报数)。对于财政机关而言,银行支出数的形成标志着预算资金分配的结算,预算资金由分配阶段进入使用阶段。为了保证总预算支出的正确列支,落实年度财政结余,财政支出应以银行支出数将这部分资金列作预算支出,而不能以单位实际已被消耗的资金作为预算支出列报依据。

按规定,实行限额管理的基本建设支出按用款单位银行支出数列报支出。

3. 账户设置及账务处理

应设置"一般预算支出"账户来对一般预算支出进行核算。该账户属于支出类账户。该账户借方登记财政部门的直接支出数和各单位及建设银行报来的银行支出数,借记该账户,贷记“国库存款”账户;贷方登记本年度支出的收回数及冲销数,借记“国库存款”账户,贷记该账户;平时借方余额反映一般预算支出的累计数。年终,将其余额全数转入“预算结余”账户,借记“预算结余”账户,贷记该账户。

【例 2-34】 2014 年 9 月 7 日,×市财政局按规定拨付市地震局 360 000 元作为地质勘探费。

要求:根据预算拨款凭证(见图 2-78)编制记账凭证(见图 2-79)。

预算拨款凭证(回单)　4

拨款日期 2014 年 09 月 07 日　　　　第××号

收款单位	全称	×市地震局		付款单位	全称	×市财政局	
	账号	0506321001251602150			账号地址	006082007000000001	
	开户银行	中国银行×市金浦支行	行号 050632		开户银行	中国工商银行×市朝阳支行	行号 006082
拨款金额	人民币(大写)	叁拾陆万元整			百 十 万 千 百 十 元 角 分	¥ 3 6 0 0 0 0 0 0	
用途	地质勘探费		类:	款:	项:		
上项款已办理 银行盖章 年 月 日	中国工商银行 ×市朝阳支行 2014.09.07 办讫章 经办人		备注				

此联由银行盖章后退给付款单位作回单

图 2-78　预算拨款凭证

记 账 凭 证

2014年09月07日　　　　记字第010号

摘要	总账科目	明细科目	√	借方金额(千百十万千百十元角分)	√	贷方金额(千百十万千百十元角分)
拨款至地震局	一般预算支出			36000000		
	国库存款	一般预算存款				36000000
合　计				¥36000000		¥36000000

附单据 1 张

财务主管　　记账　　出纳 梁晓　　审核　　制单 陈雨

图 2-79　记账凭证

1. (业务题)2014年5月1日,经财政主管业务机构核准,×市财政局总预算会计开出拨款凭证,拨付该市社会保险经办机构经费 236 000元。请编制相应的会计凭证。

2. (业务题)2014年5月2日,×市财政总预算会计将上年年末预拨给市气象局的经费145 000元转列支出。请编制相应的会计凭证。

业务活动2-19 基金预算支出的核算

【活动目标】 了解基金预算支出的内容,学会基金预算支出的账务处理。

1. 基金预算支出的概念

基金预算支出是用基金预算收入安排的支出,其支出的内容与基金预算收入相对应。我国国家基金预算支出主要包括:①工业交通部门基金支出类。②商贸部门基金支出类。③文教部门基金支出类。④社会保障基金支出类。⑤农业部门基金支出类。⑥其他部门基金支出类。⑦地方财政税费附加支出类。基金预算支出的会计核算可以比照一般预算支出的会计核算方法。

2. 账户设置及账务处理

应设置"基金预算支出"账户来对基金预算支出进行核算。该账户属于支出类账户。发生基金预算支出时,借记该账户,贷记"国库存款"或"其他财政存款"账户;支出收回或冲销转账时,借记有关账户,贷记该账户;平时借方余额反映基金预算支出的累计数。年终,将其余额全数转入"基金预算结余"账户,借记"基金预算结余"账户,贷记该账户。

【例2-35】 2014年9月8日,×市财政局按规定用社会保障收入安排社会保障支出73万元。

要求:根据预算拨款凭证(见图2-80)编制记账凭证(见图2-81)。

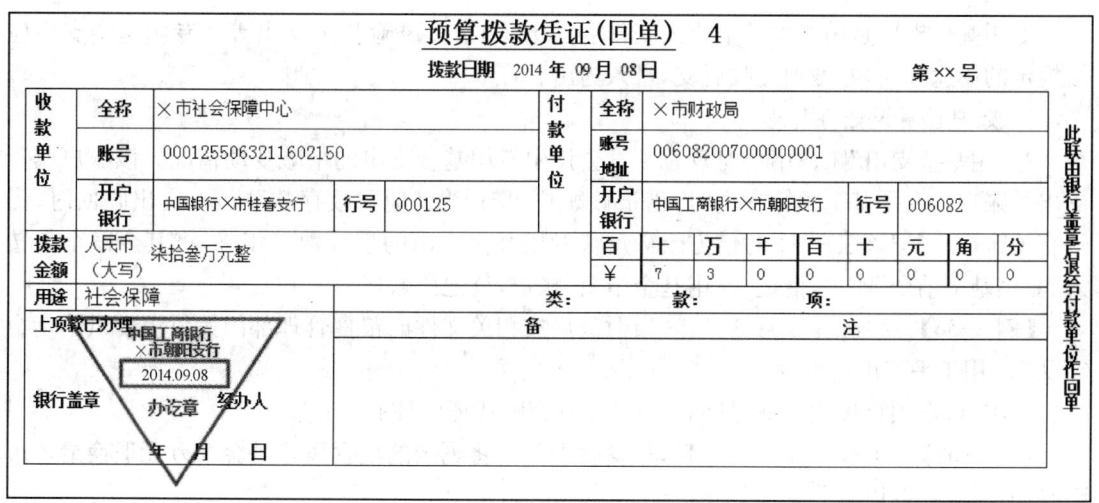

图2-80 预算拨款凭证

图 2-81 记账凭证

1.（业务题）×市财政局根据基金预算拨付给地方财政税费附加支出 30 万元，其中农牧业附加支出 16 万元，城镇公用事业附加支出 14 万元。请编制相应的会计凭证。

2.（业务题）假定×市财政局年终"基金预算支出"账户的借方余额为 132 万元。请编制年终结账的会计凭证。

业务活动 2-20　专用基金支出的核算

【活动目标】　了解专用基金支出的内容，学会专用基金支出的账务处理。

1. 专用基金支出的概念

专用基金支出是用专用基金收入安排的支出，如粮食风险基金支出等。专用基金支出应按规定的用途开支，并做到先收后支，量入为出。

2. 账户设置及账务处理

"专用基金支出"账户用于财政总预算会计中专用基金支出的增减变动情况。该账户属于支出类账户。发生基金预算支出时，借记该账户，贷记"其他财政存款"账户；支出收回时，借记有关账户，贷记该账户；平时借方余额反映专用基金支出的累计数。年终，将其余额全数转入"专用基金结余"账户，借记"专用基金结余"账户，贷记该账户。

【例 2-36】　2014 年 9 月 9 日，×市财政局按相关文件向粮食管理部门拨付粮食风险基金 35 万元，用于平抑市场粮价。

要求：根据预算拨款凭证（见图 2-82）编制记账凭证（见图 2-83）。

【例 2-37】　2014 年 10 月 10 日，粮食管理部门将剩余的粮食风险基金 5 万元退换给×市财政局，财政局据以入账。

要求：根据进账单（见图 2-84）编制记账凭证（见图 2-85）。

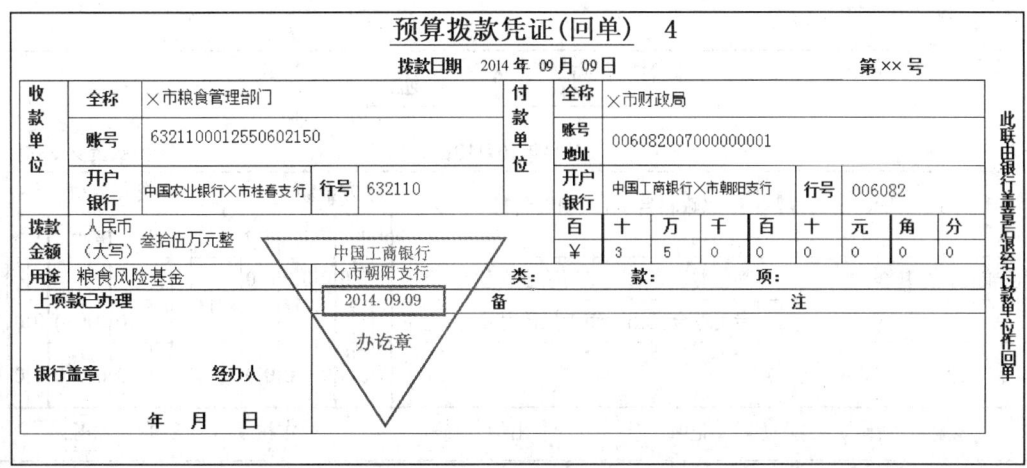

图 2-82 预算拨款凭证

记 账 凭 证

2014年09月09日　　　　　　　　　　　记字第012号

摘　要	总账科目	明细科目	借方金额	贷方金额
拨付粮食风险基金	专用基金支出	粮食风险基金	350000 00	
	其他财政存款	专用基金存款		350000 00
合　计			¥350000 00	¥350000 00

财务主管　　　记账　　　出纳 梁晓　　　审核　　　制单 陈雨

图 2-83 记账凭证

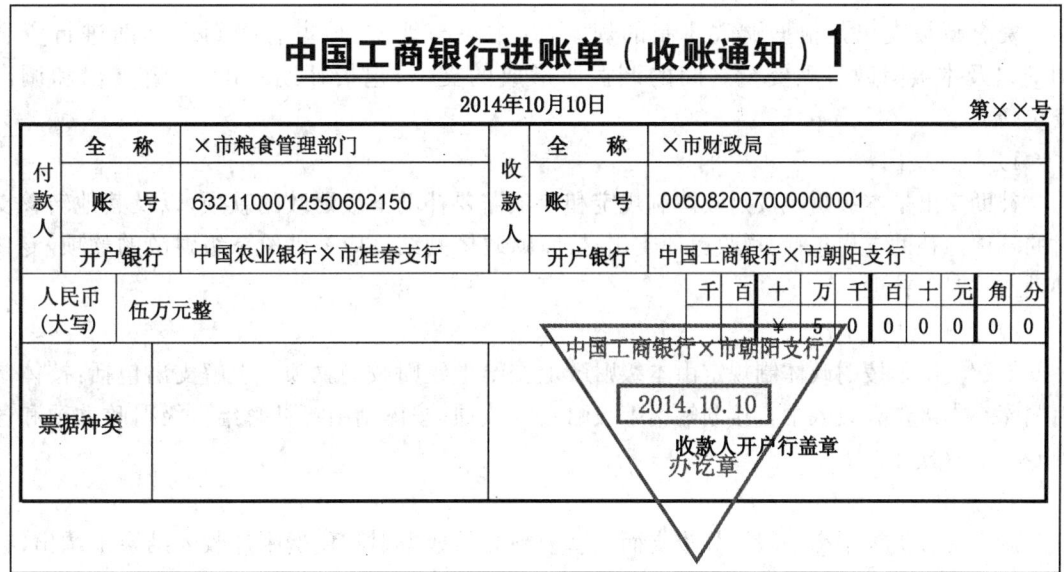

图 2-84 进账单

图 2-85 记账凭证

1.（业务题）2014年7月1日，×市财政局用专用基金收入安排有机蔬菜开发基金40万元。请编制相应的会计凭证。

2.（业务题）承第1题，2014年9月1日，该市财政局收回有机蔬菜开发基金的剩余款项8万元。请编制相应的会计凭证。

业务活动2-21 资金调拨支出的核算

【活动目标】 了解资金调拨支出包含的内容，学会资金调拨支出的账务处理。

1. 资金调拨支出的概念及内容

资金调拨支出是根据财政体制的规定，在中央与地方、地方各级财政之间进行资金调剂以及本级财政各项资金之间的调拨所形成的支出，包括补助支出、上解支出和调出资金等。

1）补助支出

补助支出是本级财政按财政体制规定和专项需要补助下级财政的款项，以及其他转移支付的款项。补助支出包括：税收返还支出，按原财政体制结算应补助给下级财政的款项，专项补助或临时性补助。

2）上解支出

上解支出是按财政体制规定由本级财政上交给上级财政的款项。上解支出包括：按体制由国库在本级预算收入中直接划解给上级财政的款项；按体制结算补解给上级财政款项和各种专项上解款项。

3）调出资金

调出资金是为平衡一般预算收支而从基金预算的地方财政税费附加收入结余中调出，补充预算的资金。

2. 账户设置及账务处理

1)"补助支出"账户

该账户属于支出类账户,应按资金的不同性质分别设置"一般预算补助"、"基金预算补助"明细账户核算。当本级财政对所属下级财政发生补助支出时,借记该账户,贷记"国库存款"账户。如果是本级财政将其与下级财政的往来款转作对下级的补助支出时,应借记该账户,贷记"与下级往来"账户。该账户平时余额在借方,反映当年补助支出的累计数。年终结账时,应将"补助支出"账户的借方余额按资金的不同性质分别转入"预算结余"或"基金预算结余"账户,应借记"预算结余"或"基金预算结余"账户,贷记该账户。年终结转后,该账户无余额。

【例 2-38】 2014 年 9 月 10 日,×市财政局用一般预算款拨付给所属马山县自然灾害专项补助款 40 万元,用基金预算向所属的宾阳县拨付补助款 30 万元。

要求:编制记账凭证(见图 2-88)。

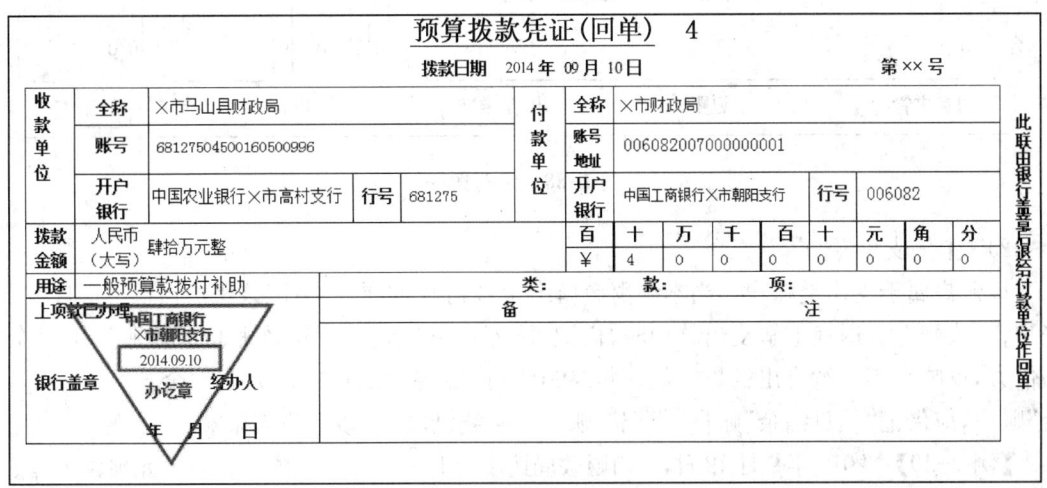

图 2-86 预算拨款凭证

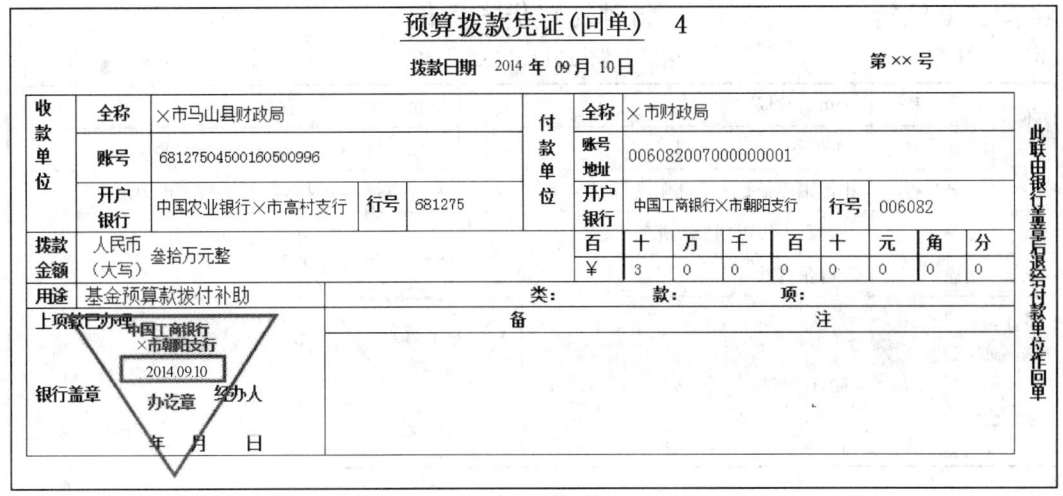

图 2-87 预算拨款凭证

记账凭证

2014年09月10日　　　　　　　　记字第013号

摘要	总账科目	明细科目	√	借方金额 千百十万千百十元角分	√	贷方金额 千百十万千百十元角分
拨付补助款	补助支出	一般预算补助（马山县）		4 0 0 0 0 0 0 0		
	补助支出	基金预算补助（宾阳县）		3 0 0 0 0 0 0 0		
	国库存款	一般预算存款				4 0 0 0 0 0 0 0
	国库存款	基金预算存款				3 0 0 0 0 0 0 0
合计				¥ 7 0 0 0 0 0 0 0		¥ 7 0 0 0 0 0 0 0

附单据2张

财务主管　　　　记账　　　　出纳 梁晓　　　　审核　　　　制单 陈雨

图 2-88　记账凭证

2）"上解支出"账户

该账户属于支出类账户。当本级财政解缴上级财政款项时，借记该账户，贷记"国库存款"账户；当收到上级退换上解支出款项时，借记"国库存款"账户，贷记该账户。该账户平时余额在借方，反映当年上解支出的累计数。年终结账时，应将该账户的借方余额全数转入"预算结余"账户，应借记"预算结余"账户，贷记该账户。年终结转后，该账户无余额。

【例 2-39】　2014 年 9 月 12 日，×市财政局按规定上解上级×省财政厅 80 万元预算上解款。

要求：根据特种转账借方凭证（见图 2-89）编制记账凭证（见图 2-90）。

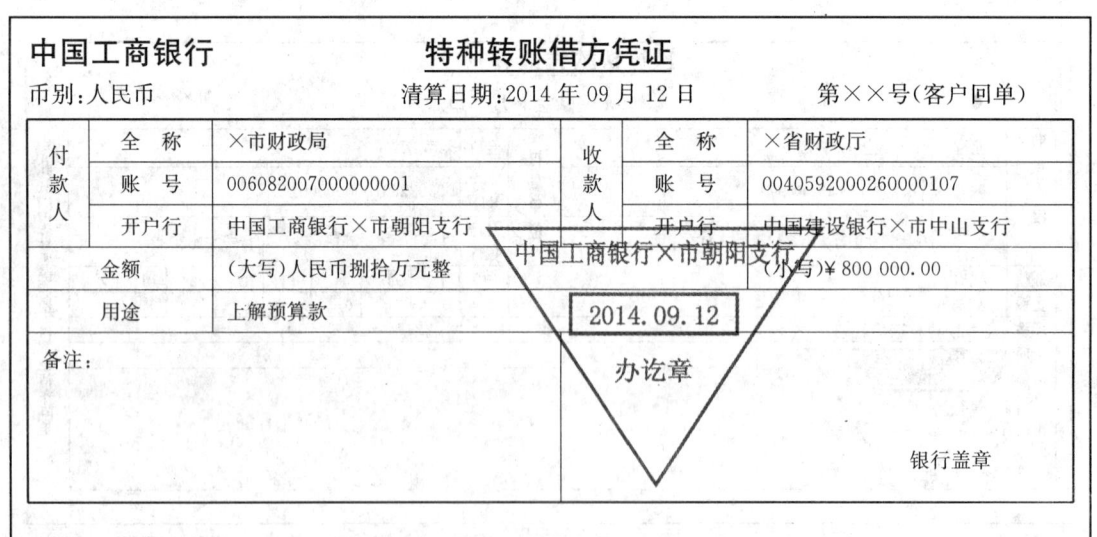

图 2-89　特种转账借方凭证

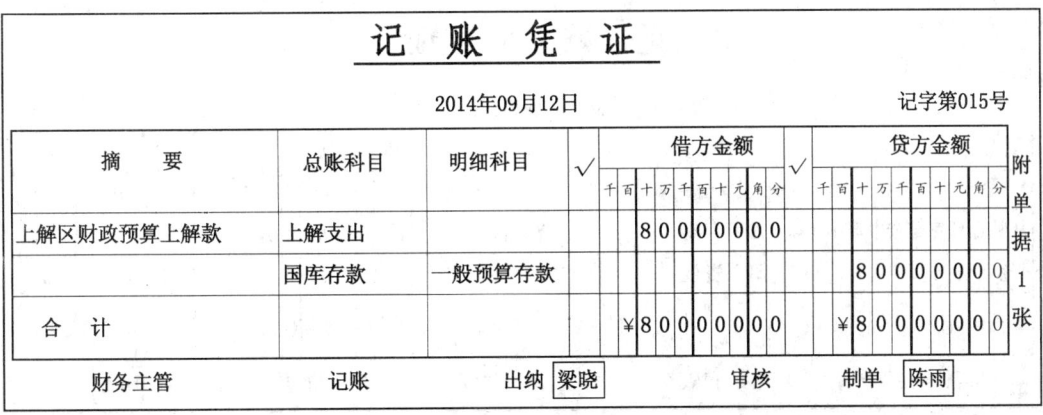

图 2-90　记账凭证

3)"调出资金"账户

该账户属于支出类账户。当调出基金预算结余时，借记该账户，贷记"调入资金"账户。凡一般预算与基金预算分设存款账户的地区，应同时调整国库存款的明细账。年终结账时，将该账户借方余额全数转入"基金预算结余"账户，应借记"基金预算结余"账户，贷记该账户。年终结转后该账户无余额。

【例2-40】　2014年9月13日，×市财政局为了平衡一般预算，从基金预算结余中调出资金。

要求：根据内部转账单（见图2-91）编制记账凭证（见图2-92和图2-93）。

内部转账单
2014 年 09 月 13 日　　　　　　　　　　　　　　　　　　　单位：元

摘　　要	金　　额
基金预算结余调出资金	130 000
合计	130 000

图 2-91　内部转账单

记 账 凭 证
2014年09月13日　　　　　　　　　　　　　　　记字第016号

摘　要	总账科目	明细科目	√	借方金额 千百十万千百十元角分	√	贷方金额 千百十万千百十元角分
从基金预算结余中调出资金	调出资金			1 3 0 0 0 0 0 0		
平衡一般预算	国库存款	基金预算存款				1 3 0 0 0 0 0 0
合　计				¥1 3 0 0 0 0 0 0		¥1 3 0 0 0 0 0 0

财务主管　　　　记账　　　　出纳 梁晓　　　　审核　　　　制单 陈雨

附单据1张

图 2-92　记账凭证

图 2-93 记账凭证

1.（业务题）2014 年 12 月 31 日，×市财政局"补助支出——一般预算补助"、"补助支出——基金预算补助"、"上解支出"、"调出资金"账户的借方余额分别为 265 000 元、123 000 元、260 000 元、109 000 元。请编制将这些账户结账的会计凭证。

2.（业务题）2014 年 12 月 31 日，×市财政局"上解支出"、"调出资金"账户的借方余额分别为 260 000 元、109 000 元。请编制将这些账户结账的会计凭证。

业务活动 2-22　财政周转金支出

【活动目标】　了解财政周转金支出包含的内容，学会财政周转金支出的账务处理。

1. 财政周转金支出的概念

财政周转金支出是指地方财政部门从上级财政部门借入财政周转金所支付的资金占用费以及在财政周转金管理使用过程中按规定开支的相关费用。

2. 账户设置及账务处理

"财政周转金支出"账户用于核算财政总预算会计中财政周转金支出的增减变动情况。该账户属于支出类账户，应设置"占用费支出"、"业务费支出"两个明细账户进行核算。当因借入上级财政周转金而支付资金占用费时，应借记"财政周转金支出——占用费支出"账户，贷记"其他财政周转金存款"账户；当委托银行放款而支付手续费以及发生经财政部门确定的有关费用支出时，应借记"财政周转金支出——业务费支出"账户，贷记"其他财政周转金存款"账户。该账户平时余额在借方，反映已支付的周转金占用费及手续费。年终结账时，应将该账户借方余额全部转入"财政周转收入"账户冲销，借记"财政周转金收入"账户，贷记该账户。年终结账后，该账户无余额。

【例 2-41】　2014 年 9 月 20 日，×市财政局支付借入自治区财政厅财政周转金占用费 20 000 元。

要求：根据特种转账借方凭证（见图 2-94）编制记账凭证（见图 2-95）。

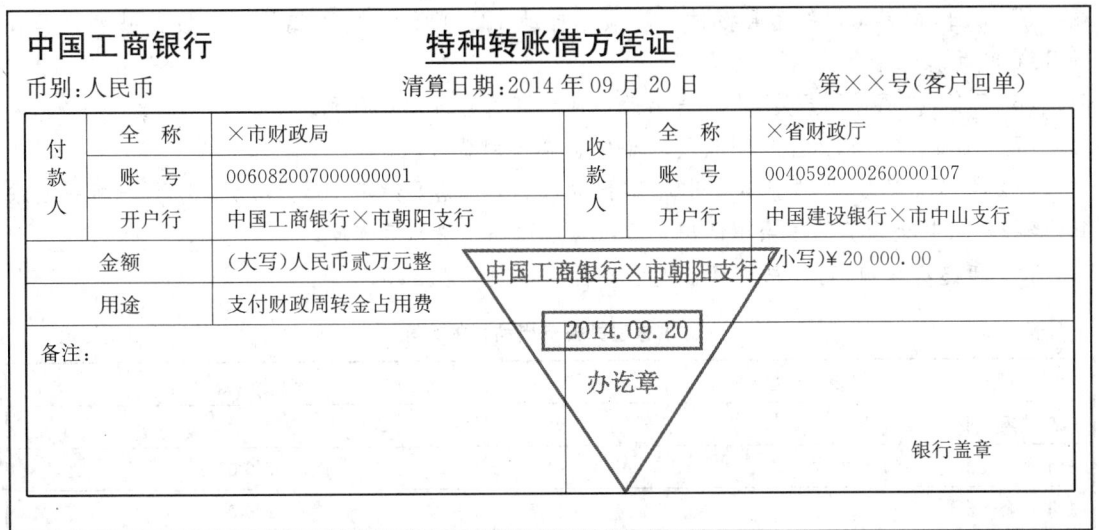

图 2-94 特种转账借方凭证

图 2-95 记账凭证

练一练

1.（业务题）2014 年 12 月 31 日，假定×市财政局本年度未结账前财政周转金支出累计总额是 26 万元，财政周转金收入的累计总额为 38 万元，年终将财政周转金支出进行结转。请编制会计凭证。

2.（实训题）×市财政局 2014 年 12 月发生如下的经济业务：

(1) 1 日，根据预算，拨付给市检察院机关本月经费 110 000 元。

(2) 2 日，收到建设银行的拨款月报，当月基本建设银行支出数为 280 000 元，将其列报一般预算支出。

(3) 3 日，根据基金预算拨付给教育部门 352 000 元，其中农村教育附加费支出 102 000 元，地方教育费附加支出 150 000 元，地方教育基金支出 100 000 元。

(4) 5 日，根据相关文件，向农业局拨付粮食风险基金 200 000 元。

(5) 6日,向其下属的甲县拨付一般预算补助 125 000 元,向下属的乙县拨付基金预算补助 80 000 元。

(6) 7日,按照体制规定,上解省财政一般预算存款 130 000 元。

(7) 31日,支付借入上级财政周转金的资金占用费 30 000 元。

(8) 年终决算时,发现预算支出超出预算收入,出现了赤字 165 000 元,为了平衡一般预算,经批准从基金预算的结余中调出 165 000 元弥补一般预算赤字。

(9) 年终结账前,财政总预算各支出科目的余额见表 2-6。

表 2-6　　　　　　　　　　　财政总预算各支出科目的余额　　　　　　　　　　　单位:元

支 出 科 目	借 方 余 额
一般预算支出	950 000
基金预算支出	700 000
专用基金支出	200 000
补助支出	340 000
上解支出	200 000
调出资金	165 000
财政周转金支出	80 000

要求:请进行年终结账。

 综合实训题

×市财政局 2014 年 12 月发生下列业务:

(1) 1日,收到国库报送的一般预算收入日报表,本日各项税收收入合计 36 万元,行政收费收入 22 万元。

(2) 1日,收到国库报送的基金预算收入日报表,本日教育基金收入合计 40 万元,养路费用收入合计 35 万元。

(3) 2日,收到国库报来的上年城市维护建设税收入 9 000 元,上年已将其作为在途款入账。

(4) 3日,根据下年度计划预拨给教育局下年度经费 90 万元。

(5) 4日,根据基本建设计划拨付给市建设银行基本建设资金 150 万元。

(6) 5日,收到上级×省财政拨入的粮食风险基金 40 万元,已经到账。

(7) 6日,用本级预算安排粮食风险基金 28 万元作为配套资金,现已存入中国农业发展银行。

(8) 7日,收到财政周转金使用单位交来的资金占用费 18 000 元。

(9) 8日,向上级×省级财政无偿借入款项 60 万元。

(10) 9日,开出基金预算拨款凭证,拨付本月交通局公路基金款 70 万元。

(11) 10日,有偿贷放给市农业局农业类项目财政周转金 280 万元。

(12) 12日,收到国库通知,×省财政拨来基金预算补助款 45 万元,另外所属×县级财政

上解的一般预算款 30 万元,两笔款项已经到账。

(13) 15 日,因下级财政急需资金,×省财政向其借出款项 85 万元。

(14) 16 日,所属的甲县因遭受水灾,本级财政拨出一般预算补助支出 100 万元。

(15) 17 日,用基金预算结余购买有价证券 130 万元。

(16) 19 日,因卫生局临时急需资金,借给该局款项 60 万元用于购置卫生医疗设备。

(17) 20 日,按体制规定,向×省财政上解一般预算款 52 万元。

(18) 25 日,去年用预算结余购买的中央财政发行的国债到期,偿还本金 150 万元及利息 2 万元。

(19) 28 日,收到×省财政厅通知,将原向×省财政厅借入的 60 万元转为×省财政对本市的补助款。

(20) 30 日,为平衡一般预算,从预算外资金调入 14.6 万元。

(21) 30 日,支付委托银行贷放财政周转金的手续费 1.05 万元。

(22) 30 日,用预算结余补充预算周转金 24 万元。

(23) 30 日,经批准用一般预算资金增补财政周转基金 56 万元。

(24) 30 日,去年借给下级财政的财政周转金 70 万元,经审核已成为呆账,按规定报批核销。

(25) 年终结账前,财政总预算各收入、支出账户的年末余额见表 2-7。

表 2-7　　　　　　　　　财政总预算各收入、支出账户的年末余额　　　　　　　　单位:元

收入账户	贷方余额	支出账户	借方余额
一般预算收入	9 800 000	一般预算支出	5 400 000
基金预算收入	7 900 000	基金预算支出	3 000 000
专用基金收入	6 500 000	专用基金支出	2 820 000
补助收入		补助支出	
——一般预算补助	5 000 000	——一般预算补助	2 470 000
——基金预算补助	3 600 000	——基金预算补助	1 674 000
上解收入	2 900 000	上解支出	1 870 000
调入资金	500 000	调出资金	500 000
财政周转金收入	100 000	财政周转金支出	78 000

要求:编制会计分录。

模块 3

行政单位会计

学习目标　掌握行政单位会计的要素；掌握行政单位会计的会计科目。

能力目标　通过学习，能够对行政单位会计的要素及科目有一个全面的了解。

背景介绍　《行政单位会计制度》要求：行政单位会计核算应当以行政单位发生的各项经济业务为对象，记录和反映行政单位自身的各项经济活动。行政单位的各项资金和财产均应纳入行政单位会计核算。行政单位会计核算对象即行政单位会计的会计要素，它可以分为五类：资产、负债、净资产、收入和支出。

行政单位适用的会计科目见表3-1。

表 3-1　　　　　　　　　行政单位会计科目表

编　号	科目名称	编　号	科目名称
一、资产类		1502	累计折旧
1001	库存现金	1511	在建工程
1002	银行存款	1601	无形资产
1011	零余额账户用款额度	1602	累计摊销
1021	财政应返还额度	1701	待处理财产损溢
102101	财政直接支付	1801	政府储备物资
102102	财政授权支付	1802	公共基础设施
1212	应收账款	1901	受托代理资产
1213	预付账款	二、负债类	
1215	其他应收款	2001	应缴财政款
1301	存货	2101	应缴税费
1501	固定资产	2201	应付职工薪酬

(续表)

编　号	科目名称	编　号	科目名称
2301	应付账款	350121	固定资产
2302	应付政府补贴款	350131	在建工程
2305	其他应付款	350141	无形资产
2401	长期应付款	350151	政府储备物资
2901	受托代理负债	350152	公共基础设施
三、净资产类		3502	待偿债净资产
3001	财政拨款结转	四、收入类	
3002	财政拨款结余	4001	财政拨款收入
3101	其他资金结转结余	4011	其他收入
3501	资产基金	五、支出类	
350101	预付款项	5001	经费支出
350111	存货	5101	拨出经费

本章例题均围绕×市教育局 2014 年发生的经济业务展开。该市教育局的主体背景如下：

主体名称：×市教育局　　　　　　公章：

性　　质：行政单位

法　　人：李丽

财务主管：王冰

会　　计：梁天

出　　纳：黄英

开户银行：中国工商银行×市金州支行

账　　号：006282001000000001

任务 1　行政单位会计资产

资产是指行政单位占有或者使用的，能以货币计量的经济资源。行政单位的资产包括流动资产、固定资产、在建工程、无形资产等。

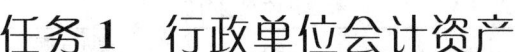业务活动 3-1　认知流动资产

【活动目标】　认知行政单位会计的流动资产，并掌握流动资产的核算。

流动资产是指可以在 1 年以内（含 1 年）变现或者耗用的资产，包括库存现金、银行存款、零余额账户用款额度、财政应返还额度、应收及预付款项、存货等。

1. 库存现金

库存现金是指存放在单位财会部门，由出纳人员负责经管的货币，包括库存的人民币和各种外币。行政单位应设置"库存现金"账户，该账户属于资产类账户，用来核算行政单位的库存

现金收支和结存情况,其借方反映库存现金的增加额,贷方反映库存现金的减少额,期末借方余额反映行政单位实际持有库存现金数额。

行政单位收到现金时,借记"库存现金"账户,贷记"银行存款"等有关账户;支付现金时,借记有关账户,贷记"库存现金"账户。

【例3-1】 2014年6月1日,×市教育局开出现金支票一张,从银行提取现金700元作为备用金。

要求:根据现金支票存根(见图3-1)编制记账凭证(见图3-2)。

```
          中国工商银行
          现金支票存根

支票号码  0652706
科   目：_____
对方科目：_____
签发日期：2014 年 06 月 01 日
┌─────────────────────────────┐
│ 收款人：×市教育局           │
├─────────────────────────────┤
│ 金  额：￥700.00            │
├─────────────────────────────┤
│ 用  途：备用金              │
├─────────────────────────────┤
│ 备  注：                    │
└─────────────────────────────┘
单位主管：            会计：
复核：                记账：
```

图3-1　现金支票存根

摘　要	总账科目	明细科目	借方金额 千百十万千百十元角分	贷方金额 千百十万千百十元角分	附单据
提取备用金	库存现金		70000		1张
	银行存款			70000	
合　计			￥　　70000	￥　　70000	

记账凭证　2014年06月01日　记字第　　号

财务主管　　　记账　　　出纳 黄英　　　审核　　　制单 梁天

图3-2　记账凭证

【例3-2】 2014年6月10日,×市教育局用现金130元购买办公用品,取得发票一张。

要求:根据发票(见图3-3)编制记账凭证(见图3-4)。

行政单位应当设置"库存现金日记账",由出纳根据记账凭证,按照业务发生的顺序逐笔登记。每日终了,应当计算当日现金的收入合计额、现金支出合计额和结余额,将结余额与实际库存额核对,做到账款相符。

图 3-3　发票

记　账　凭　证

2014年06月10日　　　　　　　　　　　　　　记字第 ×× 号

摘　要	总账科目	明细科目	√	借方金额	√	贷方金额	附单据
购办公用品	经费支出	财政拨款支出		130 00			1张
	库存现金					130 00	
合　计				¥130 00		¥130 00	

财务主管　　　　记账　　　　出纳 黄英　　　　审核　　　　制单 梁天

图 3-4　记账凭证

为了加强库存现金的管理，出纳或有关人员应对库存现金进行定期或不定期的盘点清查。每日终了结算现金收支，如发现有待查明原因的现金短缺或溢余，应通过"待处理财产损溢"账户核算。

【例3-3】　2014年6月27日，×市教育局盘点库存现金发现库存数比账面数短少21元，暂时无法查明原因。经查，短少的现金是由于工作失误所致，经单位领导批准作经费支出。

要求：根据财产清查表（见图3-5）编制记账凭证（见图3-6和图3-7）。

财产清查表

2014 年 06 月 27 日　　　　　　　　　　　　　　　单位：元

物资名称	期末账存数		期末实存数		盘盈亏数		备注	处理方案
	数量	金额	数量	金额	数量	金额		
现金		1 000.00		979.00		21.00	盘亏	经费支出

主管：王冰　　　　复核：　　　　盘点人：林清　　　　填表人：梁天

图 3-5　财产清查表

图 3-6　记账凭证

图 3-7　记账凭证

【例 3-4】 2014 年 6 月 28 日，×市教育局盘点库存现金发现库存数比账面数多 300 元，原因待查。

要求：编制会计分录。

借：库存现金　　　　　　　　　　　　　　　　300
　　贷：待处理财产损溢　　　　　　　　　　　　300

6 月 30 日，现金溢余原因不明，月末经批准确认为其他收入。

借：待处理财产损溢　　　　　　　　　　　　　300
　　贷：其他收入　　　　　　　　　　　　　　　300

2. 银行存款

银行存款是指行政单位存入银行的各种存款。行政单位设置"银行存款"账户，该账户属于资产类账户，其借方登记银行存款的增加额，贷方登记银行存款减少额，期末借方余额表示行政单位银行存款的结余数额。

行政单位将款项存入银行或其他金融机构时，借记"银行存款"账户，贷记"库存现金"等账户；提取和支出存款时，借记"库存现金"等有关账户，贷记"银行存款"账户。

【例 3-5】 2014 年 1 月 31 日，×市教育局支付工商银行手续费 3 000 元，款项以银行存款付讫。

要求：根据银行手续费回单（见图 3-8）编制记账凭证（见图 3-9）。

\multicolumn{4}{c}{手续费回单}	日期：2014 年 01 月 31 日
收取方式	现金	机构名称	中国工商银行×市金州支行
代理机构	015468735	币种	人民币
实收金额	￥3 000.00	授权职员	中国工商银行×市金州支行
大写金额	叁仟元整	柜员流水号	195　2014.01.31　收讫
操作柜员	05289		
交易码	1201		
收费项目	手续费		

图 3-8　工商银行手续费回单

记 账 凭 证

2014年01月31日　　　　记字第 ×× 号

摘　要	总账科目	明细科目	√	借方金额 千百十万千百十元角分	√	贷方金额 千百十万千百十元角分	附单据
支付手续费	经费支出			3 0 0 0 0 0			1张
	银行存款					3 0 0 0 0 0	
合　计				￥3 0 0 0 0 0		￥3 0 0 0 0 0	
财务主管	记账	出纳 黄英		审核	制单 梁天		

图 3-9　记账凭证

行政单位应按开户银行、存款种类，分别设置"银行存款日记账"，由出纳根据收/付款凭证，按照业务的发生顺序逐笔登记，每日终了应结出余额。"银行存款日记账"应定期与银行对账单核对，至少每月核对一次。每月终了，行政单位"银行存款日记账"账面结余与银行对账单余额之间如有差额，应逐笔查明原因，分别情况进行处理。若存在未达账项，应按月编制"银行存款余额调节表"。

3. 零余额账户用款额度与财政应返还额度

小贴士

国库集中收付制度又称国库单一账户制度，是指财政部门在中央银行或者商业银行设立国库单一账户体系，将所有财政收支都纳入国库单一账户体系管理。该制度主要包括三个方面内容：一是建立国库单一账户体系，将所有财政性资金都纳入国库单一账户体系管理；二是所有财政收入直接缴入国库或财政专户；三是财政性资金统一通过国库单一账户支付到商品和劳务供应者或用款单位。

实行国库集中收付制度，财政性资金按发出支付令的主体不同分为两种支付方式：一是由财政部门发出支付令的支付，称为财政直接支付方式；二是由预算单位经财政部门授权自行发出支付令的支付，称为财政授权支付方式。

财政直接支付程序和财政授权支付程序见图3-10和图3-11。

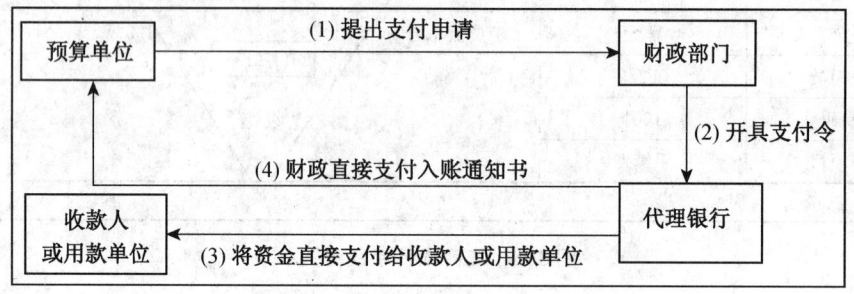

图3-10　财政直接支付程序

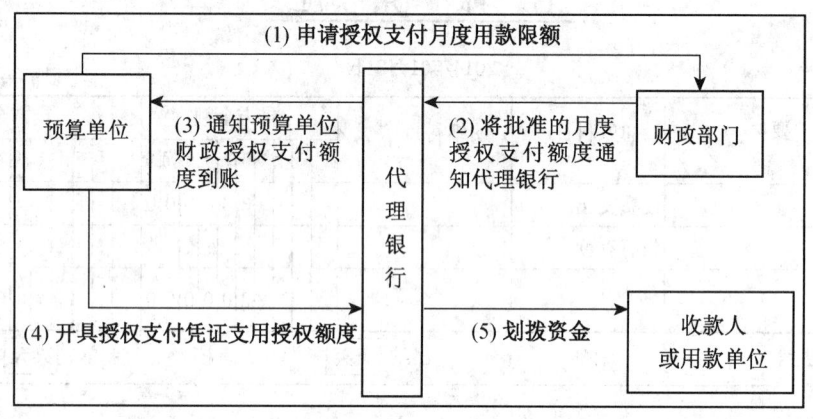

图3-11　财政授权支付程序

（1）"零余额账户用款额度"账户核算实行国库集中支付的行政单位根据财政部门批复的用款计划收到和支出的零余额账户用款额度。该账户期末余额在借方，反映行政单位尚未支付的零余额账户用款额度。年度终了注销单位零余额账户用款额度后，该账户应无余额。

【例3-6】　2014年1月1日，×市教育局收到一张财政授权支付额度到账通知书。

要求：根据财政授权支付额度到账通知书（见图3-12）编制记账凭证（见图3-13）。

"零余额账户用款额度"账户在按规定支用额度时，借记"经费支出"等账户，贷记"零余额账户用款额度"；从零余额账户提取现金时，借记"库存现金"账户，贷记"零余额账户用款额度"账户；年末，根据代理银行提供的对账单作银行注销额度的相关账务处理，借记"财政应返还额度——财政授权支付"账户，贷记"零余额账户用款额度"账户，如本单位本年度财政授权支付预算指标数大于财政授权支付额度下达数,根据两者间的差额,借记"财政应返还额度——财政授权支付"账户,贷记"财政拨款收入"账户;下年年初,行政单位根据代理银行提供的额度恢复到账通知书作恢复额度的相关账务处理,借记"零余额账户用款额度"账户,贷记"财政应返还额度——财政授权支付"账户,行政单位收到财政部门批复的上年年末下达零余额账户用款额度时,借记"零余额账户用款额度"账户,贷记"财政应返还额度——财政授权支付"账户。

图 3-12　财政授权支付额度到账通知书

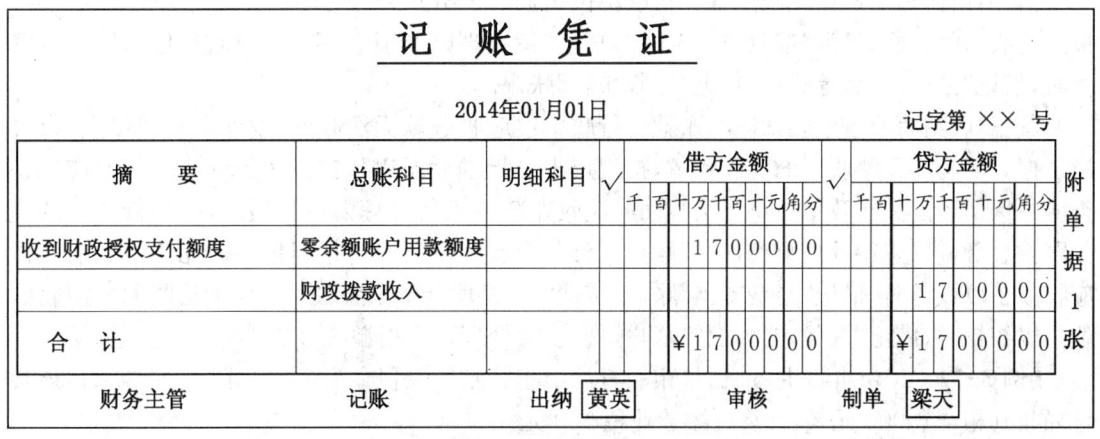

图 3-13　记账凭证

(2) "财政应返还额度"账户核算实行国库集中支付的行政单位应收财政返还的资金。行政单位在设置"财政应返还额度"账户时,应当设置"财政直接支付"、"财政授权支付"两个明细账户进行明细核算。该账户期末借方余额反映行政单位应收财政应返还的资金额度。

与该账户有关的财务处理如下:

其一,年末国库集中支付尚未使用资金额度的账务处理。①对于财政直接支付,年末,行政单位根据本年度财政直接支付预算指数与财政直接支付实际支出数的差额,借记"财政应返还款额度——财政直接支付"账户,贷记"财政拨款收入"账户。②对于财政授权支付,年末,财政授权支付尚未使用资金额度的账务处理,可参考"零余额账户用款额度"账户。

其二,下年年初恢复以前年度财政资金额度的账务处理(可参考"零余额账户用款额度"账户)。

其三,行政单位使用以前年度财政资金额度的账务处理。①对于财政直接支付,行政单位使用以前年度财政直接支付额度发生支出时,借记"经费支出"账户,贷记"财政应返还额度——财政直接支付"账户。②对于财政授权支付,行政单位使用以前年度财政授权支付额度发生支出时的账务处理,可参考"零余额账户用款额度"账户。

4. 应收及预付款项

应收及预付款项是指行政单位在开展业务活动中形成的各项债权,包括应收账款、预付账款、其他应收款等。

(1) 应收账款。应收账款是指行政单位开展后勤服务、有偿转让物资、出租资产等应当收取的款项。行政单位收到的商业汇票,也确认为应收账款。"应收账款"账户的借方登记应收账款的增加额;贷方登记应收账款的减少额;期末借方余额反映行政单位尚未收回的应收账款。

行政单位应在如下情况下确认应收账款:

其一,出租资产确认应收账款。行政单位出租资产尚未收到款项时,按照应收未收金额,借记"应收账款"账户,贷记"其他应付款"账户;收回应收账款时,借记"银行存款"等账户,贷记"应收账款"账户;同时,借记"其他应付款"账户,按照应缴纳的税费,贷记"应交税费"账户,按照扣除应缴税费后的净额,贷记"应缴财政款"账户。

其二,出售物资确认应收账款。行政单位物资已发出并到达约定状态且尚未收到款项时,按照应收未收金额,借记"应收账款"账户,贷记"待处理财产损溢"账户;行政单位收回应收账款时,借记"银行存款"等账户,贷记"应收账款"账户。

其三,收到商业汇票确认应收账款。行政单位应收账款无法收回,逾期3年或以上、有确凿证据表明确实无法收回的应收账款,按规定报经批准后予以核销。核销的应收账款应在备查簿中保留登记。行政单位将无法收回的应收账款转入待处理财产损溢时,按照待核销的应收账款金额,借记"待处理财产损溢"账户,贷记"应收账款"账户;报经批准对无法收回的其他应收款予以核销时,借记"经费支出"账户,贷记"待处理财产损溢"账户;对无法收回的应收账款予以核销时,借记"其他应付款"等账户,贷记"待处理财产损溢"账户。

【例 3-7】 2014 年 1 月 5 日,×市教育局出租礼堂应收租金为 3 000 元。1 月 31 日,该教育局收到租金 3 000 元,经计算应缴营业税 150 元。

要求:根据行政单位收费统一收据(见图 3-14)编制记账凭证(见图 3-15~图 3-17)。

(2) 预付账款。预付账款是指行政单位按照购货、劳务合同规定预付给供应单位(或个人)的款项。行政单位依据合同规定支付的定金,也确定为预付账款。行政单位应设置"预付账款"账户,该账户借方登记预付账款的增加额,贷方登记预付账款的减少额,期末借方余额反映行政单位实际预付但尚未结算的款项。

(3) 其他应收款。其他应收款是指行政单位除应收账款、预付账款以外的其他各项应收及暂付款项,如职工预借差旅费、拨付给内部有关部门的备用金、应向职工收取的各种垫付款项等。其他应收款是行政单位流动资产的重要组成部分,其内容涉及面广,数额较大,且发生也较为频繁,对其管理质量高低直接影响行政单位的管理水平。

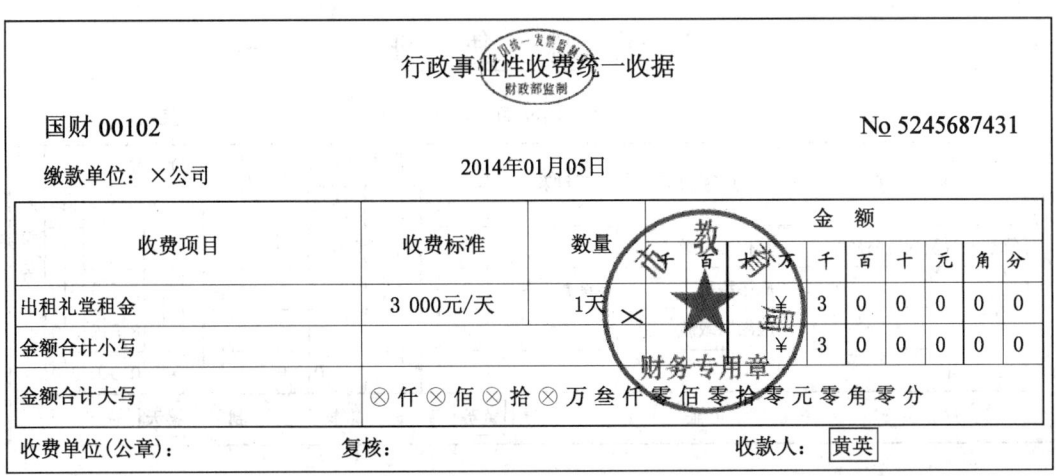

图 3-14 行政事业性收费统一收据

记 账 凭 证

2014年01月31日　　　　　记字第 ×× 号

摘要	总账科目	明细科目	√	借方金额	√	贷方金额	附单据
				千百十万千百十元角分		千百十万千百十元角分	
出租礼堂	应收账款	×公司		3 0 0 0 0 0			1张
	其他应付款					3 0 0 0 0 0	
合　计				¥ 3 0 0 0 0 0		¥ 3 0 0 0 0 0	

财务主管　　　记账　　　出纳 黄英　　　审核　　　制单 梁天

图 3-15　记账凭证

记 账 凭 证

2014年01月31日　　　　　记字第 ×× 号

摘要	总账科目	明细科目	√	借方金额	√	贷方金额	附单据
				千百十万千百十元角分		千百十万千百十元角分	
收到租金	银行存款			3 0 0 0 0 0			1张
	应收账款	×公司				3 0 0 0 0 0	
合　计				¥ 3 0 0 0 0 0		¥ 3 0 0 0 0 0	

财务主管　　　记账　　　出纳 黄英　　　审核　　　制单 梁天

图 3-16　记账凭证

图 3-17 记账凭证

5. 存货

存货是指行政单位在工作中为耗用而储存的资产。行政单位的存货处于经常性的不断耗用或者重置之中,其价值往往主要占流动资产价值中相当大的比重。存货包括材料、燃料、包装物、低值易耗品和未达到固定资产标准的家具、用具、装具等。

【例 3-8】 2014 年 5 月 1 日,×市教育局购入材料并已验收入库,从银行支付材料价款 23 400 元,其中 3 400 为增值税款。

要求:根据有关凭证(见图 3-18～图 3-22)编制记账凭证(见图 3-23 和图 3-24)。

图 3-18 财政授权支付凭证

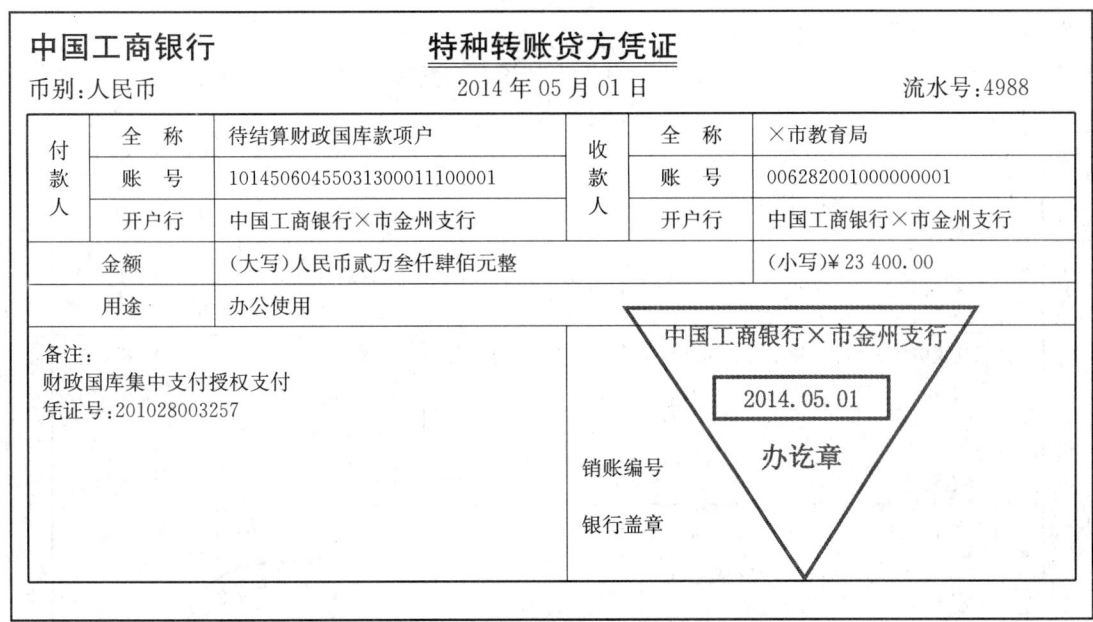

图 3-19　特种转账贷方凭证

图 3-20　转账汇款审批单

图 3-21　入库单

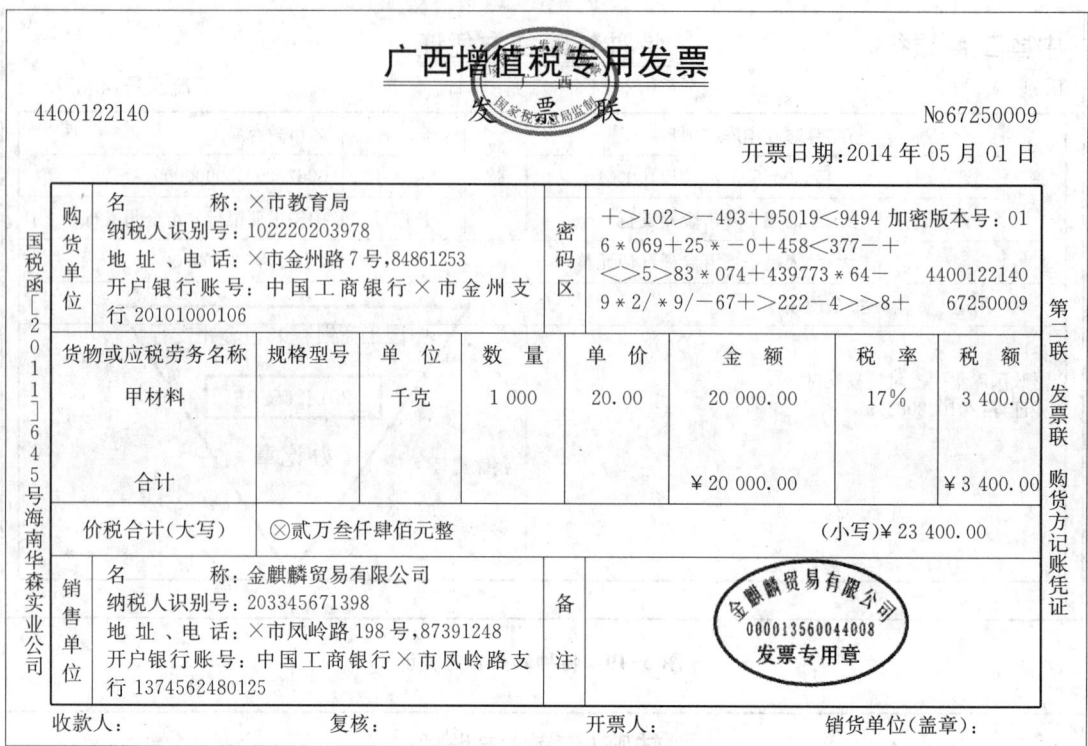

图 3-22 增值税专用发票

图 3-23 记账凭证

【例 3-9】 2014年5月1日，×市教育局某部门领用材料4 500元。

要求：根据出库单(见图 3-25)编制记账凭证(见图 3-26)。

记账凭证

2014年05月01日　　　　　　　　　　　　　　　记字第××号

摘　要	总账科目	明细科目	√	借方金额	√	贷方金额
购原材料	经费支出			234000		
	零余额账户用款额度					234000
合　计				¥234000		¥234000

财务主管　　　　记账　　　出纳 黄英　　　审核　　　制单 梁天

附单据 3 张

图 3-24　记账凭证

出　库　单

2014年05月01日　　　　　　　　　　　　　　　No 0013158

提货部门	某部门	发票号码	06523094	发出仓库	产成品仓库	出库日期	2014.05.01
编号	名称	单位	数量		价格		
			要的数量	实发	单价	金额	
K01	甲材料	千克	450	450	10.00	4 500.00	
		合计	450	450		4 500.00	

财务主管：　　记账：　　保管部门主管：　　发货： 刘姿 　　制单：

图 3-25　出库单

记账凭证

2014年05月01日　　　　　　　　　　　　　　　记字第××号

摘　要	总账科目	明细科目	√	借方金额	√	贷方金额
领用材料	经费支出			450000		
	存货	库存材料（甲材料）				450000
合　计				¥450000		¥450000

财务主管　　　　记账　　　出纳 黄英　　　审核　　　制单 梁天

附单据 1 张

图 3-26　记账凭证

1. （不定项选择题）下列各项中，可以使用现金的业务为（　　）。
   A. 提现　　　　　　　　　　B. 购买办公用品
   C. 预借差旅费　　　　　　　D. 出售废报纸取得现金收入
2. （不定项选择题）财政应返还款应设置的明细账户为（　　）。
   A. 财政直接支付　B. 财政授权支付　C. 银行支付　D. 现金支付
3. （不定项选择题）收到商业汇票时应将其记入（　　）账户。
   A. "预收账款"　B. "预付账款"　C. "其他应收款"　D. "应收账款"
4. （不定项选择题）行政单位购入材料过程中，发生的运杂费应计入（　　）。
   A. 库存材料的成本　　　　　B. 经费支出
   C. 差旅费　　　　　　　　　D. 存货
5. （不定项选择题）下列部门中，属于行政单位的是（　　）。
   A. 中央和地方各级人民代表大会及常务委员会
   B. 国务院及地方各级政府常设机构和其派出机构
   C. 各级法院、检察院
   D. 政协机构
6. （不定项选择题）行政单位的会计组织系统，根据机构建制和经费领报关系分为（　　）。
   A. 主管会计单位　B. 二级会计单位　C. 基层会计单位　D. 报销会计单位
7. （实训题）某市教育局2014年6月发生下列经济业务：
   (1) 10日，王彬出差归来，报销差旅费1 750元，原借差旅费2 000元，余款当即交回。
   (2) 11日，收到除财政拨款以外的专项收入50 000元，存入银行。
   (3) 20日，从甲城市购买材料：A材料500千克，价格为1 000元；B材料400千克，价格为1 200元，材料已验收入库。通过银行转账支付材料款共计2 200元及运输费用380元。
   (4) 21日，从乙公司订购货款为50 000元的商品，按订货合同规定，应先向供货单位预付货款20 000元，6月29日交货后再补足余额。款项通过银行存款收付。
   (5) 29日，收到乙公司发来的存货验收入库。
   (6) 29日，以零余额账户用款额度补付材料余款3 000元。
   (7) 30日，盘盈A材料10千克，计20元；盘亏B材料20千克，计60元，经查明，盘亏A材料全部系仓库报关员吴明的责任，应由其赔偿。盘盈属存货收发计量方面的错误。
   要求：请根据资料，编制会计分录。

 业务活动3-2　认知固定资产及无形资产

【活动目标】认知行政单位的固定资产和无形资产，并掌握固定资产和无形资产的核算。

1. 固定资产

固定资产是指使用期限超过1年（不含1年）、单位价值在规定标准以上，并在使用过程中基本保持原有物质形态的资产。单位价值虽未达到规定标准，但是耐用时间超过1年（不含1

年)的大批同类物资,应当作为固定资产核算。固定资产一般分为六类:房屋及构筑物;通用设备;专用设备;文物和陈列品;图书、档案;家具、用具、装具及动植物。行政单位应设置"固定资产"账户,该账户属于资产类账户,用来核算行政单位固定资产的增减变动情况。该账户借方登记固定资产的增加数,贷方登记固定资产的减少数,借方余额反映行政单位现有实存的固定资产原值的总额。

固定资产的初始计量及相关账务处理如下:

(1) 购入的固定资产,其成本包括实际支付的购买价款、相关税费、使固定资产交付使用前所发生的可归属于该项资产的运输费、装卸费、安装费和专业人员服务费等。具体分以下两种情况:

其一,购入不需安装的固定资产,按照确定的固定资产成本,借记"固定资产"账户,贷记"资产基金——固定资产"账户;同时,按照实际支付的金额,借记"经费支出"账户,贷记"财政拨款收入"、"零余额账户用款额度"、"银行存款"等账户。

其二,购入需要安装的固定资产,先通过"在建工程"账户核算。安装完工交付使用时,借记"固定资产"账户,贷记"资产基金——固定资产"账户;同时,借记"资产基金——在建工程"账户,贷记"在建工程"账户。

(2) 自行建造的固定资产,其成本包括建造该项资产至交付使用前所发生的全部必要支出。工程完工交付使用时,按照自行建造过程中发生的实际支出,借记"固定资产"账户,贷记"资产基金——固定资产"账户;同时,借记"资产基金——在建工程"账户,贷记"在建工程"账户;已交付使用但尚未办理竣工决算手续的固定资产,按照估计价值入账,待确定实际成本后再进行调整。

(3) 自行繁育的动植物,其成本包括在达到可使用状态前所发生的全部必要支出。购入需要繁育的动植物,按照购入的成本,借记"固定资产"账户(未成熟动植物),贷记"资产基金——固定资产"账户;同时,按照实际支付的金额,借记"经费支出"账户,贷记"财政拨款收入"、"零余额账户用款额度"、"银行存款"等账户。发生繁育费用,按照实际支付的金额,借记"固定资产"账户(未成熟动植物),贷记"资产基金——固定资产"账户;同时,借记"经费支出"账户,贷记"财政拨款收入"、"零余额账户用款额度"、"银行存款"等账户。动植物达到可使用状态时,借记"固定资产"账户(成熟动植物),贷记"固定资产"账户(未成熟动植物)。

(4) 在原有固定资产基础上进行改建、扩建、修缮的固定资产,其成本按照原固定资产的账面价值("固定资产"账户账面余额减去"累计折旧"账户账面余额后的净值)加上改建、扩建、修缮发生的支出,再扣除固定资产拆除部分账面价值后的金额确定。将固定资产转入改建、扩建、修缮时,按照固定资产的账面价值,借记"在建工程"账户,贷记"资产基金——在建工程"账户;同时,按照固定资产的账面价值,借记"资产基金——固定资产"账户,按照固定资产已计提折旧,借记"累计折旧"账户,按照固定资产的账面余额,贷记"固定资产"账户。工程完工交付使用时,按照确定的固定资产成本,借记"固定资产"账户,贷记"资产基金——固定资产"账户;同时,借记"资产基金——在建工程"账户,贷记"在建工程"账户。

(5) 置换取得的固定资产,其成本按照换出资产的评估价值加上支付的补价或减去收到的补价,加上为换入固定资产支付的其他费用(运输费等)确定,借记"固定资产"账户(不需安装)或"在建工程"账户(需安装),贷记"资产基金——固定资产、在建工程"账户;按照实际支付的补价、相关税费、运输费等,借记"经费支出"账户,贷记"财政拨款收入"、"零余额账户用款额度"、"银行存款"等账户。

(6)接受捐赠、无偿调入的固定资产,其成本按照有关凭据注明的金额加上相关税费、运输费等确定;没有相关凭据可供取得,但依法经过资产评估的,其成本应当按照评估价值加上相关税费、运输费等确定;没有相关凭据可供取得、也未经评估的,其成本比照同类或类似固定资产的市场价格加上相关税费、运输费等确定;没有相关凭据也未经评估,其同类或类似固定资产的市场价格无法可靠取得,所取得的固定资产应当按照名义金额入账。接受捐赠、无偿调入的固定资产,按照确定的成本,借记"固定资产"账户(不需安装)或"在建工程"账户(需要安装),贷记"资产基金——固定资产"(或在建工程)账户;按照实际支付的相关税费、运输费等,借记"经费支出"账户,贷记"财政拨款收入"、"零余额账户用款额度"、"银行存款"等账户。

【例3-10】 2014年6月5日,×市教育局建成办公楼1幢,造价为1 000 000元,经过验收合格,交付使用。

要求:请编制记账凭证(见图3-27和图3-28)。

摘要	总账科目	明细科目	借方金额 千百十万千百十元角分	贷方金额 千百十万千百十元角分
购建办公楼,交付使用	固定资产	房屋与建筑物	1 0 0 0 0 0 0 0 0	
	资产基金	固定资产		1 0 0 0 0 0 0 0 0
合计			¥1 0 0 0 0 0 0 0 0	¥1 0 0 0 0 0 0 0 0

记账凭证 2014年06月05日 记字第××号

图3-27 记账凭证

摘要	总账科目	明细科目	借方金额 千百十万千百十元角分	贷方金额 千百十万千百十元角分
购建办公楼,交付使用	经费支出		1 0 0 0 0 0 0 0 0	
	银行存款			1 0 0 0 0 0 0 0 0
合计			¥1 0 0 0 0 0 0 0 0	¥1 0 0 0 0 0 0 0 0

记账凭证 2014年06月05日 记字第××号

图3-28 记账凭证

【例3-11】 2014年8月1日,×市教育局接到国外友好单位(德国德邦汽车公司)赠送的轿车1辆,价值为1 000 000元,同时支付运杂费50 000元,已转账支付。

要求:根据捐赠协议(见图3-29)及转账支票存根(图3-30)编制记账凭证(见图3-31和图3-32)。

捐 赠 协 议

投出单位：德国德邦汽车公司

投入单位：中国×省×市教育局

兹接受德国德邦汽车公司赠送汽车1辆，价值为1 000 000元。

图 3-29　捐赠协议

中国工商银行
转账支票存根

支票号码　0652709

签发日期：2014年08月01日

| 收款人：恒通物流运输有限公司 |
| 金　　额：￥50 000.00 |
| 用　　途：运杂费 |
| 备　　注： |

单位主管：　　　　　　　会计：

图 3-30　转账支票存根

图 3-31　记账凭证

【例 3-12】 2014 年 9 月 3 日，×市教育局经批准报废 1 台机器，原价为 18 000 元，变价收入为 5 000 元，并以现金支付清理费 150 元，已办理清理完毕。

要求：根据"固定资产报废单"等（见图 3-33～图 3-35）填制记账凭证（见图 3-36～图 3-38）。

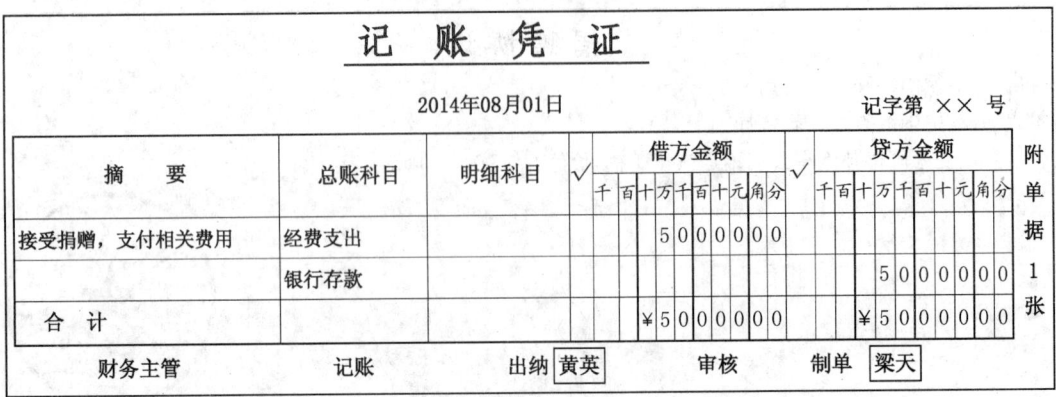

图 3-32 记账凭证

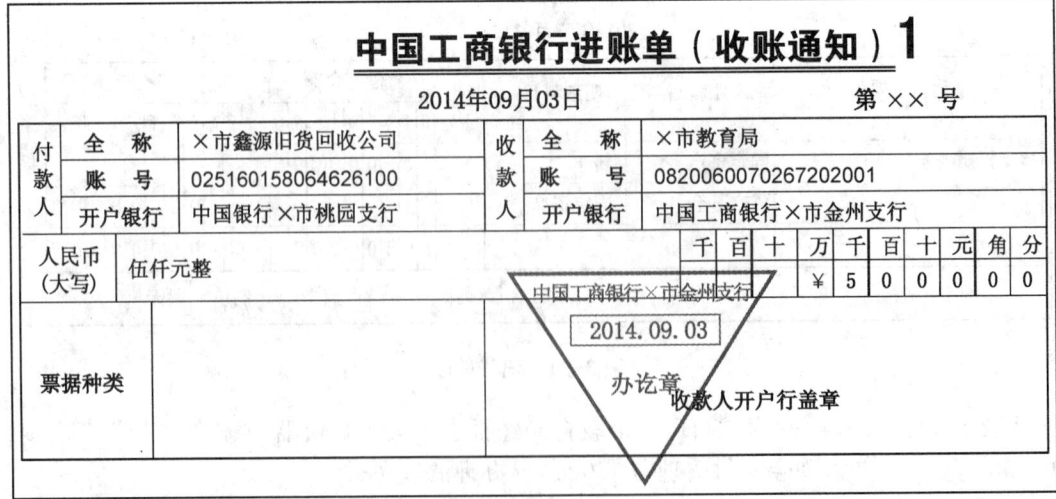

图 3-33 固定资产报废审批单

图 3-34 银行进账单

付 款 凭 单

日 期	2014 年 09 月 03 日	
受款人	八达通物流运输公司	
付款用途	固定资产清理费用	
金 额	人民币(大写)壹佰伍拾元整	￥150.00

财务主管　　记账　　出纳 黄英　　部门主管　　制单 梁天　　受款人 刘敏

图 3-35　付款凭证

记 账 凭 证

2014年09月03日　　　　　　　　　　记字第 ×× 号

摘　要	总账科目	明细科目	√	借方金额 千百十万千百十元角分	√	贷方金额 千百十万千百十元角分	附单据1张
固定资产报废	资产基金	固定资产		1 8 0 0 0 0 0			
	固定资产	一般设备				1 8 0 0 0 0 0	
合　计				￥1 8 0 0 0 0 0		￥1 8 0 0 0 0 0	

财务主管　　　　记账　　　　出纳 黄英　　　　审核　　　制单 梁天

图 3-36　记账凭证

图 3-37　记账凭证

2. 累计折旧

累计折旧核算行政单位固定资产、公共基础设施计提的累计折旧。

图 3-38 记账凭证

小贴士

下列各项资产不计提折旧：
（1）文物及陈列品。
（2）图书、档案。
（3）动植物。
（4）以名义金额入账的固定资产。
（5）境外行政单位持有的能够与房屋及构筑物区分、拥有所有权的土地。

行政单位一般应当采用年限平均法或工作量法计提固定资产、公共基础设施折旧。行政单位一般应当按月计提固定资产、公共基础设施折旧。当月增加的固定资产、公共基础设施，当月不提折旧，从下月起计提折旧；当月减少的固定资产、公共基础设施，当月照提折旧，从下月起不提折旧。固定资产、公共基础设施提足折旧后，无论能否继续使用，均不再计提折旧；提前报废的固定资产、公共基础设施，也不再补提折旧；已提足折旧的固定资产、公共基础设施，可以继续使用的，应当继续使用，规范管理。

为了核算累计折旧业务，行政单位应设置"累计折旧"账户。该账户应当按照固定资产、公共基础设施的类别项目等进行明细核算。该账户期末贷方余额反映行政单位计提的固定资产、公共基础设施折旧累计数。行政单位按月计提固定资产、公共基础设施折旧时，按照应计提折旧金额，借记"资产基金——固定资产、公共基础设施"账户，贷记"累计折旧"账户。

3. 无形资产

无形资产是指行政单位持有的没有实物形态的可辨认非货币性资产，包括专利权、商标权、著作权、土地使用权、非专利技术等。为了核算各项无形资产的原价，行政单位应设置"无形资产"账户。该账户借方登记取得无形资产的成本，贷方登记处置无形资产的成本，期末借方余额反映行政单位已入账无形资产的原值。

4. 累计摊销

无形资产属于非流动资产，能在较长的时间里为行政单位提供服务潜力或经济利益。由于无形资产具有一定的期限，其价值也会随着提供服务而递减，无形资产成本也应在各个会计期间进行合理摊销。无形资产摊销是指在无形资产使用寿命内,按照确定的方法对应摊销金额进行系统分摊。行政单位应设置"累计摊销"账户,用来核算行政单位无形资产计提的累计摊销。该账户应按照无形资产的类别、项目等进行明细核算。该账户的期末贷方余额反映行政单位计提的无表资产摊销累计数。

按月计提无形资产摊销时,按照应计提摊销金额,借记"资产基金——无形资产"账户,贷记"累计摊销"账户。无形资产处置时,按照所处置无形资产的账面价值,借记"待处理财产损溢"账户(出售、置换换出、核销)或"资产基金——无形资产"账户(无偿调出、对外捐赠),按照已计提摊销,借记"累计摊销"账户,按照无形资产的账面余额,贷记"无形资产"账户。

1.(不定项选择题)行政单位固定资产的变价收入应( )。
  A. 全额上缴国库   B. 部分上缴国库
  C. 转作其他收入   D. 上缴主管部门
2.(不定项选择题)行政单位固定资产的清查,在没有查明原因前,应记入( )账户。
  A. "待处理财产损溢"   B. "固定资产"
  C. "资本公积"   D. "资本基金"
3.(不定项选择题)行政单位固定资产(一般设备)的单位价值应在( )元以上。
  A. 500   B. 600   C. 800   D. 1 000
4.(不定项选择题)行政单位固定资产的折旧计提方法,应采用( )。
  A. 行政单位固定资产不提折旧   B. 直线法
  C. 双倍余额递减法   D. 年数总和法
5.(不定项选择题)无形资产包括( )。
  A. 专利权   B. 商标权   C. 著作权   D. 土地使用权
  E. 非专利技术
6.(实训题)某市教育局 2015 年 1 月发生下列经济业务:
(1) 10 日,建设部门将竣工的办公楼 1 幢办理交接手续,行政单位凭"固定资产交接清册"及相关单证入账,该办公楼造价为 1 800 000 元。
(2) 13 日,经上级主管部门批准,购入电脑 30 台,每台购价为 10 000 元,共计 300 000 元,电脑已验收交付使用。
(3) 30 日,财产清查时盘盈 1 台专用设备,账面价值为 850 元;盘亏 1 台电视机,原账面价值为 2 850 元。
(4) 31 日,将一辆原价为 20 万元的汽车,作价 10 万元出售,已办清银行转账手续。
(5) 31 日,接受国外友好单位捐赠的小轿车,价值为 100 万元,同时支付关税和运费 5 万元。
要求:请编制会计分录。

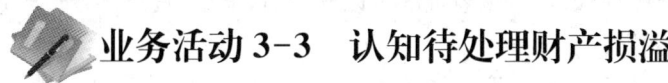

业务活动 3-3　认知待处理财产损溢

【活动目标】 认知"行政单位""待处理财产损溢"账户及其核算方法。
行政单位财产的处理包括资产的出售、报废、毁损、盘盈、盘亏,以及货币性资产损失核销等。"待处理财产损溢"账户核算行政单位待处理财产的价值及财产处理损溢。

该账户应当按照待处理财产项目进行明细核算；对于在财产处理过程中取得收入或发生相关费用的项目，还应当设置"待处理财产价值"、"处理净收入"明细账户，进行明细核算。该账户期末如为借方余额，反映尚未处理完毕的各种财产的价值及净损失；期末如为贷方余额，反映尚未处理完毕的各种财产净溢余。年度终了，报经批准处理后，"待处理财产损溢"账户一般应无余额。

待处理财产损溢的主要账务处理如下：

（1）按照规定报经批准处理无法查明原因的现金短缺或溢余。属于无法查明原因的现金短缺，报经批准核销的，借记"经费支出"账户，贷记"待处理财产损溢"账户。属于无法查明原因的现金溢余，报经批准后，借记"待处理财产损溢"账户，贷记"其他收入"账户。

（2）按照规定报经批准核销无法收回的应收账款、其他应收款。转入待处理财产损溢时，借记"待处理财产损溢"账户，贷记"应收账款"、"其他应收款"账户。报经批准对无法收回的其他应收款予以核销时，借记"经费支出"账户，贷记"待处理财产损溢"账户；对无法收回的应收账款予以核销时，借记"其他应付款"等账户，贷记"待处理财产损溢"账户。

（3）按照规定报经批准核销预付账款、无形资产。转入待处理财产损溢时，借记"待处理财产损溢"账户（核销无形资产的，还应借记"累计摊销"账户），贷记"预付账款"、"无形资产"账户。报经批准予以核销时，借记"资产基金——预付款项、无形资产"账户，贷记"待处理财产损溢"账户。

（4）出售、置换换出存货、固定资产、无形资产、政府储备物资等。转入待处理财产损溢时，借记"待处理财产损溢"账户（出售、置换换出固定资产的，还应当借记"累计折旧"账户；出售、置换换出无形资产的，还应当借记"累计摊销"账户），贷记"存货"、"固定资产"、"无形资产"、"政府储备物资"等账户。实现出售、置换换出时，借记"资产基金"及相关明细账户，贷记"待处理财产损溢"账户。出售、置换换出资产过程中收到的价款、补价等收入，借记"库存现金"、"银行存款"等账户，贷记"待处理财产损溢"账户。出售、置换换出资产过程中发生相关费用，借记"待处理财产损溢"账户，贷记"库存现金"、"银行存款"、"应缴税费"等账户。出售、置换换出完毕并收回相关的应收账款后，按照处置收入扣除相关税费后的净收入，借记"待处理财产损溢"账户，贷记"应缴财政款"账户。如果处置收入小于相关税费的，按照相关税费减去处置收入后的净支出，借记"经费支出"账户，贷记"待处理财产损溢"账户。

（5）盘亏、毁损、报废各种实物资产。转入待处理财产损溢时，借记"待处理财产损溢"账户（处置固定资产、公共基础设施的，还应当借记"累计折旧"账户），贷记"存货"、"固定资产"、"在建工程"、"政府储备物资"、"公共基础设施"等账户。报经批准予以核销时，借记"资产基金"及相关明细账户，贷记"待处理财产损溢"账户。毁损、报废各种实物资产过程中取得的残值变价收入、发生相关费用，以及取得的残值变价收入扣除相关费用后的净收入或净支出的账务处理，比照上述(4)中有关出售资产进行处理。

（6）核销不能形成资产的在建工程成本。转入待处理财产损溢时，借记"待处理财产损溢"账户，贷记"在建工程"账户。报经批准予以核销时，借记"资产基金——在建工程"账户，贷记"待处理财产损溢"账户。

（7）盘盈存货、固定资产、政府储备物资等实物资产。转入待处理财产损溢时，借记"存货"、"固定资产"、"政府储备物资"等账户，贷记"待处理财产损溢"账户。报经批准予以处理时，借记"待处理财产损溢"账户，贷记"资产基金"及相关明细账户。

业务活动 3-4　认知其他资产

【活动目标】　认知行政单位其他资产,并掌握其核算方法。

行政单位的其他资产包括政府储备物资、公共基础设施、受托代理资产等。

1. 政府储备物资

政府储备物资是指行政单位直接储存管理的各项政府应急或救灾储备物资等。

为了核算政府储备物资业务,行政单位应设置"政府储备物资"总账账户。该账户应当按照政府储备物资的种类、品种、存放地点等进行明细核算。政府储备物资应当在其到达存放地点并验收时确认。负责采购并拥有储备物资调拨权力的行政单位(简称"采购单位")将政府储备物资交由其他行政单位(简称"代储单位")代为储存的,由采购单位通过"政府储备物资"账户核算政府储备物资,代储单位将受托代储的政府储备物资作为受托代理资产核算。

政府储备物资的账务处理如下:

(1) 购入的政府储备物资,其成本包括购买价款、相关税费、运输费、装卸费、保险费以及其他使政府储备物资达到目前场所和状态所发生的支出;单位支付的政府储备物资保管费、仓库租赁费等日常储备费用,不计入政府储备物资的成本。购入的政府储备物资验收入库,按照确定的成本,借记"政府储备物资"账户,贷记"资产基金——政府储备物资"账户;同时,按实际支付的金额,借记"经费支出"账户,贷记"财政拨款收入"、"零余额账户用款额度"、"银行存款"等账户。

(2) 接受捐赠、无偿调入的政府储备物资,其成本按照有关凭据注明的金额加上相关税费、运输费等确定;没有相关凭据可供取得,但依法经过资产评估的,其成本应当按照评估价值加上相关税费、运输费等确定;没有相关凭据可供取得、也未经评估的,其成本比照同类或类似政府储备物资的市场价格加上相关税费、运输费等确定。接受捐赠、无偿调入的政府储备物资验收入库,按照确定的成本,借记"政府储备物资"账户,贷记"资产基金——政府储备物资"账户,由行政单位承担运输费用的,按实际支付的相关税费、运输费等金额,借记"经费支出"账户,贷记"财政拨款收入"、"零余额账户用款额度"、"银行存款"等账户。

(3) 政府储备物资发出时,应当根据实际情况采用先进先出法、加权平均法或者个别计价法确定发出政府储备物资的实际成本。计价方法一经确定,不得随意变更。

经批准对外捐赠、无偿调出政府储备物资时,按照对外捐赠、无偿调出政府储备物资的实际成本,借记"资产基金——政府储备物资"账户,贷记"政府储备物资"账户。对外捐赠、无偿调出政府储备物资发生由行政单位承担的运输费等支出时,借记"经费支出"账户,贷记"财政拨款收入"、"零余额账户用款额度"、"银行存款"等账户。行政单位报经批准将不需储备的物资出售时,应当转入待处理财产损溢,按照相关储备物资的账面余额,借记"待处理财产损溢"账户,贷记"政府储备物资"账户。

(4) 盘盈、盘亏或报废、毁损政府储备物资。行政单位管理的政府储备物资应当定期进行清查盘点,每年至少盘点一次。对于发生的政府储备物资盘盈、盘亏或者报废、毁损,应当及时查明原因,按规定报经批准后进行账务处理。盘盈的政府储备物资,按照取得同类或类似政府储备物资的实际成本确定入账价值;没有同类或类似政府储备物资的实际成本,按照同类或类似政府储备物资的市场价格确定入账价值。盘盈的政府储备物资,按照确定的入账价值,借记"政府储备物资"账户,贷记"待处理财产损溢"账户。盘亏或者报废、毁损的政府储备物资,转入待处理财产损溢时,按照其账面余额,借记"待处理财产损溢"账户,贷记"政府储备物资"账户。

"政府储备物资"账户期末借方余额,反映行政单位管理的政府储备物资的实际成本。

【例 3-13】 ×市教育局 2014 年 5 月取得一批防汛物品政府储备物资,其买价为 50 000 元,运输费为 800 元,装卸费为 200 元。

要求:根据有关单据(见图 3-39~图 3-42)编制记账凭证(见图 3-43 和图 3-44)。

					发	票								
客户 ×市教育局						2014年05月01日								
货号	品名规格			计量单位		数量		单价				金额		
									十万	千	百	十 元	角	分
102	防汛物资			批		1		50 000.00	5	0	0	0 0	0	0
合计人民币(大写)伍仟元整								¥	5	0	0	0 0	0	0
企业(盖章有效):					财务:			开票:李想						

图 3-39 发票

中国工商银行
转账支票存根

支票号码 0652709
签发日期:2014 年 05 月 01 日

收款人:崇明安防科技有限公司
金 额:¥50 000.00
用 途:货款
备 注:
单位主管: 会计:

图 3-40 转账支票存根

实 物 入 库 单

单位:×市教育局　　　2014 年 05 月 01 日　　　第 19 号

名称及规格	单位	数量	单价	金额	存放地点	来源说明
防汛物品	批	1	50 000.00	50 000.00	仓库	
合计				¥50 000.00		
主管:邓晓		会计:张远		保管:李勇		经手人:王斌

图 3-41 入库单

公路、内河货物运输业统一发票

发票联　　　　　　　　　　　发票代码 236001110001

开票日期　贰零壹肆年零伍月零壹日　　　发票号码 11131932

机打代码	23600111001	税控码	6548651<5646541+345874<5684-89273-+68/4232354124 5</2344->324424**252566		
机打号码	1131932				
机器编号	499000220854				
收货人及纳税人识别号	×市教育局 368574638764		承运人及纳税人识别号	万通运输公司 000013560044008	
发货人及纳税人识别号	万通公司 000013560044008		主管税务机关及代码	南宁市地方税务局 53002222	
运输项目及金额	货物名称　数量(重量)　单位运价　计费里程　金额 防汛物资　　1　　　　200.00　　　4　　　800.00		其他项目及金额	费用名称　金额 装卸　　　200.00	备注
运费小计	￥800.00		其他费用小计	￥200.00	
合计(大写)	壹仟元整		(小写)￥1 000.00		

（万通运输公司 00001356004 4008 财务专用章）

图 3-42　运输业发票

记 账 凭 证

2014年05月01日　　　　　　　　　记字第 ×× 号

摘要	总账科目	明细科目	√	借方金额 千百十万千百十元角分	√	贷方金额 千百十万千百十元角分	附单据4张
购防汛物资	政府储备物资			5 1 0 0 0 0 0			
	资产基金	政府储备物资				5 1 0 0 0 0 0	
合　计				￥5 1 0 0 0 0 0		￥5 1 0 0 0 0 0	

财务主管　　　　记账　　　　出纳 黄英　　　审核　　　制单 梁天

图 3-43　记账凭证

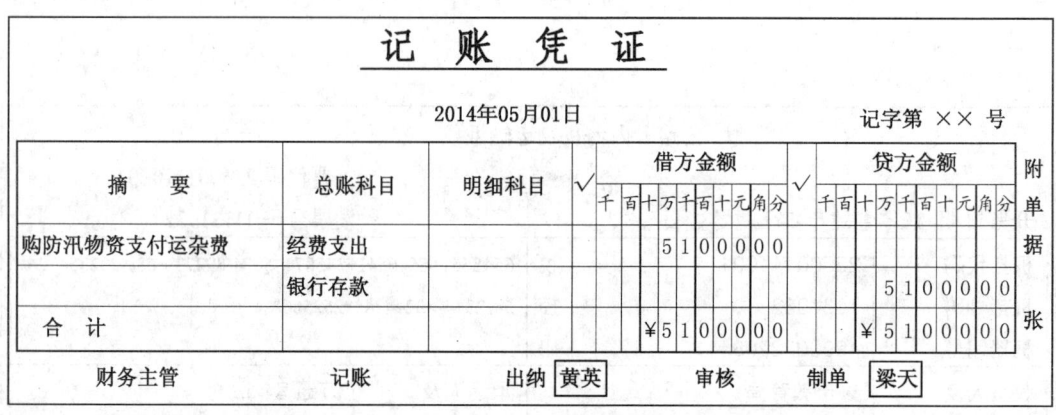

图 3-44 记账凭证

2. 公共基础设施

公共基础设施是指由行政单位占有并直接负责维护管理、供社会公众使用的工程性公共基础设施资产,包括城市交通设施、公共照明设施、环保设施、防灾设施、健身设施、广场及公共构筑物等其他公共设施。

为了核算公共基础设施业务,行政单位应当设置"公共基础设施"账户,并按照公共基础设施的类别和项目进行明细核算。"公共基础设施"账户的期末借方余额反映行政单位管理的公共基础设施的实际成本。公共基础设施应当在对其取得占有权利时确认。行政单位应当结合本单位的具体情况,制定适合于本单位管理的公共基础设施目录、分类方法,作为进行公共基础设施核算的依据。

小贴士

与公共基础设施配套使用的修理设备、工具器具、车辆等动产,作为管理公共基础设施的行政单位的固定资产核算,不通过"公共基础设施"账户核算。

与公共基础设施配套、供行政单位在公共基础设施管理中自行使用的房屋构筑物等,能够与公共基础设施分开核算的,作为行政单位的固定资产核算,不通过"公共基础设施"账户核算。

公共基础设施的主要账务处理如下:

(1) 公共基础设施在取得时,应当按照其成本入账。行政单位自行建设的公共基础设施,其成本包括建造该公共基础设施至交付使用前所发生的全部必要支出。公共基础设施的各组成部分需要分别核算的,按照各组成部分公共基础设施造价确定其成本;没有各组成部分公共基础设施造价的,按照各组成部分公共基础设施同类或类似市场造价的比例对总造价进行分配,确定各组成部分公共基础设施的成本。

公共基础设施建设完工交付使用时,按照确定的成本,借记"公共基础设施"账户,贷记"资产基金——公共基础设施"账户;同时,借记"资产基金——在建工程"账户,贷记"在建工程"账户。已交付使用但尚未办理竣工决算手续的公共基础设施,按照估计价值入账,待确定实际成本后再进行调整。接受其他单位移交的公共基础设施,其成本按照公共基础设施的原账面价值确认,借记"公共基础设施"账户,贷记"资产基金——公共基础设施"账户。

（2）公共基础设施的后续支出。与公共基础设施有关的后续支出,分以下情况处理:为增加公共基础设施使用效能或延长其使用寿命而发生的改建、扩建或大型修缮等后续支出,应当计入公共基础设施成本,通过"在建工程"账户核算,完工交付使用时转入"公共基础设施"账户。为维护公共基础设施的正常使用而发生的日常修理等后续支出,应当计入当期支出,借记有关支出账户,贷记"财政拨款收入"、"零余额账户用款额度"、"银行存款"等账户。

（3）公共基础设施的处置。行政单位管理的公共基础设施向其他单位移交、毁损、报废时,应当按照规定报经批准后进行账务处理。经批准向其他单位移交公共基础设施时,按照移交公共基础设施的账面价值,借记"资产基金——公共基础设施"账户,按照已计提折旧,借记"累计折旧"账户,按照公共基础设施的账面余额,贷记"公共基础设施"账户。报废、毁损的公共基础设施,转入待处理财产损溢时,按照待处理公共基础设施的账面价值,借记"待处理财产损溢"账户,按照已计提折旧,借记"累计折旧"账户,按照公共基础设施的账面余额,贷记"公共基础设施"账户。

【例 3-14】 ×市教育局 2014 年 7 月 1 日自行建造一批公共基础设施,该批设施完工使用时,确定的成本是 150 000 元。

要求:请编制记账凭证。

图 3-45 记账凭证

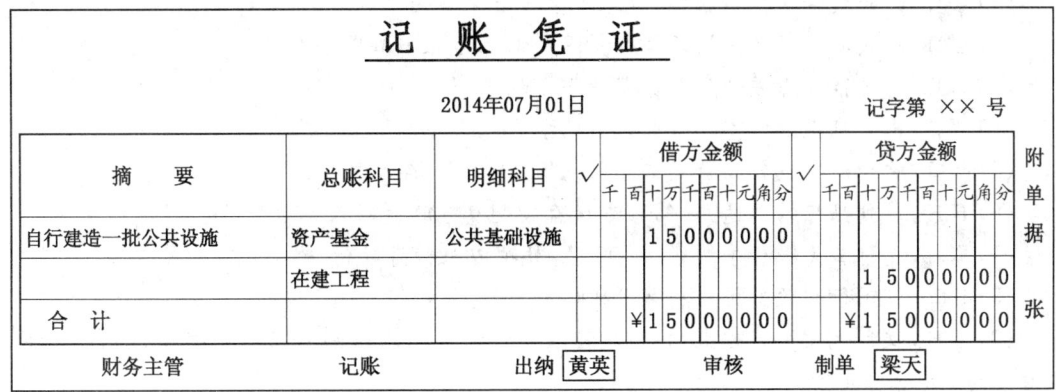

图 3-46 记账凭证

3. 受托代理资产

受托代理资产是指行政单位接受委托方委托管理的各项资产,包括受托指定转赠的物资、受托储存管理的物资等。为了核算受托代理资产业务,行政单位应当设置"受托代理资产"账户。该账户应当按照资产的种类和委托人进行明细核算;属于转赠资产的,还应当按照受赠人进行明细核算。行政单位收到受托代理资产为现金和银行存款的,不通过该账户核算,应当通过"库存现金"、"银行存款"等账户进行核算。"受托代理资产"账户期末借方余额反映单位受托代理资产中实物资产的价值。

受托代理资产应当在行政单位收到受托代理的资产时确认。

受托代理资产的主要账务处理如下:

(1)受托转赠物资。接受委托人委托需要转赠给受赠人的物资,其成本按照有关凭据注明的金额确定;没有相关凭据可供取得的,其成本比照同类或类似物资的市场价格确定。接受委托转赠的物资验收入库,按照确定的成本,借记"受托代理资产"账户,贷记"受托代理负债"账户;受托协议约定由行政单位承担相关税费、运输费等的,还应当按照实际支付的相关税费、运输费等金额,借记"经费支出"账户,贷记"银行存款"等账户。将受托转赠物资交付受赠人时,按照转赠物资的成本,借记"受托代理负债"账户,贷记"受托代理资产"账户。转赠物资的委托人取消了对捐赠物资的转赠要求,且不再收回捐赠物资的,应当将转赠物资转为存货或固定资产,按照转赠物资的成本,借记"受托代理负债"账户,贷记"受托代理资产"账户;同时,借记"存货"、"固定资产"等账户,贷记"资产基金——存货、固定资产"账户。

(2)受托储存管理物资。接受委托人委托储存管理的物资,其成本按照有关凭据注明的金额确定。接受委托储存的物资验收入库,按照确定的成本,借记"受托代理资产"账户,贷记"受托代理负债"账户。支付由受托单位承担的与受托储存管理的物资相关的运输费、保管费等费用时,按照实际支付的金额,借记"经费支出"账户,贷记"银行存款"等账户。根据委托人要求交付受托储存管理的物资时,按照储存管理物资的成本,借记"受托代理负债"账户,贷记"受托代理资产"账户。

(实训题)×市教育局2014年6月发生如下经济业务:

(1)1日,开出现金支票,从银行提取现金800元备用。

(2)2日,购买办公用品一批,价款为980元,通过银行转账支付。

(3)3日,职工张某出差预借差旅费1 500元。

(4)4日,出售废报纸取得现金收入59元。

(5)5日,收到财政拨款以外的专项收入50 000元,存入银行。

(6)6日,接到银行结息通知,第一季度存款利息600元存入单位账户。

(7)7日,支付工商银行手续费2 500元,款项以银行存款付讫。

(8)8日,以银行存款支付材料款3 900元。

(9)9日,收到代理银行转来的"财政授权支付额度到账通知书",通知书中注明的本月授权额度为500 000元。

(10)9日,从零余额账户提现3 000元。

(11) 10 日,向 A 公司订购存货 30 000 元,按订购合同规定,应先向供货单位预付货款 20 000 元,待 20 日交货后再补足余款,款项通过银行存款收付。

(12) 20 日,收到 A 公司发来的价值 16 000 元的存货并验收入库,同时收到退回的余款 4 000 元存入银行。

(13) 21 日,为某职工垫付款项 2 000 元,款项以现金付讫。

(14) 22 日,用专项资金购买专用仪器 1 台,价款为 80 000 元,仪器经技术验收合格,交付使用。

(15) 23 日,收到上级主管部门捐赠的 1 台复印机,价值为 18 000 元,并支付运输费 400 元。

(16) 24 日,经批准,将 1 辆小轿车作价出售,小轿车原账面价值为 350 000 元,售价为 280 000 元,价款已由银行收讫。

(17) 25 日,某项目研究获得成功,依法申请取得了专利权,发生专利登记费 30 000 元,律师费 6 000 元,以银行存款支付(自有资金)。

要求:请编制会计分录。

任务 2 行政单位会计负债

行政单位的负债是指行政单位所承担的能以货币计量,需要以资产等偿还的债务。行政单位的负债按照流动性,分为流动负债和非流动负债。流动负债是指预计在 1 年内(含 1 年)偿还的负债,包括应缴财政款、应缴税费、应付职工薪酬、应付及暂存款项、应付政府补贴款等。非流动负债是指流动负债以外的负债,如长期应付款。

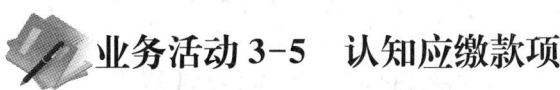

业务活动 3-5 认知应缴款项

【活动目标】 认知行政单位应缴款项及其核算方法。

应缴款项包括应缴财政款和应缴税费,它们在缴纳前构成了行政单位的流动负债。行政单位应当严格按照国家规定及时、足额地上缴各种款项,不得无故拖欠、截留和坐支。

1. 应缴财政款

应缴财政款是指行政单位按照规定取得的应当上缴财政的款项。包括罚没收入、行政事业性收费、政府性基金、国有资产处置和出租、出借收入等。应缴财政款应当在收到应缴财政的款项时确认。

为了核算应缴财政款业务,行政单位应设置"应缴财政款"账户。该账户的贷方余额反映行政单位应当上缴财政但尚未缴纳的款项。年终清缴后,该账户一般应无余额。

应缴财政款的主要账务处理如下:

(1) 取得按照规定应当上缴财政的款项时,借记"银行存款"等账户,贷记"应缴财政款"账户。

(2) 处置资产取得应当上缴财政的处置净收入的账务处理,参见"待处理财产损溢"

账户。

(3) 上缴应缴财政的款项时，按照实际上缴的金额，借记"应缴财政款"账户，贷记"银行存款"账户。

【例 3-15】 2014 年 2 月 2 日，某市教育局经批准将闲置房屋出租，取得租金收入 60 000 元，并将其存入银行，另以银行存款支付房屋维修支出 3 000 元。

要求：请根据相关票据（见图 3-47～图 3-49）编制记账凭证（见图 3-50～图 3-52）。

2. 应缴税费

应缴税费是指行政单位按照国家税法等有关规定应当缴纳的各种税费，包括行政单位应缴营业税、城市维护建设税、教育费附加、房产税、车船税、城镇土地使用税、代缴的个人所得税等。

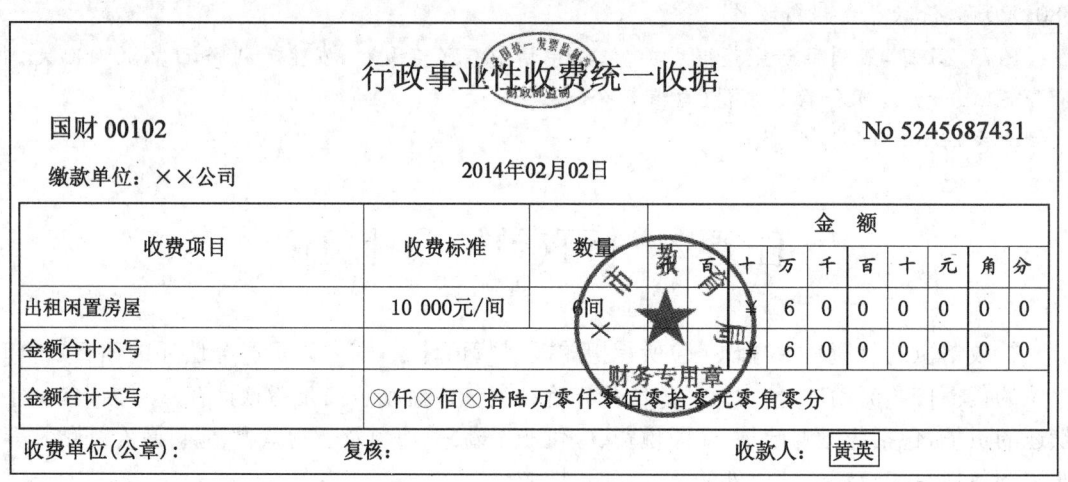

图 3-47 行政事业性收费统一收据

图 3-48 非税收入一般缴款书（回单）

建筑业统一发票

发票联

开票日期　贰零壹肆年零贰月零贰日

发票代码 236001110001
开票日期：2014 年 02 月 02 日
发票号码 11131932

机打代码	23600111001	税控码	6548651＜5646541＋345874＜5684－89273－＋68/42323541245＜/2344－＞324424＊＊252566
机打号码	1131932		
机器编号	499000220854		

付款方名称	×市教育局	身份证号/组织机构代码/纳税人识别号	368574638764	是否为总包人	
收款方名称	万兴工程建筑公司	身份证号/组织机构代码/纳税人识别号	000013560044008	是否为分包人	
工程项目名称	工程项目编号	结算项目	金额（元）	完税凭证号码（代扣代缴税款）	
房屋维修	0002015	房屋维修	3 000.00	0000123	

合计金额（元）　（大写）叁仟元整　　　　　　　　　　　￥3 000.00

备注：　000013560044008　　　　　　　　　　　　　6546434

主管税务机关及代理

开票人：李莉　　　　　　　　　　　　　　　　　　开票单位签章：

图 3-49　建筑业统一发票

记 账 凭 证

2014年02月02日　　　　　　　　　　记字第 ×× 号

摘　要	总账科目	明细科目	√	借方金额 千百十万千百十元角分	√	贷方金额 千百十万千百十元角分	附单据
出租房屋收到租金	银行存款			6 0 0 0 0 0 0			1张
	应缴财政款					6 0 0 0 0 0 0	
合　计				￥6 0 0 0 0 0 0		￥6 0 0 0 0 0 0	

财务主管　　　　记账　　　　出纳 黄英　　　　审核　　　　制单 梁天

图 3-50　记账凭证

记 账 凭 证

2014年02月02日　　　　　　　　　　记字第 ×× 号

摘　要	总账科目	明细科目	√	借方金额 千百十万千百十元角分	√	贷方金额 千百十万千百十元角分	附单据
上缴应缴财政款	应缴财政款			3 0 0 0 0 0			1张
	银行存款					3 0 0 0 0 0	
合　计				￥3 0 0 0 0 0		￥3 0 0 0 0 0	

财务主管　　　　记账　　　　出纳 黄英　　　　审核　　　　制单 梁天

图 3-51　记账凭证

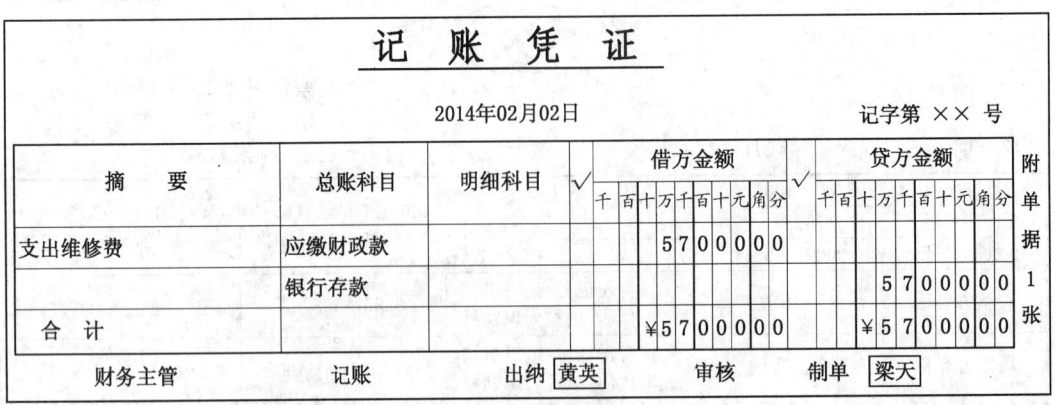

图 3-52 记账凭证

为了核算应缴税费业务,行政单位应设置"应缴税费"账户,该账户应当按照应缴纳的税费种类进行明细核算。该账户贷方登记应缴纳的各种税费等,借方登记实际缴纳的税费,期末贷方余额反映行政单位应缴未缴的税费金额。应缴税费应当在产生缴纳税费义务时确认。

应缴税费的主要账务处理如下:

(1) 因资产处置等发生营业税、城市维护建设税、教育费附加等缴纳义务的,按照税法等规定计算的应缴税费金额,借记"待处理财产损溢"账户,贷记"应缴税费"账户;实际缴纳时,借记"应缴税费"账户,贷记"银行存款"等账户。

(2) 因出租资产等发生营业税、城市维护建设税、教育费附加等缴纳义务的,按照税法等规定计算的应缴税费金额,借记"应缴财政款"等账户,贷记"应缴税费"账户;实际缴纳时,借记"应缴税费"账户,贷记"银行存款"等账户。

(3) 代扣代缴个人所得税,按照税法等规定计算的应代扣代缴的个人所得税金额,借记"应付职工薪酬"账户(从职工工资中代扣个人所得税)或"经费支出"账户(从劳务费中代扣个人所得税),贷记"应缴税费"账户。实际缴纳时,借记"应缴税费"账户,贷记"财政拨款收入"、"零余额账户用款额度"、"银行存款"等账户。

1. (不定项选择题)应缴财政款包括(   )。
A. 行政性收费收入   B. 罚没收入
C. 政府性基金   D. 国有资产处置和出租出借收入

2. (实训题)×市教育局 2014 年 3 月发生如下经济业务:

(1) 1 日,收到应上缴的罚没款项 2 800 元,款项存入银行存款户。

(2) 2 日,取得行政事业性收费 8 000 元,存入银行存款户。

(3) 3 日,取得出租收入 20 000 元,存入银行存款户。

(4) 4 日,经批准出售一批材料,其账面余额为 50 000 元,售价为 60 000 元,出售材料支付相关支出费用 3 000 元,款项通过银行收付。

(5) 31 日,将本月应缴财政款缴入国库。

(6) 31 日,因资产处置等发生应缴营业税 20 000 元、城市维护建设税 1 400 元、教育费附加 600 元。

(7) 31 日,支付某服务人员劳务费 4 500 元,为其代扣个人所得税 150 元。

要求:请编制会计分录。

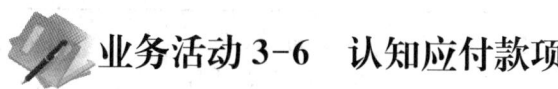 业务活动 3-6　认知应付款项

【活动目标】　认知行政单位应付款项及其核算方法。

应付款项是指行政单位应当支付而尚未支付的各种款项,是行政单位在结算中发生的一种负债,如行政单位购买材料、设备、货物已经验收入库但货款尚未支付的应付款项,应付未付的单位职工工资、福利费等。其大部分是行政单位在结算中发生的负债。

应付款项包括应付职工薪酬、应付账款、应付政府补贴款、其他应付款、长期应付款等,前四种属于短期负债性质的应付款项,后一种属于长期负债性质的应付款项。

1. 应付职工薪酬

职工薪酬是指单位为获得职工提供的服务而给予各种形式的报酬以及其他相关支出。职工薪酬包括基本工资、奖金、国家统一规定的津贴补贴、社会保险费、住房公积金和其他工资福利支出等。

为了反映职工薪酬结算与分配情况,行政单位应设置"应付职工薪酬"账户来核算其应付给职工的各种薪酬。该账户的贷方登记本月应发的各种职工薪酬,借方登记本月发放的各种职工薪酬,贷方余额反映行政单位应付未付的职工薪酬。年度终了,"应付职工薪酬"账户一般应无余额。"应付职工薪酬"账户应当根据国家有关规定按照"工资(离退休费)"、"地方(部门)津贴补贴"、"其他个人收入"和"社会保险费"、"住房公积金"等进行明细核算。

【例 3-16】　×市教育局 2014 年 4 月有关工资薪酬资料如下:基本工资 2 400 000 元,离退休费 600 000 元、地方(部门)津贴补贴 320 000 元、其他个人收入 80 000 元、社会保险费 250 000 元、住房公积金 150 000 元。

要求:请编制记账凭证(见图 3-53)。

记 账 凭 证

2014年4月28日　　　　　　　　　　　　　　　　　　　　　记字第 ×× 号

摘　要	总账科目	明细科目	√	借方金额 千百十万千百十元角分	√	贷方金额 千百十万千百十元角分	
计提工资	经费支出			3 8 0 0 0 0 0 0 0			附单据　张
	应付职工薪酬	工资(离退休费)				3 0 0 0 0 0 0 0 0	
	应付职工薪酬	地方(部门)津贴补贴				3 2 0 0 0 0 0 0	
	应付职工薪酬	其他个人收入				8 0 0 0 0 0 0	
	应付职工薪酬	社会保险费				2 5 0 0 0 0 0 0	
	应付职工薪酬	住房公积金				1 5 0 0 0 0 0 0	
合　计				¥3 8 0 0 0 0 0 0 0		¥3 8 0 0 0 0 0 0 0	

财务主管　　　　　记账　　　　　出纳 黄英　　　　　审核　　　　　制单 梁天

图 3-53　记账凭证

【例 3-17】 ×市教育局 2014 年 5 月份从应付职工薪酬中代扣代缴个人所得税 2 825 元，款项以零余额账户结算。

要求：请根据相关单据（见图 3-54 和图 3-55）编制记账凭证（见图 3-56 和图 3-57）。

5 月份工资表

2014 年 05 月 31 日　　单位：元

序号	姓名	岗位工资	薪级工资	应发合计	医疗保险	失业保险	住房公积金	个人所得税	扣款合计	实发工资
1	王　淼	6 000	2 000	8 000	160	80	960	225.00	1 425.00	6 575.00
2	范新宇	6 000	1 500	7 500	150	75	900	182.50	1 307.50	6 192.50
3	李　想	4 500	1 500	6 000	120	60	720	55.00	955.00	5 045.00
4	梁　天	4 000	1 500	5 500	110	55	660	35.25	860.25	4 639.75
	…	…	…	…	…	…	…	…	…	…
	合计	406 000	122 000	528 000	8 440	4 215	50 680	2 825.00	66 160.00	461 840.00

审批：李德　　审核：黄新　　制表：梁天

图 3-54　5 月份工资表

财政授权支付凭证

资金性质：财政资金　　2014年05月31日　　编号：201028003210

付款人	全称	×市教育局	收款人	全称	×市地税局
	账号	006282001000000001		账号	654687651354654684
	开户行	中国工商银行×市金州支行		开户行	中国工商银行×市滨湖支行
一级预算单位		201 市政府	功能分类		9050322 代缴个税
基层预算单位		201001 市教育局			
预算项目		代缴个税	经济分类		30101 基本工资
结算方式		现金支票			
支付金额		人民币（大写）贰仟捌佰贰拾伍元整			
用途		备用金			
银行盖章：		上述款项已办理。经办人：　年　月　日	备　注		

中国工商银行×市金州支行
2014.05.31
业务专用章
（收妥抵用）

图 3-55　授权支付凭证

2. 应付账款

应付账款是指行政单位因购买物资或服务等应付的偿还期限不超过 1 年（含 1 年）的款项。为了核算应付账款业务，行政单位应设置“应付账款”账户。该账户贷方登记行政单位购买物资或服务、工程建设等发生的应付账款，借方登记偿还的应付账款，或开出商业汇票抵付

记 账 凭 证

2014年05月31日　　　　　记字第××号

摘要	总账科目	明细科目	√	借方金额 千百十万千百十元角分	√	贷方金额 千百十万千百十元角分	附单据1张
代扣个人所得税	应付职工薪酬	工资		2 8 2 5 0 0			
	应缴税费	应缴个人所得税				2 8 2 5 0 0	
合　计				¥ 2 8 2 5 0 0		¥ 2 8 2 5 0 0	

财务主管　　　记账　　　出纳 黄英　　　审核　　　制单 梁天

图 3-56　记账凭证

记 账 凭 证

2014年05月31日　　　　　记字第××号

摘要	总账科目	明细科目	√	借方金额 千百十万千百十元角分	√	贷方金额 千百十万千百十元角分	附单据1张
代缴个人所得税	应缴税费	应缴个人所得税		2 8 2 5 0 0			
	零余额账户用款额度					2 8 2 5 0 0	
合　计				¥ 2 8 2 5 0 0		¥ 2 8 2 5 0 0	

财务主管　　　记账　　　出纳 黄英　　　审核　　　制单 梁天

图 3-57　记账凭证

应付账款，或已冲销的无法支付的应付账款，期末贷方余额反映行政单位尚未支付的应付账款。其明细账应当按照债权单位(或个人)设置，并进行明细核算。

【例 3-18】　2014 年 6 月 10 日，×市教育局接受网络公司提供电脑维修服务，其劳务费为 2 000 元，尚未支付。

要求：请根据有关单据(见图 3-58)编制记账凭证(见图 3-59)。

服务业统一发票

客户　×市教育局　　　　　2014 年 06 月 10 日

电脑维修	计量单位	数量	单价	金额 万千百十元角分
电脑维修	台	10	200.00	2 0 0 0 0 0
合计人民币（大写）		贰仟元整		¥ 2 0 0 0 0 0

企业(盖章有效)　　　财务：西宁　　　开票：李品娜

图 3-58　服务业统一发票

图 3-59 记账凭证

3. 应付政府补贴款

应付政府补贴款是指负责发放政府补贴的行政单位,按照规定应当支付给政府补贴接受者的各种政府补贴款。为了核算应付政府补贴款业务,行政单位应设置"应付政府补贴款"账户。行政单位发生应付政府补贴时,按照规定计算出的应付政府补贴金额,借记"经费支出"账户,贷记"应付政府补贴款"账户;支付应付的政府补贴款时,借记"应付政府补贴款"账户,贷记"零余额账户用款额度"、"银行存款"等账户。

该账户应当按照应支付的政府补贴种类进行明细核算。行政单位还应当按照补贴接受者建立备查簿,进行明细核算。该账户期末贷方余额反映行政单位应付未付的政府补贴金额。

【例 3-19】 2014 年 12 月 31 日,×市教育局按照规定应当支付给政府补贴接受人的各种政府补贴款 60 000 元。次年年初,以银行存款支付应付未付的政府补贴款 60 000 元。

要求:请编制记账凭证(见图 3-60 和图 3-61)。

记 账 凭 证

2014年12月31日　　　　记字第 ×× 号

摘要	总账科目	明细科目	√	借方金额 千百十万千百十元角分	√	贷方金额 千百十万千百十元角分	附单据
按规定应付政府补贴款	经费支出			6 0 0 0 0 0			1张
	应付政府补贴款					6 0 0 0 0 0	
合　计				¥ 6 0 0 0 0 0		¥ 6 0 0 0 0 0	

财务主管　　　　记账　　　　出纳 黄英　　　　审核　　　　制单 梁天

图 3-60 记账凭证

4. 其他应付款

其他应付款是指行政单位除了应缴财政款、应缴税费、应付职工薪酬、应付账款、应付政府补贴款以外的其他各项偿还期在 1 年以内(含 1 年)的应付及暂存款项,如收取的押金、保证金、未纳入行政单位预算管理的转拨资金、代扣代缴职工社会保险费和住房公积金等。

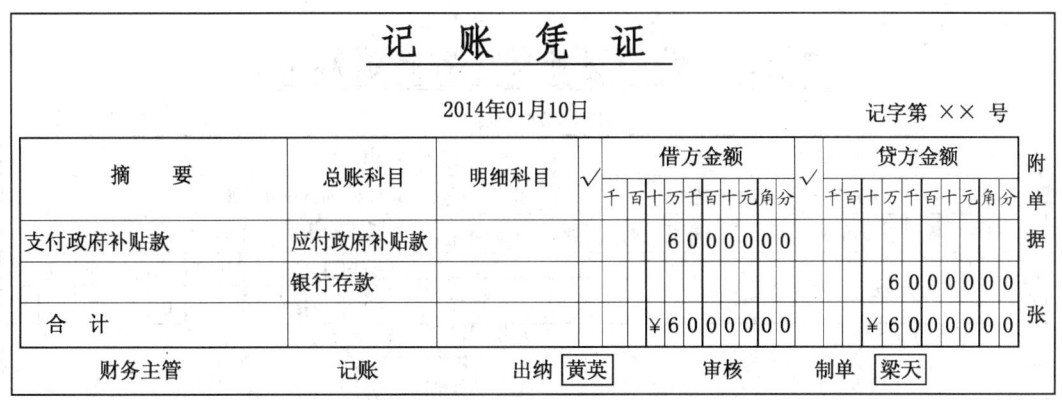

图 3-61 记账凭证

为了核算其他应付款业务,行政单位应设置"其他应付款"账户。该账户应当按照其他应付款的类别以及债权单位(或个人)进行明细核算。该账户期末贷方余额,反映行政单位尚未支付的其他应付款。其他应付款的主要账务处理如下:

(1)发生其他各项应付及暂存款项时,借记"银行存款"等账户,贷记"其他应付款"账户;支付其他各项应付及暂存款项时,借记"其他应付款"账户,贷记"银行存款"等账户。

(2)无法偿付或债权人豁免偿还的其他应付款项,应当按规定报经批准后进行账务处理。经批准核销时,借记"其他应付款"账户,贷记"其他收入"账户。核销的其他应付款应在备查簿中保留登记。

【例 3-20】 2014 年 2 月 3 日,×市教育局收到某单位欲租用本单位印刷设备而交来的押金 30 000 元,存入银行。

要求:请根据有关单据(见图 3-62 和图 3-63)编制记账凭证(见图 3-64)。

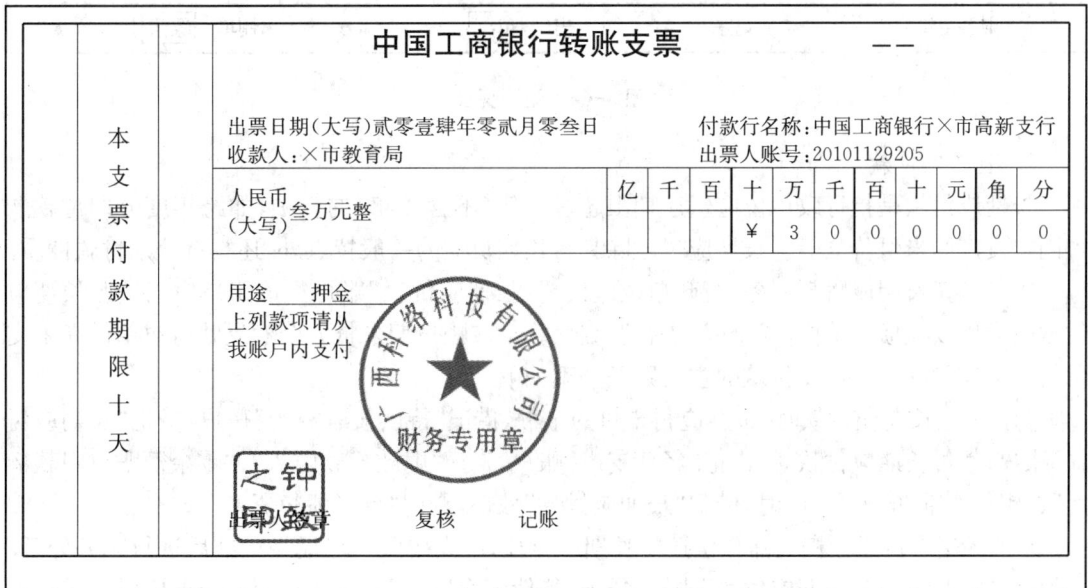

图 3-62 转账支票

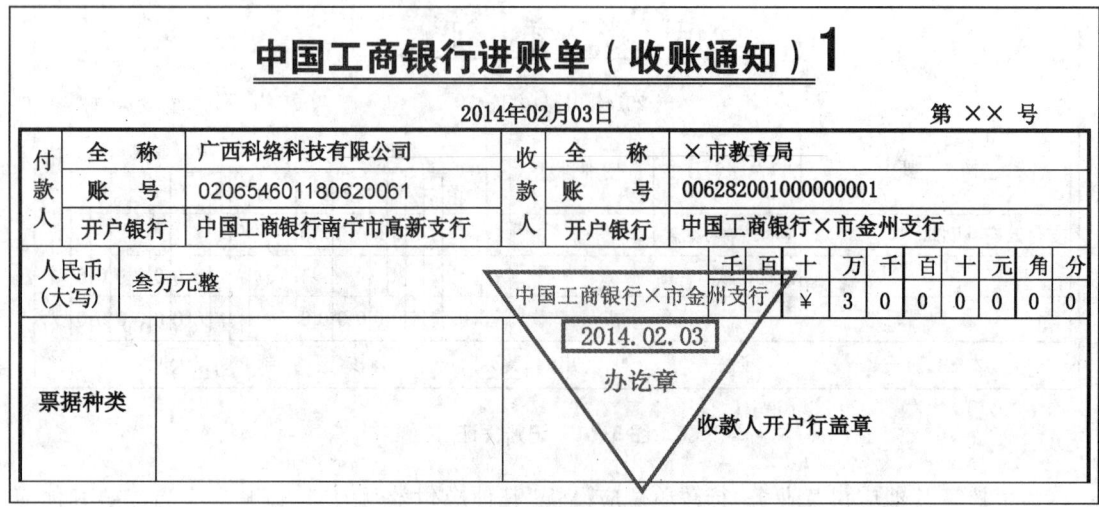

图 3-63　银行进账单

图 3-64　记账凭证

5. 长期应付款

长期应付款是指行政单位应偿还期限超过1年(不含1年)的款项,如跨年度分期付款购入固定资产的未付价款等。长期应付款除具有长期负债的一般特点外,还具有分期付款性质。

为了核算长期应付款业务,行政单位应设置"长期应付款"账户。该账户应当按照长期应付款的类别以及债权单位(或个人)进行明细核算。该账户期末贷方余额反映行政单位尚未支付的长期应付款。长期应付款的主要财务处理如下:

(1)发生长期应付款时,按照应付未付的金额,借记"待偿债净资产"账户,贷记"长期应付款"账户;偿付长期应付款时,借记"经费支出"账户,贷记"财政拨款收入"、"零余额账户用款额度"、"银行存款"等账户;同时,借记"长期应付款"账户,贷记"待偿债净资产"账户。

(2)无法偿付或债权人豁免偿还的长期应付款,应当按照规定报经批准后进行账务处理。经批准核销时,借记"长期应付款"账户,贷记"待偿债净资产"账户。核销的长期应付款应在备查簿中保留登记。

6. 受托代理负债

受托代理负债是指行政单位接收委托,获得受托管理资产时形成的负债。

为了核算受托代理负债业务,行政单位应设置"受托代理负债"账户。该账户应当按照委托人等进行明细核算;属于指定转赠物资和资金的,还应当按照指定受赠人进行明细核算。该账户的期末贷方余额反映行政单位尚未清偿的受托代理负债。

1. (不定项选择题)下列关于职工薪酬的说法中,不正确的是( )。

A. 工资　　　　　B. 财政补贴款　　　C. 社会保险费　　　D. 津贴补贴

E. 住房公积金

2. (实训题)×市教育局2014年3月发生如下业务:

(1) 1日,购入甲材料一批,货款为7 800元,材料已验收入库,货款尚未支付。

(2) 2日,收到某单位交来的租入固定资产押金15 000元,存入银行。

(3) 3日,以银行存款7 800元支付购买甲材料货款。

(4) 5日,缴纳为职工承担的社会保险费28 000元和住房公积金24 000元,款项以财政直接支付方式结算。

(5) 10日,已确认的应付B公司一笔应付账款6 000元,因B公司撤销而无法支付。

(6) 20日,收到所属单位缴交的财政拨款结余资金250 000元存入银行。

(7) 30日,上缴财政款拨款结余资金。

要求:请编制会计分录。

3. (实训题)×市教育局2014年5月发生如下经济业务:

(1) 1日,从M公司购入一批库存材料,货款为30 000元,对方代垫运杂费2 000元。材料已运到并验收入库,款项尚未支付。

(2) 6日,取得罚没收入3 000元,存入银行。

(3) 20日,取得行政事业性收费5 000元,存入银行。

(4) 21日,从A公司取得出租机器的押金2 000元,存入银行。

(5) 22日,经计算应当支付给政府补贴接受者的各项补贴款180 000元。

(6) 30日,从应付职工薪酬中代扣已为员工垫付的水电费、房租等费用40 000元。

(7) 30日,收到代理银行转来的用于支付5月1日M公司货款的"财政直接支付入账通知书",通知书中注明支付的金额是32 000元。

(8) 31日,预收的A公司押金2 000元,因A公司方面原因无法偿付。

要求:请编制会计分录。

任务3　行政单位会计净资产

净资产是指行政单位资产扣除负债后的余额。行政单位的净资产包括财政拨款结转、财政拨款结余、其他资金结转结余、资产基金、待偿债净资产等。

业务活动 3-7 认知财政拨款结转

【活动目标】 认知并掌握行政单位财政拨款结转的核算。

财政拨款结转是指行政单位当年预算已执行但尚未完成，或因故未执行，下一年度需要按照原用途继续使用的财政拨款滚存资金。它包括基本支出结转和项目支出结转。

为反映财政拨款结转增减变动情况，行政单位应设置"财政拨款结转"账户。该账户贷方登记财政拨款结转增加数额，借方登记减少财政拨款结转数额，期末贷方余额反映行政单位滚存的财政拨款结转资金数。该账户应当设置"基本支出结转"、"项目支出结转"两个明细账户；在"基本支出结转"明细账户下按照"人员经费"和"日常公用经费"进行明细核算，在"项目支出结转"明细账户下按照具体项目进行明细核算。有公共财政预算拨款、政府性基金预算拨款等两种或两张以上拨款的行政单位，还应当按照财政拨款种类分别进行明细核算。

该账户还可以根据管理需要按照财政拨款结转变动原因，设置"收支转账"、"结余转账"、"年初余额调整"、"归集上缴"、"归集调入"、"单位内部调剂"、"剩余结转"等明细账户进行核算。

财政拨款结转的主要账务处理如下：

（1）调整以前年度财政拨款结转。因发生差错更正、以前年度支出收回等原因，需调整财政拨款结转的，按照实际增加财政拨款结转的金额，借记有关账户，贷记"财政拨款结转——年初余额调整"账户；按照实际调减财政拨款结转的金额，借记"财政拨款结转——年初余额调整"账户，贷记有关账户。

【例 3-21】 2014 年 2 月 3 日，×市教育局收回 2013 年年度支出 200 000 元，需要调整财政拨款结转，以零余额账户结算。

要求：按照实际调增财政拨款结转的金额编制记账凭证（见图 3-65）。

记 账 凭 证

2014年02月03日 记字第 ×× 号

摘要	总账科目	明细科目	√	借方金额	√	贷方金额	附单据
				千百十万千百十元角分		千百十万千百十元角分	
调整前年度财政拨款结转	零余额账户用款额度			2 0 0 0 0 0 0 0			
	财政拨款结转	年初余额调整				2 0 0 0 0 0 0 0	
合计				¥ 2 0 0 0 0 0 0 0		¥ 2 0 0 0 0 0 0 0	张

财务主管　　　记账　　　出纳 黄英　　　审核　　　制单 梁天

图 3-65 记账凭证

（2）从其他单位调入财政拨款结余资金。按照规定从其他单位调入财政拨款结余资金时，按照实际调增的额度数额或调入的资金数额，借记"零余额账户用款额度"、"银行存款"等账户，贷记"财政拨款结转——归集调入"账户及其明细账户。

【例 3-22】 2014 年 6 月 1 日，×市教育局按照规定从其他单位调入的财政拨款结余资金为 3 000 000 元，款项已存入银行。

要求：根据实际调增的数额编制记账凭证（见图 3-66）。

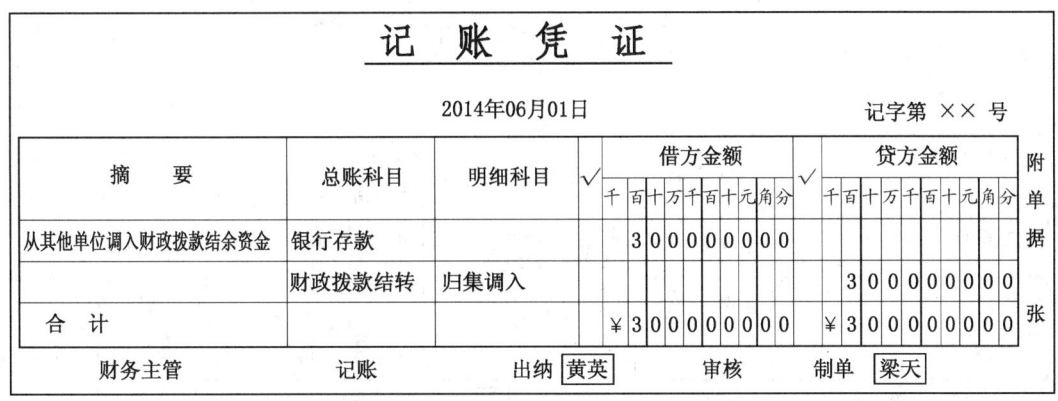

图 3-66 记账凭证

(3) 上缴财政拨款结转。按照规定上缴财政拨款结转资金时,按照实际核销的额度数额或上缴的资金数额,借记"财政拨款结转——归集上缴"账户及其明细账户,贷记"财政应还额度"、"零余额账户用款额度"、"银行存款"等账户。

【例 3-23】 2014 年 8 月 1 日,×市教育局按照规定上缴财政拨款结转资金为 250 000 元,款项以零余额账户核算。

要求:请根据实际上缴的资金金额编制记账凭证(见图 3-67)。

摘要	总账科目	明细科目	√	借方金额 千百十万千百十元角分	√	贷方金额 千百十万千百十元角分	附单据
上缴财政拨款结转资金	财政拨款结转	归集上缴		3 0 0 0 0 0 0 0 0			
	零余额账户用款额度					3 0 0 0 0 0 0 0 0	张
合计				¥3 0 0 0 0 0 0 0 0		¥3 0 0 0 0 0 0 0 0	

记账凭证 2014年08月01日 记字第××号
财务主管 记账 出纳 黄英 审核 制单 梁天

图 3-67 记账凭证

(4) 单位内部调剂结余资金。经财政部门批准对财政拨款结余资金改变用途,调整用于其他未完成项目等,按照调整的金额,借记"财政拨款结余——单位内部调剂"账户及其明细账户,贷记"财政拨款结转——单位内部调剂"账户及其明细账户。

【例 3-24】 2014 年 10 月 31 日,经财政部门批准,×市教育局将财政拨款结余资金 300 000元调剂给 A 行政单位。

要求:请编制记账凭证(见图 3-68)。

(5) 结转本年财政拨款收入和支出。年末,将财政拨款收入本年发生额转入"财政拨款结转"账户,借记"财政拨款收入——基本支出拨款(或项目支出拨款)"账户及其明细账户,贷记"财政拨款结转——收支转账——基本支出结转(或项目支出结转)"账户及其明细账户;将财政拨款支出本年发生额转入"财政拨款结转"账户,借记"财政拨款结转——收支转账——基本

记 账 凭 证

2014年10月31日　　　　　　　　　记字第 ×× 号

摘要	总账科目	明细科目	√	借方金额 千百十万千百十元角分	√	贷方金额 千百十万千百十元角分
内部调剂结余资金	财政拨款结余	单位内部调剂（某市教育局）		3 0 0 0 0 0 0 0		
	财政拨款结转	单位内部调剂（A行政单位）				3 0 0 0 0 0 0 0
合计				¥3 0 0 0 0 0 0 0		¥3 0 0 0 0 0 0 0

财务主管　　　记账　　　出纳 黄英　　　审核　　　制单 梁天

附单据　张

图 3-68　记账凭证

支出结转(或项目支出结转)"账户及其明细账户,贷记"经费支出——财政拨款支出——基本支出(或项目支出)"账户及其明细账户。

【例 3-25】　2014 年 12 月 31 日,×市教育局相关收入、支出账户及明细情况见图 3-69。

要求:根据图 3-69 结转本年财政拨款收入和支出,并编制记账凭证(见图 3-70 和图 3-71)。

收入、支出账户及其明细账情况表　　　单位:元

一级账户	二级账户	三级账户	金额
财政拨款收入	基本支出拨款		6 000 000
	项目支出拨款		4 000 000
经费支出	财政拨款支出	基本支出	5 500 000
	财政拨款支出	项目支出	3 800 000

图 3-69　收入、支出及其明细账情况表

记 账 凭 证

2014年12月31日　　　　　　　　　记字第××号

摘要	总账科目	明细科目	√	借方金额 千百十万千百十元角分	√	贷方金额 千百十万千百十元角分
结转收入	财政拨款收入	基本支出拨款		6 0 0 0 0 0 0 0 0		
	财政拨款收入	项目支出拨款		4 0 0 0 0 0 0 0 0		
	财政拨款结转	收支转账(基本支出结转)				6 0 0 0 0 0 0 0 0
	财政拨款结转	收支转账(项目支出结转)				4 0 0 0 0 0 0 0 0
合计				¥1 0 0 0 0 0 0 0 0 0		¥1 0 0 0 0 0 0 0 0 0

财务主管　　　记账　　　出纳 黄英　　　审核　　　制单 梁天

附单据　张

图 3-70　记账凭证

记 账 凭 证

2014年12月31日　　　　　　　　　　　　　　记字第××号

摘要	总账科目	明细科目	√	借方金额 千百十万千百十元角分	√	贷方金额 千百十万千百十元角分	附单据 张
结转支出	财政拨款结转	收支转账(基本支出结转)		5 5 0 0 0 0 0 0 0			
	财政拨款结转	收支转账(项目支出结转)		3 8 0 0 0 0 0 0 0			
	经费支出	财政拨款支出(基本支出)				5 5 0 0 0 0 0 0 0	
	经费支出	财政拨款支出(项目支出)				3 8 0 0 0 0 0 0 0	
合　　计				¥9 3 0 0 0 0 0 0 0		¥9 3 0 0 0 0 0 0 0	

财务主管　　　　记账　　　　出纳 黄英　　　　审核　　　　制单 梁天

图 3-71　记账凭证

(6) 将完成项目的结转资金转入财政拨款结余。年末行政单位完成上述财政拨款收支转账后,对各项目执行情况进行分析,按照有关规定将符合财政拨款结余性质的项目余额转入财政拨款结余,借记"财政拨款结转——结余转账——项目支出结转"账户及其明细账户,贷记"财政拨款结转——结余转账——项目支出结转"账户及其明细账户。

【例 3-26】　承[例 3-25],2014 年 12 月 31 日,按照有关规定将符合财政拨款结余资金性质的项目余额 2 000 000 元转入财政拨款结余。

要求:请编制记账凭证。

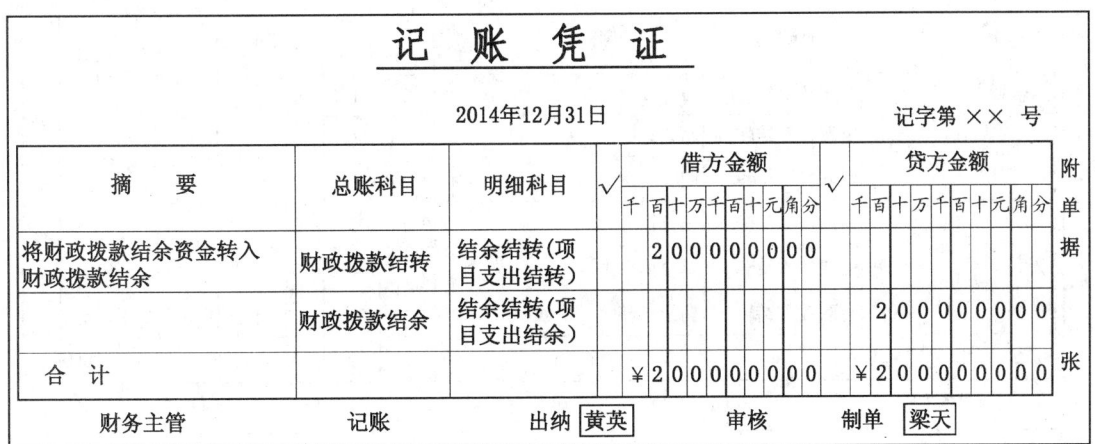

图 3-72　记账凭证

(7)年末冲销有关明细账户余额。年末收支转账后,将"财政拨款结转"账户所属"收支转账"、"结余转账"、"年初余额调整"、"归集上缴"、"归集调入"、"单位内部调剂"等明细账户余额转入"剩余结转"明细账户;结转后,"财政拨款结转"账户除"剩余结转"明细账户外,其他明细账户应无余额。

【例3-27】 2014年12月31日,×市教育局的"财政拨款结转"账户及其所属明细账户转账前资料见图3-73。

要求:请编制记账凭证。

经计算,"财政拨款结转——剩余结转"账户年末余额为8 100 000元(600 000+8 000 000－500 000)。

"财政拨款结转"账户及其明细账余额表　　　　　单位:元

一级科目	明细科目	借方余额	贷方余额
财政拨款结转	收支转账		3 000 000
	结余转账		1 000 000
	年初余额调整	500 000	
	归集上缴		1 500 000
	归集调入		2 000 000
	单位内部调剂		500 000
	剩余结余		600 000

图3-73 财政拨款结转账户及其明细账余额表

记 账 凭 证

2014年12月31日　　　　　　　　　　　　　　记字第 ×× 号

摘要	总账科目	明细科目	借方金额	贷方金额
结转贷方余额	财政拨款结转	收支转账	3 000 000 00	
	财政拨款结转	结余转账	1 000 000 00	
	财政拨款结转	归集上缴	1 500 000 00	
	财政拨款结转	归集调入	2 000 000 00	
	财政拨款结转	单位内部调入	500 000 00	
	财政拨款结转	剩余结转		8 000 000 00
合　计			¥8 000 000 00	¥8 000 000 00

财务主管　　　　记账　　　　出纳 黄英　　　　审核　　　　制单 梁天

附单据　张

图3-74 记账凭证

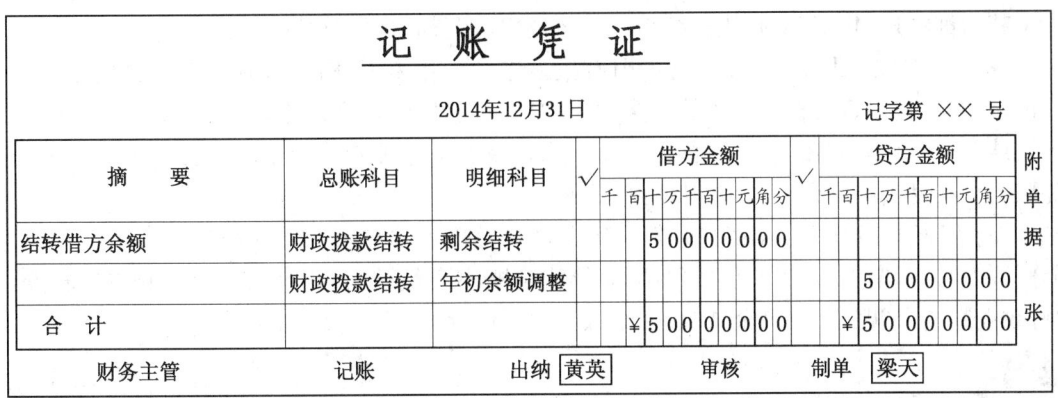

图 3-75 记账凭证

（实训题）×市教育局2014年6月发生如下经济业务：
(1) 10日，按照规定上缴财政拨款结余资金500 000元，款项以零余额账户结算。
(2) 20日，经财政部门批准，将其财政拨款结余资金600 000元调剂给市财政局。
要求：请编制会计分录。

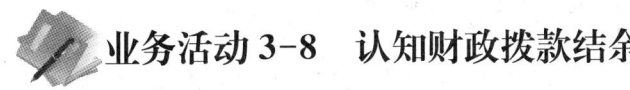

【活动目标】 认知并掌握行政单位财政拨款结余的核算。

　　财政拨款结余是指行政单位当年预算工作目标已完成，或因故终止，剩余的财政拨款滚存资金。为了反映财政拨款结余增减变动情况，行政单位应设置"财政拨款结余"账户核算行政单位滚存的财政拨款项目支出结余资金。该账户贷方登记财政拨款结余增加数额，借方登记减少财政拨款数额，期末贷方余额反映行政单位滚存的财政拨款结余资金数额。该账户应当按照具体项目设置明细账并进行明细核算。有公共财政预算拨款、政府性基金预算拨款等两种或两种以上财政拨款的行政单位，该账户还应当按照财政拨款的种类分别进行明细核算。该账户还应当按照财政拨款结余变动原因，设置"结余结转"、"年初余额调整"、"归集上缴"、"单位内部调剂"、"剩余结转"等明细账户进行明细核算。

　　财政拨款结余账务处理如下：

　　(1) 调整以前年度财政拨款结余。因发生差错更正、以前年度支出收回等原因，需要调整财政拨款余额的，按照实际调增财政拨款结余的金额，借记有关账户，贷记"财政拨款结余——年初余额调整"账户；按照实际调减财政拨款结余的金额，借记"财政拨款结余——年初余额调整"账户，贷记有关账户。

　　(2) 上缴财政拨款结余。按照规定上缴财政拨款结余时，以实际核销的额度数额或上缴的资金数额，借记"财政拨款结余——归集上缴"及其明细账户，贷记"财政应返还额度"、"零余额账户用款额度"、"银行存款"等账户。

　　(3) 单位内部调剂结余资金。经财政部门批准本单位完成项目结余资金调整用于基本支出或其他未完成项目支出时，按照批准调剂的金额，借记"财政拨款结余——单位内部调剂"账户及其明细账户,贷记"财政拨款结转——单位内部调剂"账户及其明细账户。

(4) 将完成项目的结转资金转入财政拨款结余。年末,对财政拨款各项目执行情况进行分析,按照有关规定符合财政拨款结余性质的项目余额转入"财政拨款结余"账户,借记"财政拨款结余——结余转账——项目支出结转"账户及其明细账户,贷记"财政拨款结余——结余转账——项目支出结余"账户及其明细账户。

(5) 年末冲销有关明细账户余额。年末,将"财政拨款结余"账户所属"结余结转"、"年初余额调整"、"归集上缴"、"单位内部调剂"等明细账户余额转入"剩余结转"明细账户,转账后,"财政拨款结余"账户除"剩余结转"明细账户外,其他明细账户应无余额。

(实训题)×市教育局2014年发生以下业务:

(1) 1月2日,因发生差错更正50 000元,需要调整财政拨款结余,款项以零余额账户进行结算。

(2) 1月30日,按照规定上缴财政拨款结余200 000元,款项以零余额账户结算。

(3) 4月2日,经财政部门批准,将本单位完成项目结余资金100 000元调整用于基本支出。

(4) 12月31日,对财政拨款各项目执行情况进行分析,将符合财政拨款结余资金性质的项目金额600 000元转入"财政拨款结余"账户。

要求:请编制会计分录。

业务活动3-9　认知其他资金结转结余

【活动目标】　认知并掌握行政单位其他资金结转结余的核算。

其他资金结转结余是指行政单位除财政拨款支出以外的其他各项收支相抵后剩余的滚存资金。为了反映其他资金结转结余增减变动情况,行政单位应设置"其他资金结转结余"账户核算行政单位除财政拨款收支以外的其他各项收支相抵后剩余的滚存资金。该账户贷方登记其他资金结转结余增加数额,借方登记减少其他资金结转结余数额,期末贷方余额反映行政单位滚存的各项非财政拨款资金结转结余数额。

该账户应当设置"项目结转"和"非项目结余"明细账户,分别对项目资金和非项目资金进行明细核算。对于项目结转,还应当按照具体项目进行明细核算。该账户还可以根据管理需要按照其他资金结转结余变动原因,设置"收支转账"、"年初余额调整"、"结余调剂"、"剩余结转结余"等明细账户,进行明细核算。

其他资金结转结余的主要账务处理如下:

(1) 调整以前年度其他资金结转结余。因发生差错更正、以前年度支出收回等原因,需要调整其他资金结转结余的,按照实际调增的金额,借记有关账户,贷记"其他资金结转结余"账户(年初余额调整)及其相关明细账户。按照实际调减的金额,借记"其他资金结转结余"账户(年初余额调整)及其相关明细账户,贷记有关账户。

(2) 结转本年其他资金收入和支出。年末,将其他收入中的项目资金收入本年发生额转入"其他资金结转结余"账户,借记"其他收入"账户及其明细账户,贷记"其他资金结转结余"账户(项目结转——收支转账)及其明细账户;将其他收入中的非项目资金收入本年发生额转入"其他资金结转结余"账户,借记"其他收入"账户及其明细账户,贷记"其他资金结转结余"账户(非项目结余——收支转账)。年末,将其他资金支出中的项目支出本年发生额转入"其他资金结转结余"账户,借记"其他资金结转结余"账户(项目结转——收支转账)及其明细账户,贷记"经费支出——其他资金支出"账户(项目支出)及其明细账户、"拨出经费"账户(项目支出)及其明细账户;将其他资金支出中的基本支出本年发生额转入"其他资金结转结余"账户,借记"其他资金结转结余"账户(非项目结余——收支转账),贷记"经费支出——其他资金支出"账户(基本支出)、"拨出经费"账户(基本支出)。

(3) 缴回或转出项目结余。完成上述(2)转账后,对本年年末各项目执行情况进行分析,区分年末已完成项目和尚未完成项目,在此基础上,对完成项目的剩余资金根据不同情况进行账务处理:需要缴回原项目资金出资单位的,按照缴回的金额,借记"其他资金结转结余"账户(项目结转——结余调剂)及其明细账户,贷记"银行存款"、"其他应付款"等账户;将项目剩余资金留归本单位用于其他非项目用途的,按照剩余的项目资金金额,借记"其他资金结转结余"账户(项目结转——结余调剂)及其明细账户,贷记"其他资金结转结余"账户(非项目结余——结余调剂)。

(4) 用非项目资金结余补充项目资金。按照实际补充项目资金的金额,借记"其他资金结转结余"账户(非项目结余——结余调剂),贷记"其他资金结转结余"账户(项目结转——结余调剂)及其明细账户。

(5) 年末冲销有关明细账户余额。年末收支转账后,将"其他资金结转结余"账户所属"收支转账"、"年初余额调整"、"结余调剂"等明细账户余额转入"剩余结转结余"明细账户;转账后,"其他资金结转结余"账户除"剩余结转结余"明细账户外,其他明细账户应无余额。

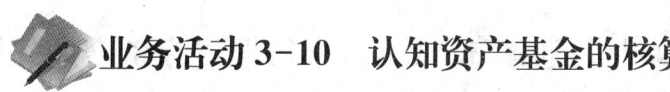

业务活动3-10　认知资产基金的核算

【活动目标】　认知并掌握行政单位资产资金的核算。

资产基金是指行政单位的非货币性资产在净资产中占用的金额。即行政单位的预付账款、存货、固定资产、在建工程、无形资产、政府储备物资、公共基础设施等非货币性资产在净资产中占用的金额。为了核算资产基金业务,行政单位应设置"资产基金"总账账户。

该账户应当设置"预付款项"、"存货"、"固定资产"、"在建工程"、"无形资产"、"政府储备物资"、"公共基础设施"等明细账户,进行明细核算。该账户贷方登记资产基金的增加数,借方登记资产基金的减少数,期末贷方余额反映行政单位非货币性资产在净资产中占用的金额。

资产基金的主要账务处理如下:

(1) 资产基金应当在发生预付账款,取得存货、固定资产、在建工程、无形资产、政府储备物资、公共基础设施时确认。①发生预付账款时,按照实际发生的金额,借记"预付账款"账户,贷记"资产基金"账户(预付款项);同时,按照实际支付的金额,借记"经费支出"账户,贷记"财政拨款收入"、"零余额账户用款额度"、"银行存款"等账户。②取得存货、固定资产、在建工程、无形资产、政府储备物资、公共基础设施等资产时,按照取得资产的成本,借记"存货"、"固定资产"、"在建工程"、"无形资产"、"政府储备物资"、"公共基础设施"等账户,贷记"资产基金"账户(存货、固定资产、在建工程、无形资产、政府储备物资、公共基础设施);同时,按照实际发生的支出,借记"经费支出"账户,贷记"财政拨款收入"、"零余额账户用款额度"、"银行存款"等账户。

(2) 收到预付账款购买的物资或服务时,应当相应冲减资产基金。按照相应的预付账款金额,借记"资产基金"账户(预付款项),贷记"预付账款"账户。

(3) 领用和发出存货、政府储备物资时,应当相应冲减资产基金。领用和发出存货、政府储备物资时,按照领用和发出存货、政府储备物资的成本,借记"资产基金"账户(存货、政府储备物资),贷记"存货"、"政府储备物资"账户。

(4) 计提固定资产折旧、公共基础设施折旧、无形资产摊销时,应当冲减资产基金。计提固定资产折旧、公共基础设施折旧、无形资产摊销时,按照计提的折旧、摊销金额,借记"资产基金"账户(固定资产、公共基础设施、无形资产),贷记"累计折旧"、"累计摊销"账户。

(5) 无偿调出、对外捐赠存货、固定资产、无形资产、政府储备物资、公共基础设施时,应当冲减该资产对应的资产基金。①无偿调出、对外捐赠存货、政府储备物资时,按照存货、政府储备物资的账面余额,借记"资产基金"账户及其明细账户,贷记"存货"、"政府储备物资"等账户。②无偿调出、对外捐赠固定资产、公共基础设施、无形资产时,按照相关固定资产、公共基础设施、无形资产的账面价值,借记"资产基金"账户及其明细账户,按照已计提折旧、已计提摊销的金额,借记"累计折旧"、"累计摊销"账户,按照固定资产、公共基础设施、无形资产的账面余额,贷记"固定资产"、"公共基础设施"、"无形资产"账户。

(6) 通过"待处理财产损溢"账户核算的资产处置,有关"资产基金"账户的账务处理参见"待处理财产损溢"账户。

例题详见本章任务 1"行政单位会计资产"例题。

业务活动 3-11　认知待偿债净资产的核算

【活动目标】　认知并掌握行政单位待偿净资产的核算。

待偿债净资产是指行政单位因发生应付账款和长期应付款而相应需在净资产中冲减的金额,代表着需要对结转结余资金抵减的净资产。为了核算待偿债净资产业务,行政单位应设置"待偿债净资产"账户。该账户借方登记发生应付账款、长期应付款确认待偿债净资产,贷方登记代付应付账款、长期应付款的待偿债净资产,期末借方余额反映行政单位因尚未支付的应付账款和长期应付款而需相应冲减净资产的金额。

待偿债净资产的主要账务处理如下:

(1) 发生应付账款、长期应付款时,按照实际发生的金额,借记"待偿债净资产"账户,贷记"应付账款"、"长期应付款"等账户。

(2) 偿付应付账款、长期应付款时,按照实际偿付的金额,借记"应付账款"、"长期应付款"等账户,贷记"待偿债净资产"账户;同时,按照实际支付的金额,借记"经费支出"账户,贷记"财政拨款收入"、"零余额账户用款额度"、"银行存款"等账户。

(3) 因债权人原因,核销确定无法支付的应付账款、长期应付款时,按照报经批准核销的金额,借记"应付账款"、"长期应付款"账户,贷记"待偿债净资产"账户。

例题详见业务活动 3-6 中"应付账款"例题。

(实训题)×市教育局2014年发生下列业务:

(1) 2月3日,收回2013年度支出650 000元,需要调整财政拨款结转,以零余额账户结算。

(2) 6月1日,按照规定从其他单位调入的财政拨款结余资金为1 000 000元,款项存入银行。

(3) 8月1日,按照规定上缴财政拨款结转资金850 000元,款项以零余额账户核算。

(4) 12月31日,"财政拨款结余"账户及其所属明细账户转账前资料见图3-76。

"财政拨款结余"账户及其明细账户余额			单位:元
一级账户	明细账户	借方余额	贷方余额
财政拨款结余	结余转账		1 000 000
	年初余额调整		30 000
	归集上缴	60 000	
	单位内部调剂		50 000
	剩余结余		40 000

图3-76 "财政拨款结余"账户及其明细账户余额表

(5) 8月30日,因收回以前年度支出发生需要调增其他资金结余8 000元,以银行存款结算。

(6) 9月20日,购入材料一批,价款为5 000元,材料已验收合格入库,款项于下月末支付。

要求:请编制会计分录。

任务4 行政单位会计收入

收入是指行政单位依法取得的非偿还性资金。行政单位的收入包括财政拨款收入和其他收入。

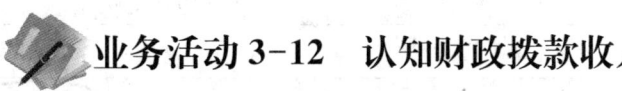

业务活动3-12 认知财政拨款收入

【活动目标】 认知并掌握行政单位财政拨款收入的核算。

财政拨款收入是指行政单位从同级财政部门取得的财政预算资金。财政拨款收入来源于国家财政预算资金,是国家按预算安排给予行政单位的补助。

按部门预算管理的要求划分,财政拨款收入分为基本支出拨款和项目支出拨款。其中,基本支出拨款是指行政单位用于维持正常运行和完成日常工作任务所需的补助经费;行政单位的基本支出拨款又可进一步划分为人员经费和日常公用经费,人员经费是指用于行政单位人员方面开支的经费,日常公用经费是指用于行政单位日常公务活动的经费。项目支出拨款是指行政单位在基本经费以外完成特定任务所需要的补助经费。

为了反映财政拨款收入的增减变动情况,行政单位应设置"财政拨款收入"账户核算行政单位从同级财政部门取得的财政预算资金。该账户贷方登记收到拨款数,借方登记缴回拨款数;年终结算后,该账户应无余额。"财政拨款收入"账户应该设置"基本支出拨款"和"项目支出拨款"两个明细账户,分别核算行政单位取得用于基本支出和项目支出的财政拨款资金;在"基本支出拨款"明细账户下按照具体项目进行明细核算。

财政拨款收入账务处理如下:

(1)财政直接支付方式。在财政直接支付方式下,行政单位根据财政国库支付执行机构委托代理银行转来的《财政直接支付入账通知书》及原始凭证,借记有关支出账户,贷记"财政拨款收入"账户。年末,行政单位根据本年度财政直接支付预算指标数与财政直接支付实际支出数的差额,借记"财政应返还额度——财政直接支付"账户,贷记"财政拨款收入"账户。本年度财政直接支付的资金收回时,借记"财政拨款收入"账户,贷记"经费支出"等账户。

【例3-28】 2014年1月10日,×市教育局以财政直接支付方式购入存货一批并验收入库,存货成本为23 400元。

要求:根据有关单据(见图3-77~图3-79)编制记账凭证(见图3-80和图3-81)。

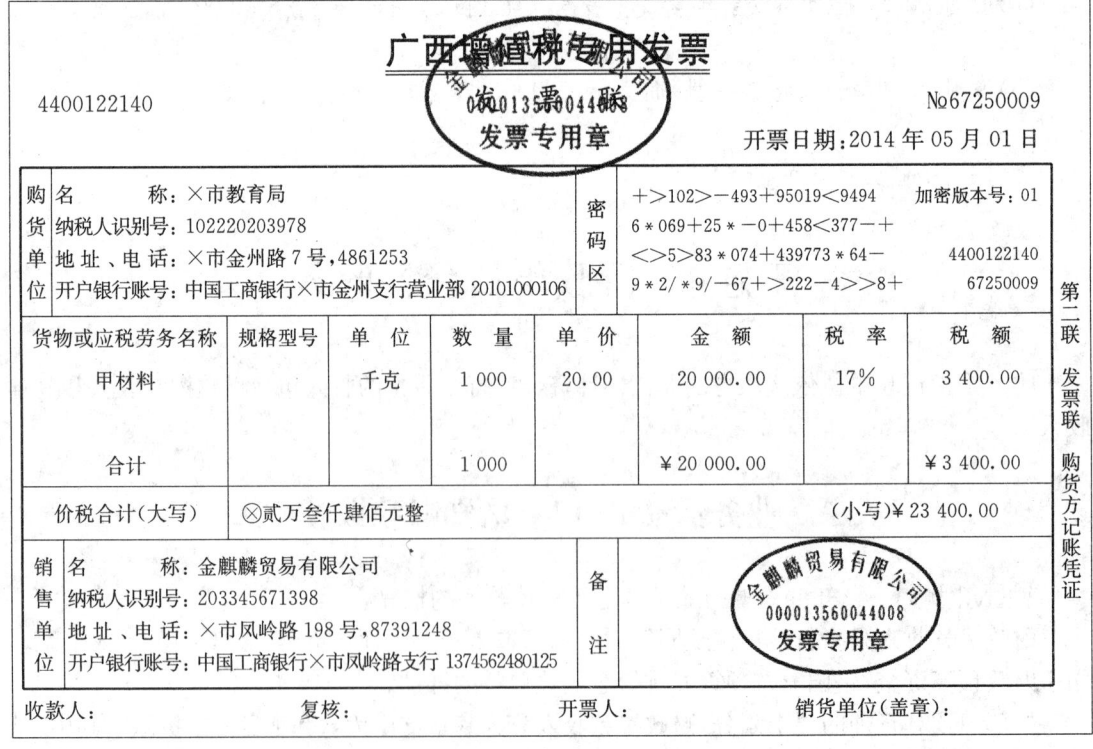

图3-77 增值税专用发票

入库单

供货单位：金麒麟贸易有限公司　　　　　　　　　　　　　凭证编号：
发票号码：67250009　　　　2014年01月10日　　　　　　收料仓库：

材料编号	材料规格及名称	计量单位	数量		价格	
			应收	实收	单价	金额
	甲材料	千克	1 000	1 000	23.40	23 400.00
备注					合计	￥23 400.00

仓库负责人：邓晓　　　记账：　　　仓库保管：李勇　　　收料：王斌

图 3-78　入库单

财政直接支付入账通知书

基层预算单位：市政府　　　一级预算单位：×市教育局　　　　　　　单位：元

预算科目					资金性质	收款人全称	金额	备注
类	款	项	项目（目级）编码	项目（目级）名称				
			日常公用经费	日常公用经费		金麒麟贸易有限公司	23 400.00	
		合计					￥23 400.00	

以上款项：已由财政部国库支付直接支付，请据以入账。　　　　　　　　日期：2014.01.10

图 3-79　财政直接支付入账通知书

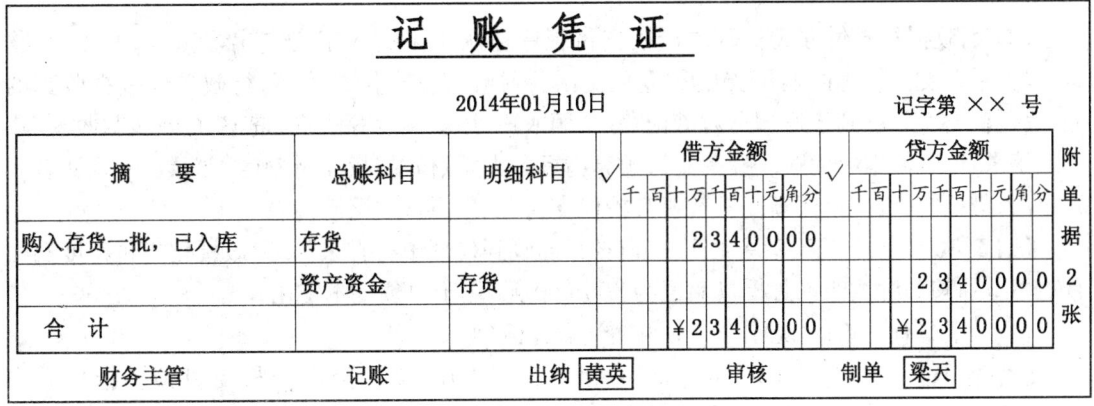

图 3-80　记账凭证

记账凭证

2014年01月10日　　记字第 ×× 号

摘要	总账科目	明细科目	√	借方金额	√	贷方金额	附单据
财政直接支付购入存货	经费支出			¥234000 0			1张
	财政拨款收入	公共财政预算——基本支出拨款（日常公用经费）				¥234000 0	
合　计				¥234000 0		¥234000 0	

财务主管　　记账　　出纳 黄英　　审核　　制单 梁天

图 3-81　记账凭证

【例 3-29】 2014 年 12 月 31 日，×市教育局财政直接支付预算指标 65 300 000 元，当年财政直接支付实际支出数为 64 800 000 元。

要求：编制记账凭证（见图 3-82）。

记账凭证

2014年12月31日　　记字第 ×× 号

摘要	总账科目	明细科目	√	借方金额	√	贷方金额	附单据
年末结转预算指标与实际支出差额	财政应返还额度	财政直接支付		¥5000000 0			张
	财政拨款收入					¥5000000 0	
合　计				¥5000000 0		¥5000000 0	

财务主管　　记账　　出纳 黄英　　审核　　制单 梁天

图 3-82　记账凭证

（2）财政授权支付方式。财政授权支付程序适用于未纳入工资支出，工程采购支出，物品、服务采购支出管理的购买支出和零星支出。财政授权支付方式下，行政单位根据收到的《财政授权支付额度到账通知书》，借记"零余额账户"用款额度等账户，贷记"财政拨款收入"账户。年末，如单位本年度财政授权支付预算指标数大于财政授权支付额度下达数，根据两者间的差额，借记"财政应返还额度——财政授权支付"账户，贷记"财政拨款收入"账户。

【例 3-30】 2014 年 12 月 2 日，×市教育局收到代理银行转来的"财政授权支付额度到账通知书"，通知书中注明本月授权额度为 450 000 元，用于单位基本支出。

要求：根据有关单据（见图 3-83）编制记账凭证（见图 3-84）。

【例 3-31】 2014 年 12 月 31 日，×市教育局 2014 年度财政授权支付预算指标数为 45 600 000元，当年零余额账户用款额度下达 45 200 000 元。

要求：编制记账凭证（见图 3-85）。

财政授权支付额度到账通知书

×市教育局：

你单位12月份的财政授权支付额度已经中心核准，特予通知。

银行（签章）：中国工商银行×市金州支行　　单位机构代码：123

编号：0000 000　　第1页　共1页　　零余额账户账号：456789

单位：元

科目编码			科目名称	项　目	财政授权支付额度		备　注
类	款	项			基本支出	项目支出	
			基本支出拨款	基本支出	￥450 000.00		
合　计			人民币（大写）肆拾伍万元整				

（中国工商银行×市金州支行 2014.12.02 业务清讫章）

图 3-83　财政授权支付额度到账通知书

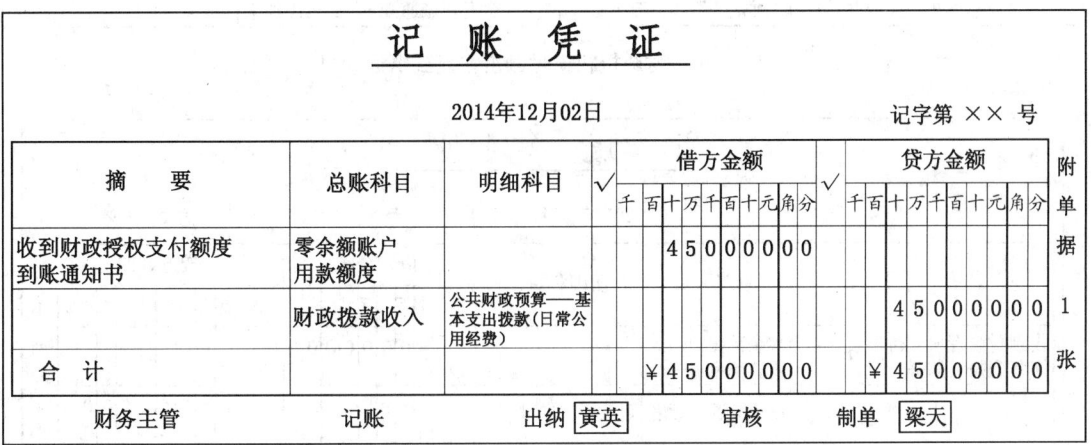

图 3-84　记账凭证

记　账　凭　证

2014年12月31日　　　　　　　　　记字第　××　号

摘　要	总账科目	明细科目	√	借方金额 千百十万千百十元角分	√	贷方金额 千百十万千百十元角分	附单据
年末结转财政授权支付	财政应返还额度	财政授权支付		4 5 6 0 0 0 0 0 0			
	财政拨款收入					4 5 6 0 0 0 0 0 0	
合　计				￥ 4 5 6 0 0 0 0 0 0		￥ 4 5 6 0 0 0 0 0 0	张

财务主管　　　记账　　　出纳 黄英　　　审核　　　制单 梁天

图 3-85　记账凭证

【例 3-32】 2014 年 1 月 3 日,收到代理银行转来的"财政授权支付额度恢复到账通知书",恢复 2013 年度财政授权支付额度 400 000 元。

要求:编制记账凭证。

财政授权支付额度恢复到账通知书

×市教育局:　　　　　　　　　　　　　　　　　　　　编号:0000123

你单位2013年度注销的财政授权支付额度已恢复,特予通知。

银行(签章):中国工商银行×市金州支行　　单位国标码:01123　　零余额账户账号:456789

单位:元

科目编码			科目名称	项目	财政授权支付恢复额度
类	款	项			
			财政应返还额度	财政授权支付	400 000.00
			合计		￥400 000.00

注:1. 财政授权支付恢复额度为"财政支出年报表"中的"财政授权支付额度"中的"未支用额度"。
2. 本通知一式两联,第一联预算单位作财政授权恢复额度到账通知,第二联代理银行备查。

图 3-86　财政授权支付额度恢复到账通知书

记 账 凭 证

2014年01月03日　　　　　　　　　记字第 ×× 号

摘要	总账科目	明细科目	√	借方金额 千百十万千百十元角分	√	贷方金额 千百十万千百十元角分	附单据
收到财政授权支付额度恢复到账通知书	零余额账户用款额度			4 0 0 0 0 0 0 0			1张
	财政应返还额度	财政授权支付				4 0 0 0 0 0 0 0	
合 计				￥4 0 0 0 0 0 0 0		￥4 0 0 0 0 0 0 0	

财务主管　　　　记账　　　　出纳 黄英　　　　审核　　　　制单 梁天

图 3-87　记账凭证

(3)其他支付方式。在其他支付方式下,实际收到财政拨款收入时,借记"银行存款"等账户、贷记"财政拨款收入"账户。

(4)财政拨款收入年终结转。年末,将"财政拨款收入"账户的本期发生额转入财政拨款结转,借记"财政拨款收入"账户,贷记"财政拨款结转"账户。

1.(不定项选择题)财政拨款收入方式包括(　　)。
A. 直接支付　　　B. 授权支付　　　C. 间接支付　　　D. 其他方式支付

2.(不定项选择题)财政拨款收入按部门预算管理的要求划分为(　　)。
A. 基本支出拨款　　B. 项目支出拨款　　C. 日常公用经费　　D. 人员经费

3.（实训题）×市教育局 2014 年发生如下经济业务：

（1）1月20日，收到代理银行转来的"财政直接支付入账通知书"，财政直接支付办公楼维修工程款 250 000 元。

（2）1月29日，收到代理银行转来的用于支付政府储备物资货款的"财政直接支付入账通知书"，通知书中注明的金额为 136 000 元。

（3）12月5日，收到代理银行送来的"财政授权额度到账通知书"，本月获得财政授权额度 30 000 元，用于单位办公楼维修。

（4）12月10日，收到开户银行转来的收款通知，收到财政部门拨入一笔项目支出预算专项经费 300 000 元，该教育局尚未实行国库集中支付制度。

（5）12月31日，将"财政拨款收入"账户余额 85 000 000 元进行结转。

要求：请编制会计分录。

业务活动 3-13　认知其他收入

【活动目标】　认知并掌握行政单位其他收入的核算。

其他收入是指行政单位依法取得的除财政拨款收入以外的其他各项收入。从总体看，目前行政单位的其他收入主要包括：非独立核算的后勤部门服务性收入；非同级财政拨款收入；行政单位在业务活动中形成的其他收入（如废旧报刊变卖收入、现金溢余、银行存款利息收入等）。

为了反映其他收入增减变动情况，行政单位应设置"其他收入"账户。该账户贷方登记取得的其他收入，借方登记期末转销的收入；年末，将该账户本年发生额转入其他资金结转结余后，该账户应无余额。

其他收入的账务处理为：收到属于其他收入的各种款项时，按照实际收到的金额，借记"银行存款"、"库存现金"等账户，贷记"其他收入"账户。年终结账时，"其他收入"账户贷方余额，全数转入"其他资金结转结余"账户，借记"其他收入"账户，贷记"其他资金结转结余"账户。

【例 3-33】　2014年12月25日，×市教育局接到银行通知，本月银行存款利息收入 500 元已划入单位账户。

要求：根据银行进账单（见图 3-88）编制记账凭证（见图 3-89）。

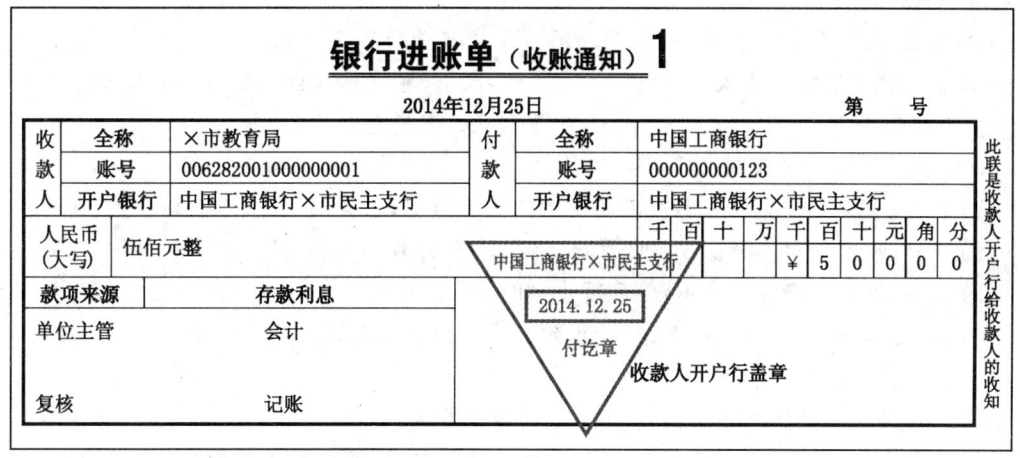

图 3-88　银行进账单

记账凭证

2014年12月25日　　　　　　　　　记字第 ×× 号

摘要	总账科目	明细科目	√	借方金额 千百十万千百十元角分	√	贷方金额 千百十万千百十元角分	附单据
收到银行存款利息	银行存款			500 00			1张
	其他收入					500 00	
合　计				¥　　　 500 00		¥　　　 500 00	

财务主管　　　　记账　　　　出纳 黄英　　　　审核　　　　制单 梁天

图 3-89　记账凭证

【例 3-34】 2014 年 12 月 31 日，×市教育局年终结账时，假定"其他收入"账户余额为 306 000 元，将其转入"其他资金结转结余"账户。

要求：编制记账凭证（见图 3-90）。

记账凭证

2014年12月31日　　　　　　　　　记字第 ×× 号

摘要	总账科目	明细科目	√	借方金额 千百十万千百十元角分	√	贷方金额 千百十万千百十元角分	附单据
结转其他收入	其他收入			306 000 00			1张
	其他资金结转结余					306 000 00	
合　计				¥　 306 000 00		¥　 306 000 00	

财务主管　　　　记账　　　　出纳 黄英　　　　审核　　　　制单 梁天

图 3-90　记账凭证

1.（不定项选择题）下列各项中，属于行政单位其他收入的有（　　）。

A．非同级财政拨款收入　　　　　B．非独立核算的后勤部门对外有偿服务
C．现金溢余　　　　　　　　　　D．变卖废旧

2.（实训题）×市教育局 2014 年 12 月发生如下经济业务：

（1）3 日，非独立核算的后勤部门实行对外有偿服务，取得现金收入 10 000 元。

（2）4 日，收到出租办公会议室的租金 500 元，并将其存入银行。

（3）5 日，出售废旧报刊杂志，收到现金 200 元。

（4）31 日，年终结转其他收入（假设本年只发生以上 3 笔其他收入的业务）。

要求：请编制会计分录。

3.（实训题）×市教育局 2014 年发生如下经济业务：

（1）6 月 25 日，收到代理银行转来的用于支付前欠 A 供货商货款的"财政直接支付入账

通知书",通知书中注明的金额为30 000元。

(2) 6月28日,收到代发工资银行盖章转回的工资发放明细表,以及"财政直接支付到账通知书",发放工资450 000元。

(3) 6月30日,收到代理银行送来的"财政授权额度到账通知书",本月活动支出10 000元,用于单位办公室外墙翻新。

(4) 7月28日,在现金账款核对中发现溢余1 000元,其原因无法查明,经批准确认为其他收入。

要求:请编制会计分录。

任务5　行政单位会计支出

支出是指行政单位为保障机构正常运转和完成工作任务所发生的资金耗费和损失。行政单位的支出包括经费支出和拨出经费。

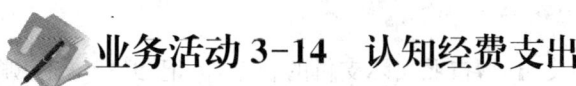

【活动目标】　认知并掌握行政单位经费支出的核算。

经费支出是指行政单位自身开展业务活动使用各项资金发生的基本支出和项目支出。它是行政单位为维护国家机器的正常运转、保证行政单位完成基本工作任务的必要支出,也是行政单位资金管理的重点。

经费支出的报销标准如下:

(1) 职工薪酬:对于发给个人的工资、津贴补贴和抚恤救济费等,应根据实有人数和规定标准予以报销列支。

(2) 差旅费、会议费:对差旅费、会议费,财政部门有规定标准的,按财政部门规定列支。

(3) 办公用品、业务用品:购入办公用品、业务用品,在预算范围内按购入金额直接列报支出。

(4) 社会保障费、职工福利费和管理部门支付的工会经费:按照规定标准每月计算提取,列报当期经费支出或事业支出。

(5) 购入固定资产:经验收后列报支出。

(6) 项目支出:对各个项目支出,对项目开支范围有要求的,不得超出要求的范围列支。

(7) 其他各项费用:均以实际报销数列报支出。

为了反映经费支出增减变动情况,行政单位应设置"经费支出"账户。该账户借方登记经费支出的增加数额,贷方登记经费支出的减少数额;年末,将"经费支出"账户本年发生额分别转入财政拨款结转和其他资金结转结余后,该账户应无余额。

"经费支出"账户应当分别按照"财政拨款支出"和"其他资金支出"、"基本支出"和"项目支出"等分类进行明细核算,并在"项目支出"明细账户下按照具体项目进行明细核算。

经费支出的主要账务处理如下:

(1) 计提单位职工薪酬时,按照计算出的金额,借记"经费支出"账户,贷记"应付职工薪酬"账户。

(2) 支付外部人员劳务费,按照应当支付的金额,借记"经费支出"账户,按照代扣代缴个人所得税的金额,贷记"应缴税费"账户,按照扣税后实际支付的金额,贷记"财政拨款收入"、"零余额账户用款额度"、"银行存款"等账户。

(3) 支付购买存货、固定资产、无形资产、政府储备物资和工程结算的款项,按照实际支付的金额,借记"经费支出"账户,贷记"财政拨款收入"、"零余额账户用款额度"、"银行存款"等账户;同时,按照采购或工程结算成本,借记"存货"、"固定资产"、"无形资产"、"在建工程"、"政府储备物资"等账户,贷记"资产基金"账户及其明细账户。

(4) 发生预付账款的,按照实际预付的金额,借记"经费支出"账户,贷记"财政拨款收入"、"零余额账户用款额度"、"银行存款"等账户;同时,借记"预付账款"账户,贷记"资产基金——预付款项"账户。

(5) 偿还应付款项时,按照实际偿付的金额,借记"经费支出"账户,贷记"财政拨款收入"、"零余额账户用款额度"、"银行存款"等账户;同时,借记"应付账款"、"长期应付款"账户,贷记"待偿债净资产"账户。

(6) 发生其他各项支出时,按照实际支付的金额,借记"经费支出"账户,贷记"财政拨款收入"、"零余额账户用款额度"、"银行存款"等账户。

(7) 行政单位因退货等原因发生支出收回的,属于当年支出收回的,借记"财政拨款收入"、"零余额账户用款额度"、"银行存款"等账户,贷记"经费支出"账户;属于以前年度支出收回的,借记"财政应返还额度"、"零余额账户用款额度"、"银行存款"等账户,贷记"财政拨款结转"、"财政拨款结余"、"其他资金结转结余"等账户。

(8) 年末,将该账户本年发生额分别转入财政拨款结转和其他资金结转结余时,借记"财政拨款结转"、"其他资金结转结余"账户,贷记"经费支出"账户。

【例 3-35】 ×市教育局 2014 年发生下列经济业务:
(1) 2 月 2 日,以现金购买办公用品,计 500 元。

发　　票

客户　×市教育局　　　2014 年 02 月 02 日

货号	品名规格	计量单位	数量	单价	金额						
					万	千	百	十	元	角	分
102	笔记本	本	20	15.00			3	0	0	0	0
104	水性笔	支	100	2.00			2	0	0	0	0
合计人民币（大写）	伍佰元整				¥		5	0	0	0	0
企业(盖章有效)			财务					开票　李娜			

图 3-91　发票

(2) 3 月 6 日,收到代发工资银行盖章转回的工资发放明细表,发放基本工资总额为 450 000 元,其中:7 500 元为单位后勤中心职工基本工资,转入个人账户的工资总额为 405 000

元,代扣住房公积金 45 000 元,单位配套住房公积金 45 000 元。款项已通过银行存款转入个人工资账户和住房公积金个人账户。

要求:根据有关单据(见图 3-91 和图 3-92)编制记账凭证(见图 3-93～图 3-97)。

图 3-92 转账支票存根

记 账 凭 证

2014年02月02日　　　　　　　　　　　　　　　　记字第 ×× 号

摘要	总账科目	明细科目	√	借方金额 千百十万千百十元角分	√	贷方金额 千百十万千百十元角分	附单据
购买办公用品	经费支出	财政拨款支出——基本支出（商品和服务支出）		500 00			
	库存现金					500 00	
合　　计				¥　　　500 00		¥　　　500 00	张

财务主管　　　　记账　　　　出纳 黄英　　　　审核　　　　制单 梁天

图 3-93 记账凭证

记 账 凭 证

2014年03月06日　　　　　　　　　　　　　　　　记字第 ×× 号

摘要	总账科目	明细科目	√	借方金额 千百十万千百十元角分	√	贷方金额 千百十万千百十元角分	附单据
计提职工薪酬	经费支出	财政拨款支出——基本支出——工资福利支出(基本工资)		45000000			
	应付职工薪酬	工资				45000000	
合　　计				¥　45000000		¥　45000000	张

财务主管　　　　记账　　　　出纳 黄英　　　　审核　　　　制单 梁天

图 3-94 记账凭证

记 账 凭 证

2014年03月06日　　　　　　　　　记字第 ×× 号

摘 要	总账科目	明细科目	√	借方金额 千百十万千百十元角分	√	贷方金额 千百十万千百十元角分
支付工资、津贴补贴	应付职工薪酬	工资		4 5 0 0 0 0 0		
	银行存款					4 5 0 0 0 0 0
合 计				¥ 4 5 0 0 0 0 0		¥ 4 5 0 0 0 0 0

财务主管　　　记账　　　出纳 黄英　　　审核　　　制单 梁天

图 3-95　记账凭证

记 账 凭 证

2014年03月06日　　　　　　　　　记字第 ×× 号

摘 要	总账科目	明细科目	√	借方金额 千百十万千百十元角分	√	贷方金额 千百十万千百十元角分
计提公积金	经费支出	财政拨款支出——基本支出（住房公积金）		4 5 0 0 0 0 0		
	应付职工薪酬	住房公积金				4 5 0 0 0 0 0
合 计				¥ 4 5 0 0 0 0 0		¥ 4 5 0 0 0 0 0

财务主管　　　记账　　　出纳 黄英　　　审核　　　制单 梁天

图 3-96　记账凭证

记 账 凭 证

2014年03月06日　　　　　　　　　记字第 ×× 号

摘 要	总账科目	明细科目	√	借方金额 千百十万千百十元角分	√	贷方金额 千百十万千百十元角分
代扣代缴住房公积金	应付职工薪酬	工资		4 5 0 0 0 0 0		
	其他应付款					4 5 0 0 0 0 0
合 计				¥ 4 5 0 0 0 0 0		¥ 4 5 0 0 0 0 0

财务主管　　　记账　　　出纳 黄英　　　审核　　　制单 梁天

图 3-97　记账凭证

【例 3-36】　2014 年 4 月 5 日，王莉出差回来，报销费用 1 900 元，余额 100 元缴回。

要求：根据有关单据（见图 3-98 和图 3-99）编制记账凭证（见图 3-100）。

现金交款单（收入凭证）

②$^{2/2}$　　2014年04月05日　　总 字 第　　号
现金日记账顺序　　号

收款单位	全 称	×市教育局	款项来源	职工预借差旅费
	账 号		交款部门	综合部王莉

人民币(大写)	壹佰元整	百	十	万	千	百	十	元	角	分
					¥	1	0	0	0	0

附件　　张

票面	张数	十	万	千	百	十	元	票面	张(枚)	万	千	百	十	元	角	分
100 元	1				1	0	0	1 元								
50 元								角票								
20 元								分币								
10 元								其他								
5 元																
2 元																

会计记录：
（贷）______________
对方科目：______________
会计：记账：　　出纳：
复核：　　复核：

图 3-98　现金交款单

差旅费报销单

报销部门：综合部门　　2014 年 04 月 05 日　　附单据　张

姓　名		王玉	职务	总经理	出差事由	开会		
起日	止日	起讫地点	项　目	张数	金　额	项　目	天数	金　额
04.01 04.04	04.02 04.05	南宁—广州 广州—南宁	火车费	2	800.00	途中补助	5	250.00
			汽车费			住勤补助		
			市内交通费			夜间乘车		
			住宿费	4	800.00	其　他		50.00
			小　计		¥1 600.00	小　计		¥300.00
合　计			(大写)壹仟玖佰零拾零元零角零分　(小写)¥1 900.00					

批准		财务核准	王冰	财务审核		部门审核	

图 3-99　差旅费报销单

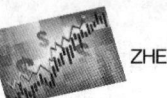

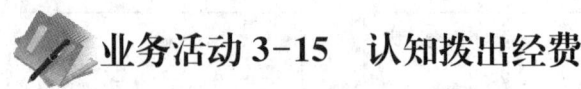

图 3-100 记账凭证

1. (不定项选择题)按支出性质分类,经费支出可分为( )。
   A. 基本支出 B. 项目支出
   C. 经常性支出 D. 偶然支出
2. (不定项选择题)经费支出可按( )分类进行明细核算。
   A. 财政拨款支出 B. 其他资金支出
   C. 基本支出 D. 项目支出
   E. 拨出经费
3. (实训题)×市教育局2014年发生下列经济业务:
   (1) 1月10日,将一幢新建办公楼出包给某家企业承建,按合同规定先向承包企业支付非财政拨款资金1 500 000元作为工程款,以银行存款付讫。
   (2) 4月2日,领用材料250元。
   (3) 6月1日,购买计算器共计1 500元。
   要求:请编制会计分录。

业务活动 3-15　认知拨出经费

【活动目标】　认知并掌握行政单位拨出经费的核算。

拨出经费是指行政单位向所属单位拨出的纳入单位预算管理的非同级财政拨款资金,如拨给所属单位的专项经费和补助经费等。为了反映拨出经费增减变动情况,行政单位应设置"拨出经费"账户。该账户借方登记拨出经费数额;贷方登记收回拨出经费的数额;年末,将"拨出经费"账户本年发生额转入其他资金结转结余后,"拨出经费"账户应无余额。"拨出经费"账户应当分别按照"基本支出"和"项目支出"进行明细核算;还应当按照接受拨出经费的具体单位和款项类别等分别进行明细核算。行政单位向所属单位拨付非同级财政拨款资金等款项时,借记"拨出经费"账户,贷记"银行存款"等账户;收回拨出经费时,借记"银行存款"等账户,贷记"拨出经费"账户;年末,将该账户本年发生额转入其他资金结转结余时,借记"其他资金结转结余"账户,贷记"拨出经费"账户。

【例 3-37】 ×市教育局 2014 年发生如下经济业务:
(1) 6 月 1 日,对所属机构拨款 150 000 元,开出转账支票付讫。
(2) 12 月 31 日,将"拨出经费"账户借方余额 470 000 元转入"财政拨款结转"账户。
要求:根据有关单据(见图 3-101)编制记账凭证(见图 3-102 和图 3-103)。

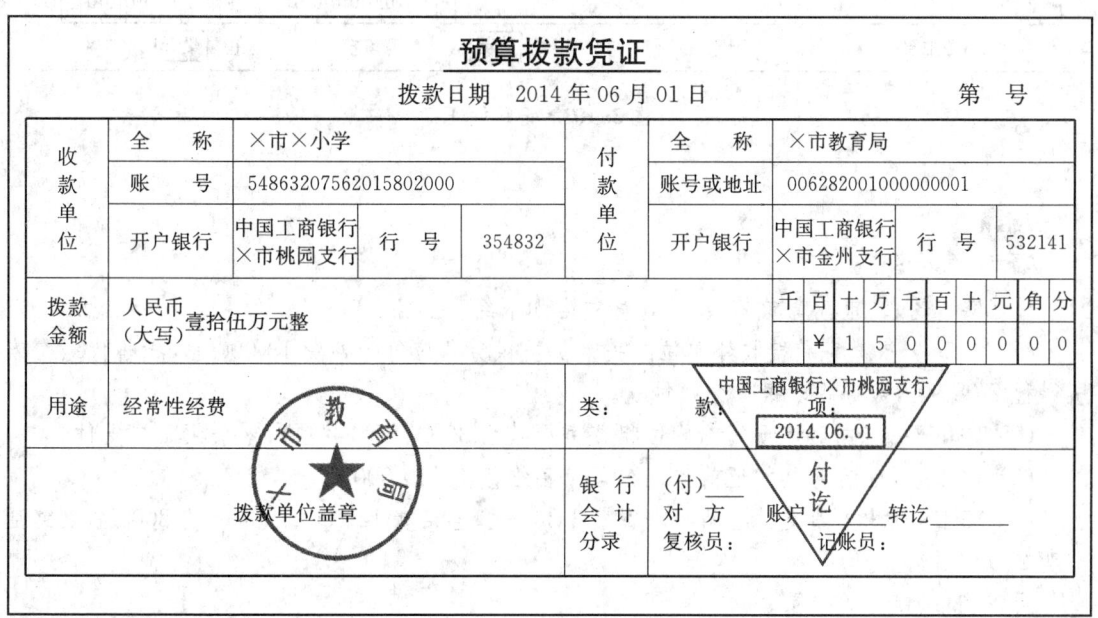

图 3-101 预算拨款凭证

图 3-102 记账凭证

摘　要	总账科目	明细科目	√	借方金额 千百十万千百十元角分	√	贷方金额 千百十万千百十元角分	附单据
年末结转拨出经费	财政拨款结转			4 7 0 0 0 0 0 0			1张
	拨出经费	基本支出				4 7 0 0 0 0 0 0	
合　计				¥4 7 0 0 0 0 0 0		¥4 7 0 0 0 0 0 0	

记账凭证
2014年12月31日　　　　记字第 ×× 号

财务主管　　　　记账　　　　出纳 黄英　　　　审核　　　　制单 梁天

图 3-103　记账凭证

1. (实训题)×市教育局 2014 年 5 月发生如下经济业务：

(1) 6 日，×市教育局接收外单位有关人员提供劳务应付劳务费 13 000 元，代扣代缴个人所得税 2 080 元，劳务费以银行存款付讫。

(2) 10 日，按合同约定预付乙单位租赁房屋款项 30 000 元，款项以零余额账户支付。

(3) 12 日，以银行存款偿还前欠乙公司设备维修费 160 000 元。

(4) 15 日，开出支票支付物品的邮寄费 1 360 元、电话费 12 400 元、传真费 800 元、网络通信费 250 000 元。

要求：请编制会计分录。

2. (实训题)×市教育局 2014 年 12 月发生如下经济业务：

(1) 1 日，维修办公楼，用转账支票支付修缮费 2 000 元。

(2) 3 日，以零余额账户支付单位取暖用燃料费、热力费 60 000 元。

(3) 8 日，取得一批存货，价值为 500 000 元。存货已经验收入库，款项以财政直接支付方式结算。

(4) 10 日，以银行存款购入一台不需要安装的设备，该设备价款为 150 000 元(假定不考虑其他相关税费)。

(5) 11 日，购入一块土地的土地使用权，使用年限为 20 年，共支付购买价款 5 000 000 元，款项通过银行存款转账支付。

(6) 12 日，以银行存款购入一批政府储备物资，其成本为 2 000 000 元。

(7) 14 日，7 月份购进办公用的价值 65 000 元的家具无法使用。经与生产厂商联系，同意退货，收回退货款存入银行。

(8) 20 日，收到所属单位根据章程规定缴回的 30 000 元剩余资金。

(9) 31 日，将本年"经费支出"账户本期借方发生额 65 000 000 元转账，其中应转入"财政拨款结转"账户 50 000 000 元，应转入"其他资金结余"账户 15 000 000 元。

要求：请编制会计分录。

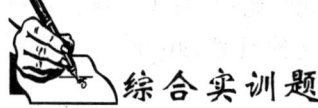

综合实训题

×市教育局2014年12月发生下列经济业务：

(1) 1日,职工王某出差预借差旅费2 000元。

(2) 2日,从零余额账户提现40 000元。

(3) 3日,购买零星办公用品250元,以现金支付。

(4) 4日,盘点库存现金,发现库存数比账面数多出30元,因暂时无法查明原因先作暂存款处理。

(5) 10日,多余现金无法查明来源,作应缴预算款处理。

(6) 10日,收到海外华人赞助400 000元。

(7) 11日,经财政部门批准,从零余额账户向其他银行存款户归还使用其他资金垫付的款项30 000元。

(8) 12日,出售积压的甲材料130千克,收到价款1 200元,存入银行,该批材料的实际成本是1 300元。

(9) 13日,通过政府采购方式与某公司签订购买合同,合同约定:该市教育局从某公司购买存货一批,款项为200 000元,并于15日通过财政直接支付方式支付该公司10%预付价款。

(10) 承(9),20日,该批存货运抵该行政单位,验收合格支付存货全部尾款。

(11) 21日,从N公司购入材料一批,价款为9 000元,材料已经验收入库,款项月末支付。

(12) 22日,经批准对外捐赠一批政府储备物资,其账面余额为350 000元。

(13) 23日,取得罚没收入2 000元。

(14) 24日,某企业租赁期结束归还本单位机器设备,退还上月取得的押金8 000元。

(15) 25日,本月有关职工薪酬资料如下:基本工资3 000 000元、离退休费600 000元、地方(部门)津贴补贴1 200 000元、其他个人收入50 000元,社会保险费300 000元,住房公积金160 000元。

(16) 承(15),25日,从应付职工薪酬中代扣已为职工垫付的水电费、房租等费用2 000元。

(17) 承(15),25日,从应付职工薪酬中代缴个人所得税6 000元,款项以零余额账户结算(请分别编制代扣和代缴时的会计分录)。

(18) 承(15),25日,从应付职工薪酬中代扣代缴(个人承担部分)社会保险费250 000元和住房公积金100 000元,款项以零余额账户支付(请分别编制代扣和代缴时的会计分录)。

(19) 26日,经政府部门批准,某市教育局将其财政拨款结余资金2 000 000元调剂给甲行政单位。

(20) 27日,对所属机构拨款100 000元。

(21) 29日,接到银行通知,第四季度存款利息800元存入单位账户。

(22) 承(11),30日,支付前欠N公司货款9 000元,以银行存款支付。

(23) 31日,单位预算结余资金为400 000元,其中:财政直接支付年终结余资金为260 000元,财政授权支付年终结余资金为140 000元。2015年1月2日,该单位收到"财政直接支付额度恢复到账通知书",恢复 2014 年财政直接支付额度 260 000 元;收到代理银行转来的"财政授权支付额度恢复到账通知书",恢复 2014 年度财政授权支付额度 140 000 元(请分别编制 2014 年 12 月 31 日和 2015 年 1 月 2 日的会计分录)。

要求:请编制会计分录。

模块 4

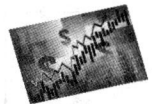

事业单位会计

学习目标

了解事业单位会计中资产、负债、净资产、收入、支出或者费用所包含的具体内容;理解这五大会计要素之间的关系;熟悉这五大要素中的常用会计账户;熟练掌握各账户的核算范围和记账规律,并掌握常用会计账户的账务处理程序。

能力目标

通过学习,学生能够掌握事业单位会计常用会计账户的账务处理程序,对具体的经济业务能够正确及时地办理核算工作;调度好各项财政资金;实行会计监督,参与预算管理;组织和指导事业单位会计工作;做好会计的有关管理工作。

背景介绍

事业单位会计核算的目标是向会计信息使用者提供与事业单位财务状况、事业成果、预算执行等有关的会计信息,反映事业单位受托责任的履行情况,有助于会计信息使用者进行社会管理、作出经济决策。其业务范围主要包括资产业务、负债业务、净资产业务、收入业务和支出业务。在核算这些业务过程中,一般采用收付实现制,但部分经济业务或者事项的核算应当按照《事业单位会计制度》的规定采用权责发生制。财政部2012年第72号令和财会[2012]22号要求,事业单位自2013年1月1日起实施新的《事业单位会计准则》及《事业单位会计制度》,据此,本模块采用了新的事业单位会计科目表(见表4-1)。

表 4-1　　　　　　　　　　事业单位会计科目表

编　号	科目名称	编　号	科目名称
	一、资产类	2402	长期应付款
1001	库存现金		三、净资产类
1002	银行存款	3001	事业基金
1011	零余额账户用款额度	3101	非流动资产基金
1101	短期投资	310101	长期投资
1201	财政应返还额度	310102	固定资产
120101	财政直接支付	310103	在建工程
120102	财政授权支付	310104	无形资产
1211	应收票据	3201	专用基金
1212	应收账款	3301	财政补助结转
1213	预付账款	330101	基本支出结转
1215	其他应收款	330102	项目支出结转
1301	存货	3302	财政补助结余
1401	长期投资	3401	非财政补助结转
1501	固定资产	3402	事业结余
1502	累计折旧	3403	经营结余
1511	在建工程	3404	非财政补助结余分配
1601	无形资产		四、收入类
1602	累计摊销	4001	财政补助收入
1701	待处置资产损溢	4101	事业收入
	二、负债类	4201	上级补助收入
2001	短期借款	4301	附属单位上缴收入
2101	应缴税费	4401	经营收入
2102	应缴国库款	4501	其他收入
2103	应缴财政专户款		五、支出类
2201	应付职工薪酬	5001	事业支出
2301	应付票据	5101	上缴上级支出
2302	应付账款	5201	对附属单位补助支出
2303	预收账款	5301	经营支出
2305	其他应付款	5401	其他支出
2401	长期借款		

　　本章的例题均围绕广西新希望中等职业学校 2014 年发生的经济业务展开。该学校的主体背景如下：

主体名称：广西新希望中等职业学校　　　　会计：张远
性质：事业单位（实行国库集中支付制度）　　公章：
法人：李厚德
财务主管：黄日新
出纳：贺芳
基本户：中国建设银行南宁市锦源路支行
账号：45001604851058011789
一般户：中国银行南宁市新兴支行
账号：802760006811

任务1　事业单位会计资产

业务活动 4-1　零余额账户用款额度的核算

【活动目标】　明确零余额账户用款额度的管理规定,掌握零余额账户用款额度的账务处理。

1. 零余额账户用款额度的概念

零余额账户用款额度是实行国库集中支付的事业单位根据财政部门批复的用款计划收到和支用的用款额度。

小贴士

零余额账户是指财政部门为本部门和预算单位在商业银行开设的账户,用于财政直接支付和财政授权支付及清算。一个预算单位只能开立一个零余额账户,可办理转账、汇兑和提取现金等支付结算业务。

2. 账户设置及账务处理

"零余额账户用款额度"账户属资产类账户,其借方登记授权支付到账额度;贷方登记按规定支用额度和年终注销额度。该账户期末借方余额反映事业单位尚未支用的零余额账户用款额度。该账户年末应无余额。

【例 4-1】　2014 年 6 月 1 日,广西新希望中等职业学校收到单位零余额账户代理银行转来的财政授权支付额度到账通知书(见图 4-1),获得财政授权支付额度 495 000 元。

要求:以会计张远身份编制记账凭证(见图 4-2)。

财政授权支付额度到账通知书

单位名称:广西新希望中等职业学校　　　　　　　编号:23420102801
账号:45001604851058011789　　　　　　　　　　资金性质:公共财政预算资金
您单位 6 月份的授权支付额度财政厅已经批准,特予以通知。　金额单位:元

功能分类				预算项目	财政授权支付额度	备注
编码			名称			
类	款	项				
205	03	02	中专教育	工资性支出(非财政统发)	250 000.00	
205	03	02	中专教育	离退休支出(非财政统发)	80 000.00	
205	03	02	中专教育	商品和服务支出(定额)	35 000.00	
210	05	02	事业单位医疗	医疗保险	60 000.00	
210	02	01	住房公积金	编内在职住房公积金	70 000.00	
			本页小计		495 000.00	
合计(大写)			肆拾玖万伍仟元整	(小写)	￥495 000.00	
银行(签章):				经办人:	打印日期:　年　月　日	

图 4-1　财政授权支付额度到账通知书

记 账 凭 证

2014年06月01日　　　　　　　　　　记字第×××号

摘要	总账科目	明细科目	√	借方金额 千百十万千百十元角分	√	贷方金额 千百十万千百十元角分	附单据
获得财政授权支付额度	零余额账户用款额度			4 9 5 0 0 0 0 0			1张
	财政补助收入					4 9 5 0 0 0 0 0	
合　计				¥4 9 5 0 0 0 0 0		¥4 9 5 0 0 0 0 0	

财务主管　　　　　记账　　　　　出纳 贺芳　　　　审核　　　　制单 张远

图 4-2　记账凭证

【例 4-2】 2014 年 6 月 3 日,广西新希望中等职业学校出纳贺芳从单位零余额账户提取现金 20 000 元,准备用于支付学生社团活动费用。

要求:根据相关单据(见图 4-3 至图 4-5)以会计张远身份编制记账凭证(见图 4-6)。

自治区　财政授权支付凭证

资金性质:公共财政预算资金　　　2014 年 06 月 03 日　　　　编号:201028001320

付款人	全　称	广西新希望中等职业学校	收款人	全　称	广西新希望中等职业学校
	账　号	45001604851058011789		账　号	
	开户行	中国建设银行南宁市锦源路支行		开户行	
一级预算单位		201 教育厅	功能分类		2050302 中专教育
基层预算单位		201001 广西新希望中等职业学校			
预算项目		助学金	经济分类		30308 助学金
结算方式		现金支票			
支付金额		人民币(大写)贰万元整			(小写)¥20 000.00
用途		备用金	备注		
银行盖章: 上述款项已办理。 经办人: 年　月　日					

中国建设银行
南宁市锦源路支行
2014.06.03
票据受理专用章
(收妥抵用)

图 4-3　财政授权支付凭证

中国建设银行 特种转账贷方凭证

2014 年 06 月 03 日　　　　　流水号:4821

币别:人民币

付款人	全 称	待结算区财政国库款项户	收款人	全 称	广西新希望中等职业学校
	账 号	10145060455031300011100001		账 号	45001604851058011789
	开户行	中国建设银行南宁市桃源支行		开户行	中国建设银行南宁市锦源路支行
金额		(大写)人民币贰万元整			(小写)¥20 000.00
用途		备用金			

备注:
区财政国库集中支付授权支付
凭证号:201028001320

销账编号　　　办讫章　　　　　　　　银行盖章

(中国建设银行 南宁市锦源路支行 2014.06.03)

图 4-4　特种转账贷方凭证

中国建设银行
现金支票存根(桂)

$\dfrac{G\ 6}{0\ 2}$ 10509901

附加信息
_____

出票日期　2014 年 06 月 03 日

收款人:广西新希望中等职业学校
金　额:¥20 000.00
用　途:备用金

单位主管　　　　　　会计

图 4-5　现金支票存根

记 账 凭 证

2014年06月03日　　　　　　　记字第×××号

摘 要	总账科目	明细科目	√	借方金额 千百十万千百十元角分	√	贷方金额 千百十万千百十元角分	附单据
提取现金	库存现金			2 0 0 0 0 0 0			3张
	零余额账户用款额度					2 0 0 0 0 0 0	
合　计				¥2 0 0 0 0 0 0		¥2 0 0 0 0 0 0	

财务主管　　　　记账　　　　出纳 贺芳　　　　审核　　　　制单 张远

图 4-6　记账凭证

【例 4-3】 2014 年 6 月 5 日，广西新希望中等职业学校通过单位零余额账户购买了一批办公用品，金额共计 825 元。该批办公用品已经验收入库。

要求：根据相关单据（见图 4-7～图 4-11）以会计张远身份编制记账凭证（见图 4-12）。

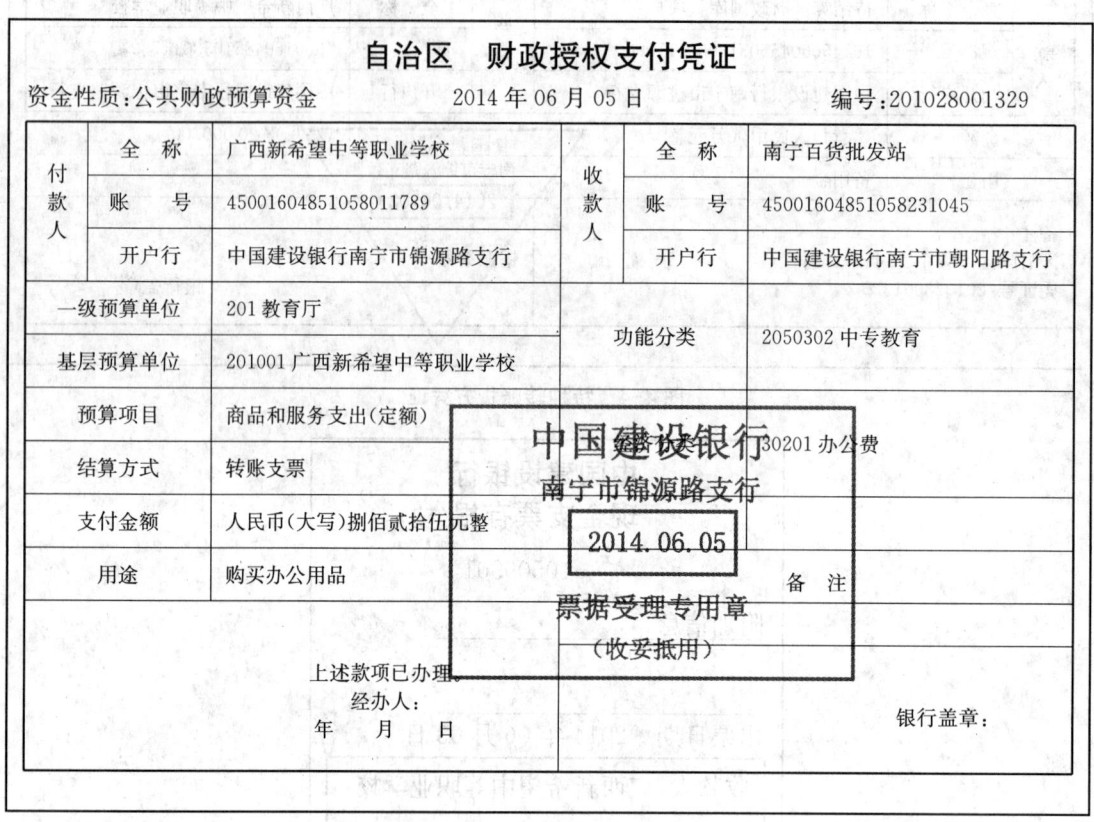

图 4-7 财政授权支付凭证

图 4-8 特种转账贷方凭证

转账(汇款)审批单

2014 年 06 月 05 日

汇款单位名称	南宁百货批发站	邮编	530006								
开户银行	中国建设银行南宁市朝阳路支行	账号	45001604851058231045								
转账、汇款金额人民币(大写)	捌佰贰拾伍元整	百	十	万	千	百	元	十	角	分	
					¥	8	2	5	0	0	
转账、汇款理由	购买办公用品一批。										
校领导:李厚德	财务负责人:黄日新	会计:张远				经手人:冯晓敏					

图 4-9 转账(汇款)审批单

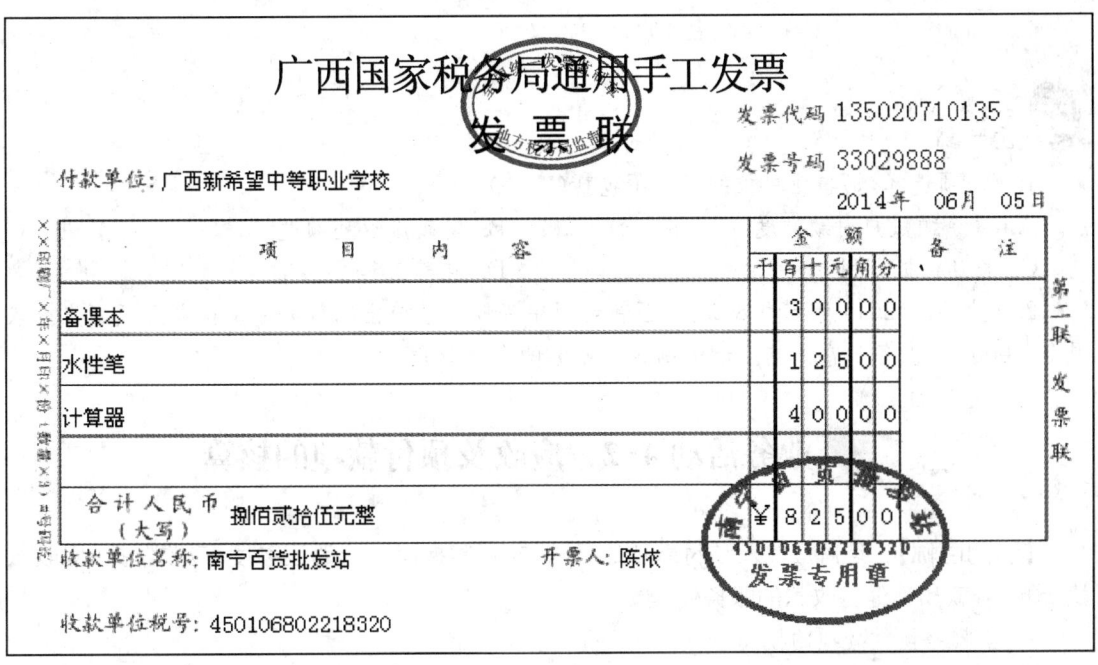

图 4-10 通用手工发票

实物入库单

单位:广西新希望中等职业学校　　2014 年 06 月 05 日　　第 13 号

名称及规格	单位	数量	单价	金额	存放地点	来源说明
备课本	本	100	3.00	300.00	保管室	
水性笔	支	50	2.50	125.00	保管室	
计算器	个	10	40.00	400.00	保管室	
合计				¥825.00		
主管:黄日新		会计:张远		保管:吴小源		经手人:林风

图 4-11 实物入库单

图 4-12 记账凭证

练一练

1．（单项选择题）事业单位的资产不包括（　　）。
   A．零余额账户用款额度　　　　　　B．财政应返还额度
   C．长期待摊费用　　　　　　　　　D．在建工程

2．（业务题）2014 年 6 月 8 日，广西新希望中等职业学校出纳贺芳从单位零余额账户提取现金 1 000 元，以备日常开支。请编制相关业务的会计分录。

业务活动 4-2　应收及预付款项的核算

【活动目标】　理解应收及预付款项的各项内容，掌握财政应返还额度、应收票据、应收账款、预付账款和其他应收款的账务处理。

1．应收及预付款项的概念

应收及预付款项是指事业单位在开展业务活动中形成的各项债权，包括财政应返还额度、应收票据、应收账款、其他应收款等应收款项和预付账款。

2．账户设置及账务处理

1）"财政应返还额度"账户

该账户核算实行国库集中支付的事业单位应收财政返还的资金额度。该账户属资产类账户，借方登记财政应返还额度的增加数；贷方登记财政应返还额度的减少数；期末借方余额反映事业单位应收财政返还的资金额度。该账户应当设置"财政直接支付"、"财政授权支付"两个明细账户，进行明细核算。

【例 4-4】　2014 年年终，上级主管部门发来对账通知，广西新希望中等职业学校本年度实训楼财政授权支付用款额度为 5 000 000 元，财政授权支付实际支出数 4 000 000 元，两者差额为 1 000 000 元，即为事业单位尚未使用的财政授权支付用款额度。

要求：根据相关单据（见图 4-13）以会计张远身份编制记账凭证（见图 4-14）。

基建项目的新增财政应返还额度

单位:元

功能分类编码	功能分类名称	项目分类名称	预算项目名称	指标来源名称	核算类型名称	指标文号名称	总指标	已支付金额	未支付金额
2050302	中专教育	基本建设项目	实训大楼	中央专项转移支付	当年预算指标	桂财建函(2013)003号	5 000 000	4 000 000	1 000 000

图 4-13 基建项目的新增财政应返还额度

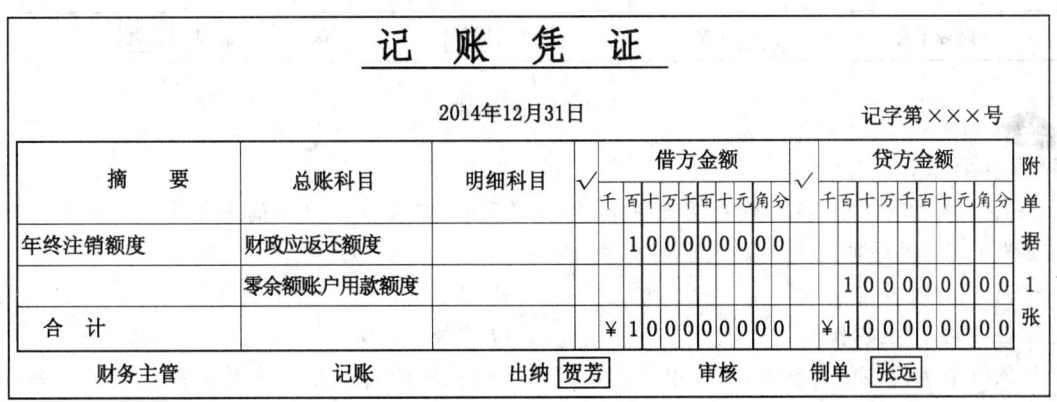

图 4-14 记账凭证

【例 4-5】 2015 年年初,广西新希望中等职业学校收到财政部门批复的上年年终未下达的单位零余额账户用款额度 1 000 000 元。

要求:根据相关单据(见图 4-15)以会计张远身份编制记账凭证(见图 4-16)。

图 4-15 财政授权

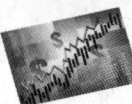

记 账 凭 证

2015年01月02日　　　　　　　　　　　记字第×××号

摘　要	总账科目	明细科目	√	借方金额 千百十万千百十元角分	√	贷方金额 千百十万千百十元角分	附单据
恢复财政授权支付额度	零余额账户用款额度			1 0 0 0 0 0 0 0 0			
	财政应返还额度					1 0 0 0 0 0 0 0 0	1张
合　计				¥ 1 0 0 0 0 0 0 0 0		¥ 1 0 0 0 0 0 0 0 0	

财务主管　　　　记账　　　　出纳 贺芳　　　　审核　　　　制单 张远

图 4-16　记账凭证

1.（单项选择题）在财政直接支付下，年度终了时，事业单位对于尚未使用的预算指标数，增加"财政应返还额度——财政直接支付"的同时，增加（　　）。

A．"财政补助收入"　　　　　　B．"零余额账户用款额度"
C．"主营业务收入"　　　　　　D．"经营收入"

2.（业务题）2015年年初，某中学收到财政部门批转的财政授权支付额度恢复通知单，财政部门对该单位恢复财政授权支付额度70 000元。请编制相关业务的会计分录。

2）"应收票据"账户

该账户核算事业单位因开展经营活动销售产品、提供有偿服务等而收到的商业汇票，包括银行承兑汇票和商业承兑汇票。该账户应当按照开出、承兑商业汇票的单位等进行明细核算。

3）"应收账款"账户

该账户核算事业单位因开展经营活动销售产品、提供有偿服务等而应收取的款项。该账户应当按照购货、接受劳务单位（或个人）进行明细核算。

4）"预付账款"账户

该账户核算事业单位按照购货、劳务合同规定预付给供应单位的款项。该账户应当按照供应单位（或个人）进行明细核算。事业单位应当通过明细核算或辅助登记方式，登记预付账款的资金性质（区分财政补助资金、非财政专项资金和其他资金）。

5）其他应收款账户

该账户核算事业单位除财政应返还额度、应收票据、应收账款、预付账款以外的其他各项应收及暂付款项，如职工预借的差旅费、拨付给内部有关部门的备用金、应向职工收取的各种垫付款项等。该账户应当按照其他应收款的类别以及债务单位（或个人）进行明细核算。

【例4-6】　2014年8月16日，广西新希望中等职业学校（属于增值税小规模纳税人，增值税征收率为3%）向南宁丰硕商贸公司销售教育光盘一批，货已按合同发出，不含税价款为6 000元，增值税款为180元，货款尚未收到。

要求：根据相关单据（见图4-17）以会计张远身份编制记账凭证（见图4-18）。

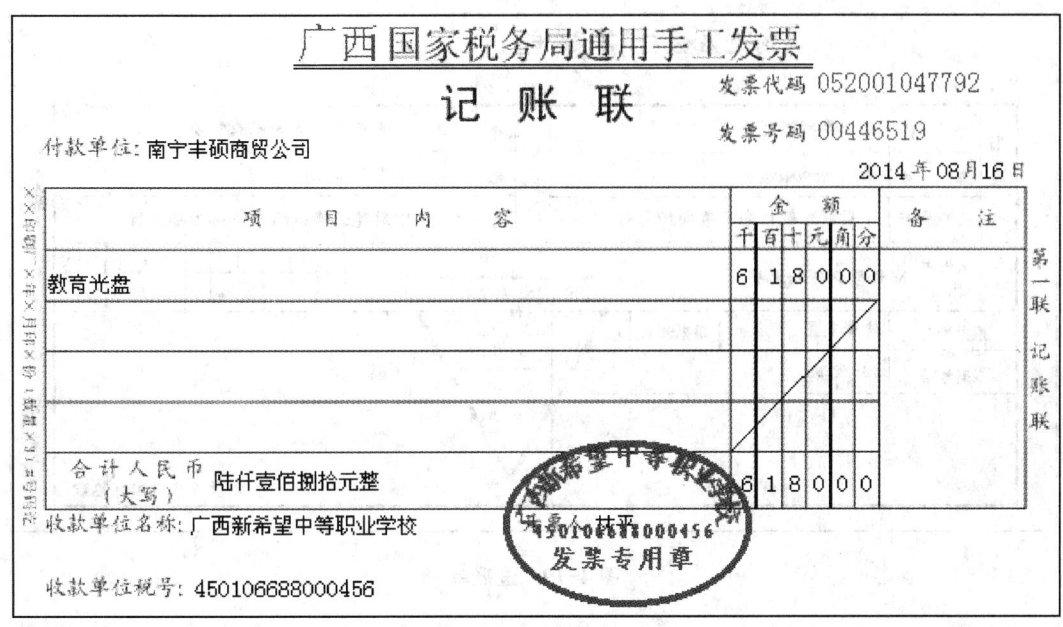

图 4-17 通用手工发票

图 4-18 记账凭证

【例 4-7】 2014 年 8 月 27 日,广西新希望中等职业学校收到南宁丰硕商贸公司用支票支付前欠货款 6 180 元,已存入银行。

要求:根据进账单(见图 4-19)以会计张远身份编制记账凭证(见图 4-20)。

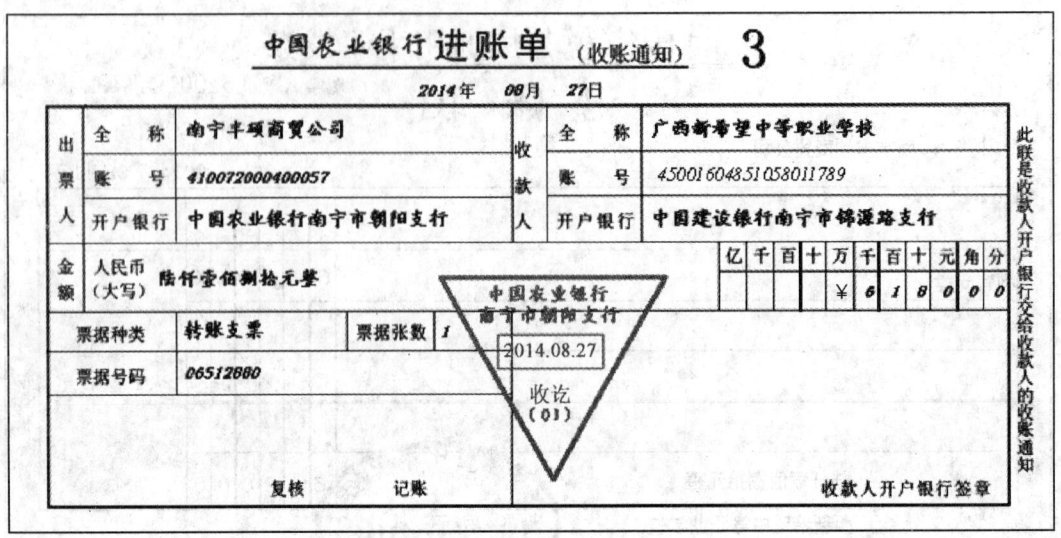

图 4-19 进账单

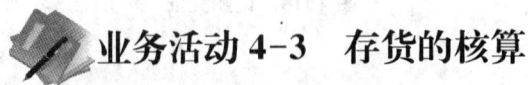

图 4-20 记账凭证

1. （业务题）职工张华预借差旅费 3 000 元，出纳以现金支付。请编制相关业务的会计分录。

2. （业务题）职工张华出差归来，报销差旅费 2 500 元，交回余款 500 元。请编制相关业务的会计分录。

业务活动 4-3　存货的核算

【活动目标】　理解存货的内容，掌握存货的账务处理。

1. 存货的概念

存货是事业单位在开展业务活动及其他活动中为耗用而储存的各种材料、燃料、包装物、低值易耗品及达不到固定资产标准的用具、装具、动植物等。

2. 账户设置及账务处理

事业单位应设置"存货"账户来对存货进行核算。该账户属资产类账户,借方登记存货实际成本的增加数;贷方登记存货实际成本的减少数;期末借方余额反映事业单位存货的实际成本。该账户应当按照存货的种类、规格、保管地点等进行明细核算。事业单位随买随用的零星办公用品,可以在购进时直接列作支出,不通过该账户核算。

【例4-8】 2014年7月19日,广西新希望中等职业学校通过单位零余额账户购入一批日常水电维修材料100千克,含税单价为23.40元,合计2 340元,材料已验收入库。

要求:根据相关单据(见图4-21~图4-25)以会计张远身份编制记账凭证(见图4-26)。

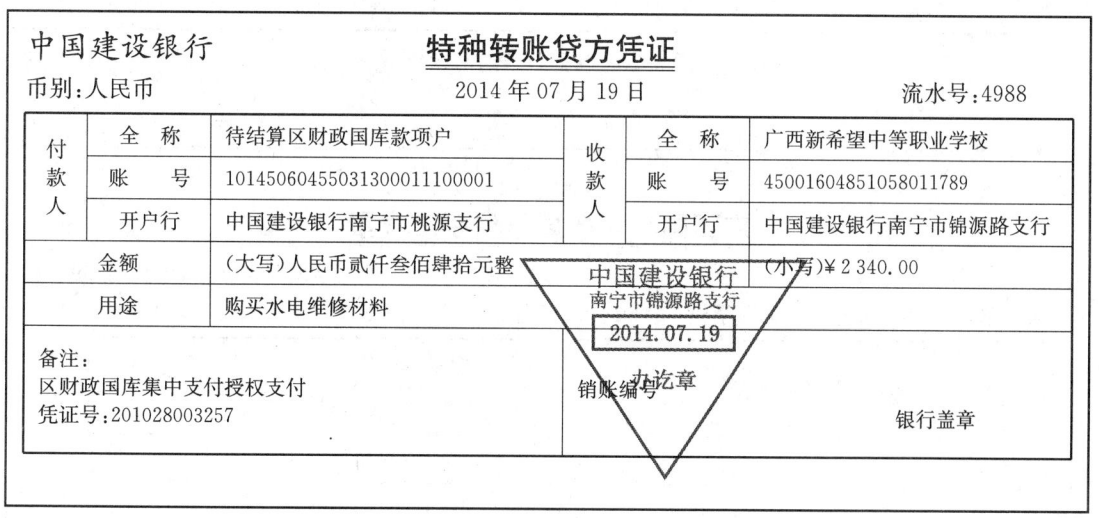

图 4-21 特种转账贷方凭证

图 4-22 财政授权支付凭证

转账(汇款)审批单

2014 年 07 月 19 日

汇款单位名称:南宁昌盛贸易公司	邮编:530006							
开户银行:中国建设银行南宁市凤岭路支行	账号:45001604851058260091							
转账、汇款金额 人民币(大写) 贰仟叁佰肆拾元整	百	十	万	千	百	元	十	角	分
			¥	2	3	4	0	0	0
转账、汇款理由:购买水电维修材料一批。								
校领导:李厚德 财务负责人:黄日新 会计:张远 经手人:高岚岚								

图 4-23 转账(汇款)审批单

广西国家税务局通用手工发票

发票联

付款单位:广西新希望中等职业学校 2014 年 07 月 19 日 发票代码 052001088439 发票号码 00701523

项目内容	金额						备注
	千	百	十	元	角	分	
甲材料		2	3	4	0	0	0	
人民币 (大写) 贰仟叁佰肆拾元整	¥	2	3	4	0	0	0	

收款单位名称:南宁昌盛贸易公司
收款单位税号:4601066889984l2

开票人 方昊

第二联 发票联

图 4-24 通用手工发票

实物入库单

单位:广西新希望中等职业学校 2014 年 07 月 19 日 第 18 号

名称及规格	单位	数量	单价	金额	存放地点	来源说明
甲材料	千克	1000	2.34	2 340.00	仓库	
合计				¥ 2 340.00		

主管:黄日新 会计:张远 保管:吴小源 经手人:林风

图 4-25 实物入库单

				借方金额									贷方金额								附
摘　要	总账科目	明细科目	√	千	百	十	万	千	百	十	元	角	分	√	千	百	十	万	千	百	十	元	角	分	单
购买材料	存货	甲材料					2	3	4	0	0	0												据
	零余额账户用款额度																2	3	4	0	0	0	5
合　计						¥	2	3	4	0	0	0				¥	2	3	4	0	0	0	张

财务主管　　　　　记账　　　　　出纳 贺芳　　　　　审核　　　　　制单 张远

图 4-26　记账凭证

练一练

1.（业务题）2014 年 7 月 28 日，广西新希望中等职业学校通过单位零余额账户购入乙材料 75 件，含税单价为 30 元，材料已验收入库。请编制相关业务的会计分录。

2.（业务题）某事业单位开出"材料出库单"，不实行内部成本核算的加工经营业务领用 B 材料一批，价值为 7 000 元。请编制相关业务的会计分录。

业务活动 4-4　固定资产的核算

【活动目标】　理解固定资产的内容，掌握固定资产的账务处理。

1．固定资产的概念

固定资产是指事业单位持有的使用期限超过 1 年（不含 1 年）、单位价值在规定标准以上，并在使用过程中基本保持原有物质形态的资产。单位价值虽未达到规定标准，但使用期限超过 1 年（不含 1 年）的大批同类物资，作为固定资产核算和管理。

2．固定资产的分类

事业单位的固定资产一般分为六类：房屋及构筑物；专用设备；通用设备；文物和陈列品；图书；家具、用具、装具及动植物。

1）房屋及构筑物

房屋及构筑物是指事业单位占有和使用的房屋和建筑物及其附属设施，如办公用房、业务用房（如教学用房、实验、试验用房、计算机房、会议室等）、库房、道路、围墙、水塔、电梯、线路、管道等。

2）专用设备

专用设备是指事业单位根据业务需要而使用的各种具有专门用途的业务设备，如教学设备、试验、实验设备、医疗器械、科研设备、计算设备和业务使用的大型工具等。

3）通用设备

通用设备是指事业单位用于业务工作的通用性设备，如交通工具、运输工具等。

4）文物和陈列品

文物和陈列品是指事业单位用于展览馆的展品，陈列馆中的陈列品如字画、古物、纪念品等。

5）图书

图书是指专用图书馆、文化馆中的贮藏书籍，以及事业单位贮藏的统一管理使用的业务用书,如单位图书馆、阅览室的图书等。

6) 家具、用具、装具及动植物

家具、用具、装具及动植物指事业单位各种教学、行政办公家具、教室课桌椅、学生宿舍家具、食堂餐桌椅,教工宿舍家具、实验室工作台、椅等。

> **小资料**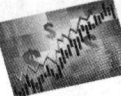
>
> (1) 对于应用软件,如果其构成相关硬件不可缺少的组成部分,应当将该软件价值包括在所属硬件价值中,一并作为固定资产进行核算;如果其不构成相关硬件不可缺少的组成部分,应当将该软件作为无形资产核算。
>
> (2) 事业单位以经营租赁租入的固定资产,不作为固定资产核算,应当另设备查簿进行登记。
>
> (3) 购入需要安装的固定资产,应当先通过"在建工程"账户核算,安装完毕交付使用时再转入"固定资产"账户核算。

3. 账户设置及账务处理

1)"固定资产"账户

该账户核算事业单位固定资产的原价。该账户属资产类账户,借方登记固定资产的增加数;贷方登记固定资产的减少数;期末借方余额反映事业单位固定资产的原价。

【例4-9】 2014年6月9日,广西新希望中等职业学校购入6台联想电脑用于办公,共计24 570元,通过单位零余额账户支付。

要求:根据相关单据(见图4-27~图4-30)以会计张远身份编制记账凭证(见图4-31和图4-32)。

自治区 财政授权支付凭证

资金性质:公共财政预算资金　　2014年06月09日　　编号:201028002394

付款人	全称	广西新希望中等职业学校	收款人	全称	南宁科创电子技术公司
	账号	45001604851058011789		账号	4512000325447056889
	开户行	中国建设银行南宁市锦源路支行		开户行	中国工商银行南宁市大学路支行
一级预算单位		201 教育厅	功能分类		2050302 中专教育
基层预算单位		201001 广西新希望中等职业学校			
预算项目		办公设备购置	经济分类		31002 办公设备购置
结算方式		转账支票			
支付金额		人民币(大写)贰万肆仟伍佰柒拾元整			
用途		购买电脑			
银行盖章: 　　上述款项已办理。 　　　　经办人: 　　　　　　年　月　日					

图4-27　财政支付凭证

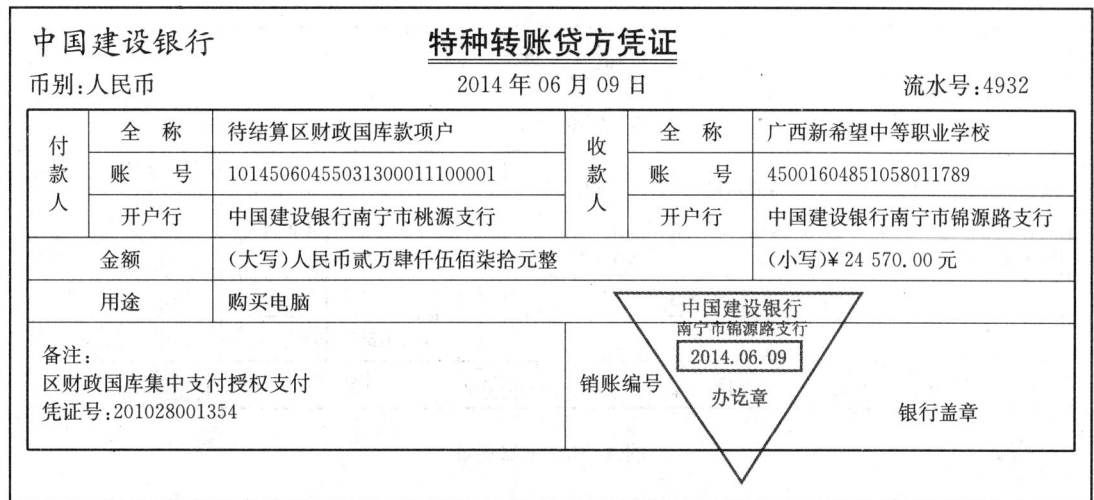

图 4-28 特种转账贷方凭证

图 4-29 增值税普通发票

图 4-30 固定资产验收单

图 4-31　记账凭证

图 4-32　记账凭证

2)"累计折旧"账户

该账户核算事业单位固定资产计提的累计折旧。该账户属资产类账户,借方登记累计折旧的减少数;贷方登记累计折旧的增加数;该账户期末贷方余额反映计提的固定资产折旧累计数。该账户应当按照所对应固定资产的类别、项目等进行明细核算。

 小贴士

事业单位应当对除下列各项资产以外的其他固定资产计提折旧:
(1) 文物和陈列品。
(2) 动植物。
(3) 图书、档案。
(4) 以名义金额计量的固定资产。

【例 4-10】　2014 年 6 月 30 日,广西新希望中等职业学校本月按平均年限法计提固定资产折旧 2 810 元。

要求:根据固定资产折旧计算单(见图 4-33)以会计张远身份编制记账凭证(见图 4-34)。

固定资产折旧计算表

2014 年 6 月　　　　　　　　　　　　　　　　　　　　　　　　　　单位:元

固定资产类别	固定资产原值	预计可使用年限(年)	每月折旧额	备注
教学设备	168 600.00	5	2 810.00	多媒体设备

图 4-33　固定资产折旧计算表

记 账 凭 证

2014年06月30日　　　　　　　　　　　记字第×××号

摘要	总账科目	明细科目	√	借方金额 千百十万千百十元角分	√	贷方金额 千百十万千百十元角分	附单据
计提折旧	非流动资产基金	固定资产		2 8 1 0 0 0			1张
	累计折旧					2 8 1 0 0 0	
合　计				¥ 2 8 1 0 0 0		¥ 2 8 1 0 0 0	

财务主管　　　　　　记账　　　　　　出纳 贺芳　　　　审核　　　　制单 张远

图 4-34　记账凭证

1.（业务题）2014 年 7 月 12 日,某学校购入教学设备 3 套,共计 54 390 元,通过单位零余额账户支付。该教学设备的预计使用年限为 6 年。请编制相关业务的会计分录。

2.（业务题）承上题,2014 年 7 月 31 日,该学校计提教学设备的固定资产折旧。请编制相关业务的会计分录。

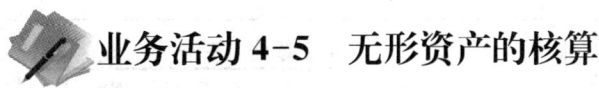

业务活动 4-5　无形资产的核算

【活动目标】　了解无形资产的内容,掌握无形资产的账务处理。

1. 无形资产的概念

无形资产是指事业单位持有的没有实物形态的可辨认非货币性资产,包括专利权、商标权、著作权、土地使用权、非专利技术等。事业单位购入的不构成相关硬件不可缺少组成部分的应用软件,应当作为无形资产核算。

2. 账户设置及账务处理

1)"无形资产"账户

该账户核算事业单位无形资产的原价。该账户属资产类账户,借方登记无形资产的增加数;贷方登记无形资产的减少数;期末借方余额反映事业单位无形资产的原价。该账户应当按照无形资产的类别、项目等进行明细核算。

2)"累计摊销"账户

该账户核算事业单位无形资产计提的累计摊销。该账户属资产类账户,借方登记累计摊销的减少数;贷方登记累计摊销的增加数;期末贷方余额反映事业单位计提的无形资产摊销累计数。该账户应当按照对应无形资产的类别、项目等进行明细核算。

【例 4-11】 2014 年 6 月 18 日,广西新希望中等职业学校从南方软件有限公司购入一项专利权,价值 120 000 元,用银行存款支付,分 5 年摊销。

要求:根据相关单据(见图 4-35～图 4-38)以会计张远身份编制记账凭证(见图 4-39 和图 4-40)。

专利权转让合同

转让方(甲方):南方软件有限公司
受让方(乙方):广西新希望中等职业学校
甲、乙双方经协商一致,对专利权达成如下协议:
一、转让的专利名称:教育软件专利。
二、受让方权限:软件转让后,专利权归受让方所有。
三、转让费与付款方式:
1. 转让费按转让的权限计算共 120 000.00 元,合计大写金额为壹拾贰万元整。
2. 付款方式:转账。
四、本合同自签订之日起生效。

转让方:(盖章)    受让方:(盖章)
法定代表人:刘晓语   法定代表人:李厚德
2014 年 06 月 18 日   2014 年 06 月 18 日

图 4-35 专利权转让合同

图 4-36 转账支票存根   图 4-37 进账单

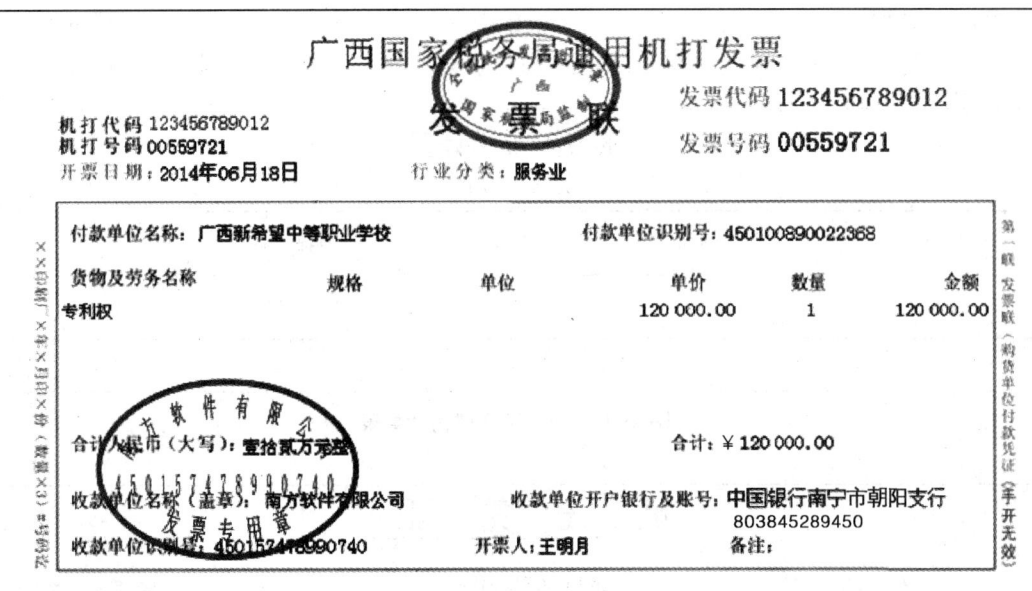

图 4-38 通用机打发票

记 账 凭 证

2014年06月18日　　　　　　　　　　　　　　　　记字第×××号

摘　要	总账科目	明细科目	√	借方金额 千百十万千百十元角分	√	贷方金额 千百十万千百十元角分	附单据
购买专利权	事业支出			1 2 0 0 0 0 0 0			
	银行存款					1 2 0 0 0 0 0 0	2张
合　计				¥1 2 0 0 0 0 0 0		¥1 2 0 0 0 0 0 0	

财务主管　　　　记账　　　　出纳 贺芳　　　　审核　　　　制单 张远

图 4-39 记账凭证

记 账 凭 证

2014年06月18日　　　　　　　　　　　　　　　　记字第×××号

摘　要	总账科目	明细科目	√	借方金额 千百十万千百十元角分	√	贷方金额 千百十万千百十元角分	附单据
购买专利权	无形资产	专利权		1 2 0 0 0 0 0 0			
	非流动资产基金	无形资产				1 2 0 0 0 0 0 0	1张
合　计				¥1 2 0 0 0 0 0 0		¥1 2 0 0 0 0 0 0	

财务主管　　　　记账　　　　出纳 贺芳　　　　审核　　　　制单 张远

图 4-40 记账凭证

【例4-12】 2014年6月30日,广西新希望中等职业学校摊销本月购入的无形资产。

要求:根据无形资产摊销计算表(见图4-41)以会计张远身份编制记账凭证(见图4-42)。

无形资产摊销计算表

2014年6月 单位:元

无形资产类别	无形资产原值	预计可使用年限(年)	每月摊销额	备注
专利权	120 000.00	5	2 000.00	教育软件

图4-41 无形资产摊销计算表

记账凭证

2014年06月30日 记字第×××号

摘要	总账科目	明细科目	借方金额	贷方金额	附单据
摊销无形资产	非流动资产基金	无形资产	2 000 00		1张
	累计摊销			2 000 00	
合计			¥2 000 00	¥2 000 00	

财务主管　　记账　　出纳 贺芳　　审核　　制单 张远

图4-42 记账凭证

练一练

1.(业务题)东方大学从四川某科研机构购入一项专利权,价值80 000元,以零余额账户支付,分5年摊销。请编制购入专利权及分月摊销的会计分录。

2.(实训题)×事业单位2014年发生如下经济业务:

(1)从单位零余额账户中提取现金3 000元,以备日常使用。

(2)在开展专业业务活动中收到银行存款6 750元。

(3)单位零余额账户收到财政授权支付用款额度8 000元。

(4)通过单位零余额账户购入一批办公用品,计价2 500元,办公用品已入库。

(5)通过财政零余额账户购入一台办公设备4 900元,设备已投入使用。

(6)购入一项无形资产,价值60 000元,用银行存款支付,分5年摊销。

(7)向某公司订购货品一批,预付款项1 000元,款项通过单位零余额账户支付。

(8)购入1 000件甲材料,含税单价为30元,供货方开具普通发票一张,该事业单位开出一张期限为4个月的银行承兑汇票。

(9)按平均年限法计提本月固定资产折旧1 490元。

(10) 2015年年初,收到财政部门批复的上年年末未下达的单位零余额账户用款额度

200 000元。

要求:根据以上资料,为该事业单位编制有关的会计分录。

任务2　事业单位会计负债

业务活动4-6　短期借款的核算

【活动目标】　了解短期借款的内容,掌握短期借款的账务处理。

1. 短期借款的概念

短期借款是事业单位借入的期限在1年内(含1年)的各种借款。

2. 账户设置及账务处理

事业单位应设置"短期借款"账户来对短期借款的增减变动进行核算。该账户属负债类账户,贷方登记借入的各种短期借款;借方登记到期偿还的款项;期末贷方余额反映事业单位尚未偿还的短期借款本金。该账户应当按照贷款单位和贷款种类进行明细核算。

【例4-13】　2014年6月1日,广西新希望中等职业学校从银行借入3个月的借款200 000元,年利率为6%,到期一次还本付息。借款用于单位事业支出。

要求:根据有关单据(见图4-43和图4-44)以会计张远身份编制记账凭证(见图4-45)。

借　款　合　同

借款方:广西新希望中等职业学校
贷款方:中国银行南宁市新兴支行

　　借款方为了事业发展需要,特向借款方申请借款,经贷款方审核同意发放,为明确双方责任,特签订本合同。

　　第一条　借款方向贷款方借款人民币贰拾万元整,期限为3个月,从2014年06月01日至2014年09月01日,年利率为6%,自支用贷款之日起计息,按月计算利息,按季结息,到期归还本金。

　　第二条　贷款方保证按照本合同的规定供应资金。因贷款方责任,未按期提供贷款,应按延期天数,以违约数额的5%付给借款方违约金。

　　第三条　贷款方应按合同规定使用贷款;否则,贷款方有权收回部分或全部贷款,对违约使用的部分按原定利率加收罚息10%。

　　第四条　本合同经过双方签字、盖章后生效。合同正本一式贰份,借、贷双方各执壹份。

借款方:(章)
法人代表:(签字)李厚德
开户银行及账号:中国银行南宁市新兴支行 8027600008311
签约日期:2014年05月30日

贷款方:(章)
法人代表:(签字)韦成材

签约日期:2014年05月30日

图4-43　借款合同

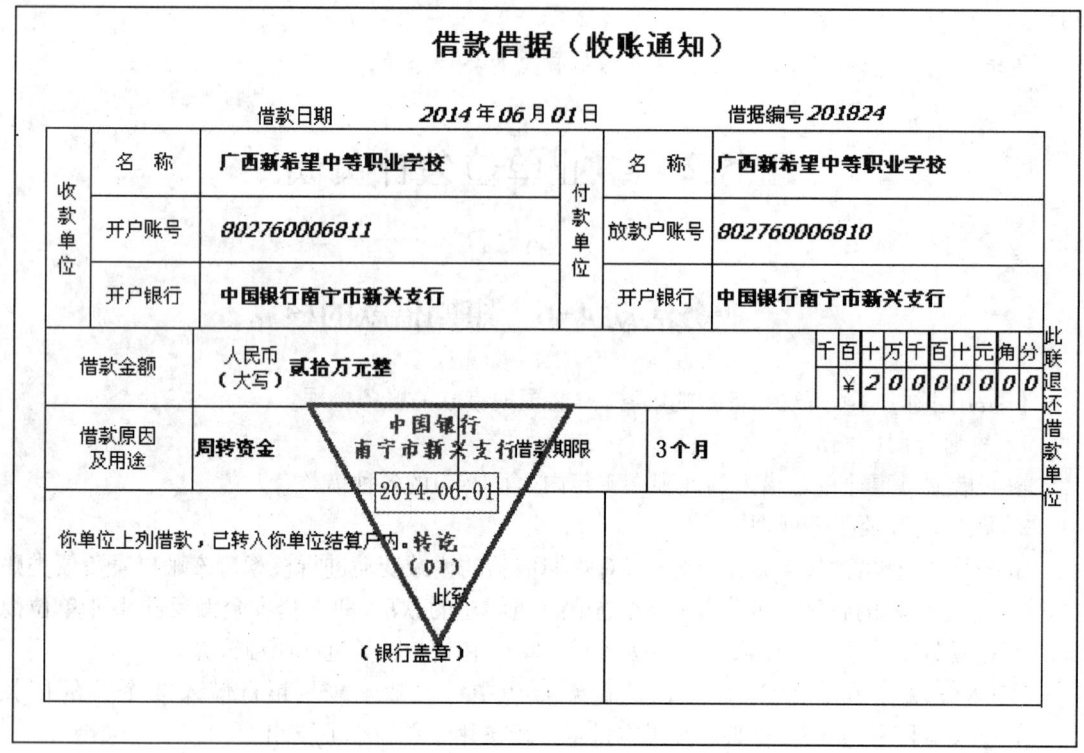

图 4-44 借款借据

图 4-45 记账凭证

1. （单项选择题）下列各项中，不属于负债的是（ ）。
   A. 借入银行存款 10 万元　　　　　　B. 计提应付职工工资 30 万元
   C. 正在筹划对慈善机构的捐款　　　　D. 赊购货物 2 万元

2. （业务题）2014 年 9 月 1 日，广西新希望中等职业学校归还 6 月 1 日向中国银行南宁新兴支行借入的短期借款本金，并支付 3 个月的利息 3 000 元（200 000×6‰×3÷12）。请编制相关业务的会计分录。

业务活动 4-7　应缴款项的核算

【活动目标】　了解应缴款项的各项内容,掌握应缴税费、应缴国库款、应缴财政专户款的账务处理。

1. 应缴款项的概念

应缴款项是指事业单位应缴未缴的各种款项,包括应上缴国库或者财政专户的款项、应缴税费,以及其他按照国家有关规定应上缴的款项。

2. 账户设置及账务处理

1)"应缴税费"账户

应缴税费是事业单位按照税法等规定计算应缴纳的各种税费,包括营业税、增值税、城市维护建设税、教育费附加、车船税、房产税、城镇土地使用税、企业所得税和事业单位代扣代缴的个人所得税等。该账户属负债类账户,贷方登记应缴纳的各项税费;借方登记已经缴纳的税费;期末借方余额反映事业单位多缴纳的税费金额;期末贷方余额反映应缴未缴的税费金额。该账户应当按照应缴纳的税费种类进行明细核算。

小贴士

属于增值税一般纳税人的事业单位,其"应缴税费——应缴增值税"明细账中应设置"进项税额"、"已交税金"、"销项税额"、"进项税额转出"等专栏。

事业单位应缴纳的印花税不需要预提应缴税费,直接通过支出等有关账户核算,不在"应缴税费"账户核算。

2)"应缴财政专户款"账户

应缴财政专户款是事业单位按规定应缴入财政专户的款项。该账户属负债类账户,贷方登记取得应缴财政专户的款项;借方登记上缴的款项;期末贷方余额反映事业单位应缴入财政专户但尚未缴纳的款项。该账户应当按照应缴财政专户的各款项类别进行明细核算。

小贴士

应缴财政专户款的管理要求如下:

(1) 应缴财政专户款主要是按规定代收的应上缴财政专户的预算外资金。

(2) 按规定收取。事业单位应当严格按照有关规定收取预算外资金,不得随意收取。

(3) 实行收支两条线管理。预算外资金不是单位的自有资金,而是财政性资金,应当将其纳入财政管理。事业单位取得预算外资金时,必须按财政部门规定的时间及时缴入财政部门在商业银行统一开设的预算外资金专户。财政预算外资金的支出由财政部门按照预算外资金收支计划,纳入事业单位的部门预算,从财政预算外资金专户中核拨,实行收支两条线管理。

对于已经实行非税收入收缴制度改革、取消了收入过渡账户的事业单位,在收到应缴财政专户的预算外资金并直接上缴财政预算外资金专户时,可以同时借记和贷记"应缴财政专户款"总账账户;也可以通过设置"应缴财政专户款备查登记簿"进行登记和管理,不作分录。

【例4-14】 2014年7月6日,广西新希望中等职业学校取得对外短期非强制性培训费,收入100 000元,款项已存入银行。适用的营业税税率为5%。假定按税率7%和3%分别征收城市维护建设税和教育费附加。

要求:根据有关单据(见图4-46)以会计张远身份编制记账凭证(见图4-47)。

图4-46 税务机关代开统一发票

图4-47 记账凭证

【例4-15】 2014年7月6日,计算出按规定应负担的税金及附加(见表4-2)。

要求:以会计张远身份编制记账凭证(见图4-48)。

表 4-2　　　　　　　　　　　　　税金及附加计算表　　　　　　　　　　　　单位:元

项　目	计算依据	税率	金额
营业税	100 000	5%	5 000
城市维护建设税	5 000	7%	350
教育费附加	5 000	3%	150
合计			5 500

记 账 凭 证

2014年07月06日　　　　　　　　　　　　　　　　　记字第×××号

摘　要	总账科目	明细科目	√	借方金额	√	贷方金额
计算税金及附加	应缴财政专户款			5 500 00		
	应缴税费	应缴营业税				5 000 00
	应缴税费	应缴城市维护建设税				350 00
		应缴教育费附加				150 00
合　计				¥5 500 00		¥5 500 00

财务主管　　　记账　　　出纳 贺芳　　　审核　　　制单 张远

附单据 1 张

图 4-48　记账凭证

【例 4-16】　2014 年 9 月 6 日,广西新希望中等职业学校收取学费 1 000 000 元,并上缴财政专户。

要求:根据有关单据(见图 4-49)以会计张远身份编制记账凭证(见图 4-50)。

自治区非税收入一般缴款书(回单)

2014 年 9 月 6 日　　　执收单位:广西新希望中等职业学校　　　编号:721319001

付款人	全　称	广西新希望中等职业学校	收款人	全　称	广西财政厅(非税收入专户)
	账　号	802760006811		账　号	450022001158
	开户行	中国银行南宁市新兴支行		开户行	中国银行南宁市凤山支行
币种	人民币	金额(大写)壹佰万元整		(小写)¥1 000 000.00	

项目编码	收入项目名称	单位	数量	金额
20199050102	学费	元	1	1 000 000.00

单位主管　　会计　　复核　　记账　　　上列款项已收妥并划转收款单位账户。

中国银行
南宁市新兴支行
2014.09.06
银行盖章

复核员　　记账员　　出纳　业务清章　　　年　月　日

图 4-49　非税收入一般缴款书

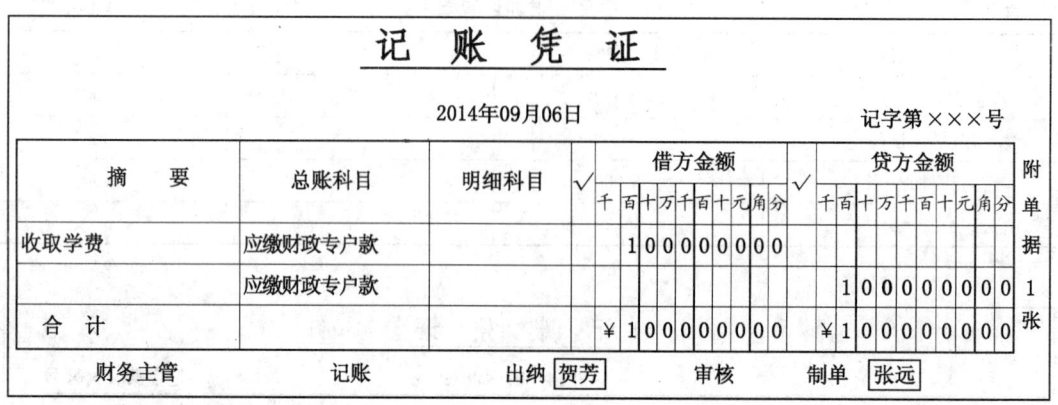

图 4-50　记账凭证

3)"应缴国库款"账户

应缴国库款是事业单位按规定应缴入国库的款项(应缴税费除外)。该账户属负债类账户,贷方登记按规定计算确定或实际取得应缴国库的款项;借方登记上缴国库的款项;期末贷方余额反映事业单位应缴入国库但尚未缴纳的款项。该账户应当按照应缴国库的各款项类别进行明细核算。

应缴国库款主要包括:事业单位代收的纳入预算管理的基金、行政性收费收入、罚没收入、无主财物变价收入和其他按预算管理规定应上缴预算的款项。如事业单位处理固定资产取得的应上缴国家的处理净收入。

 小贴士

应缴国库款的管理要求如下:

(1)依法收取。事业单位的各种应缴国库款项,应当严格按照国家法律、法规的规定收取,不能随意收取,也不可超越有关规定随意免收。

(2)及时、足额上缴财政国库。事业单位收取的各种应缴国库款项应当按照财政部门规定的缴款方式和缴款期限,及时、足额上缴财政国库。也就是说,事业单位对于收取的应缴国库的各种款项,不得隐瞒不缴,也不得以任何借口缓缴、截留、挪用或自行坐支或转作预算外资金。每月月末,事业单位的应缴国库款均应清理结缴。每年年终,事业单位的应缴国库款应全部结清上缴财政国库。

对于已经实行非税收入收缴制度改革,并且已经取消了收入过渡账户的事业单位,开具《非税收入一般缴款书》或收到应缴预算款项并直接上缴财政国库时,可以同时借记和贷记"应缴国库款"总账账户;也可以通过设置"应缴国库款备查登记簿"进行登记和管理,不作会计分录。

【例 4-17】 2014 年 9 月 24 日,广西新希望中等职业学校收到如下一项应缴财政预算的行政事业性收费收入:"非税收入——行政事业性收费收入——教育行政事业性收费收入" 4 000 元,并直接上缴财政国库。

要求:根据有关单据(见图 4-51)以会计张远身份编制记账凭证(见图 4-52)。

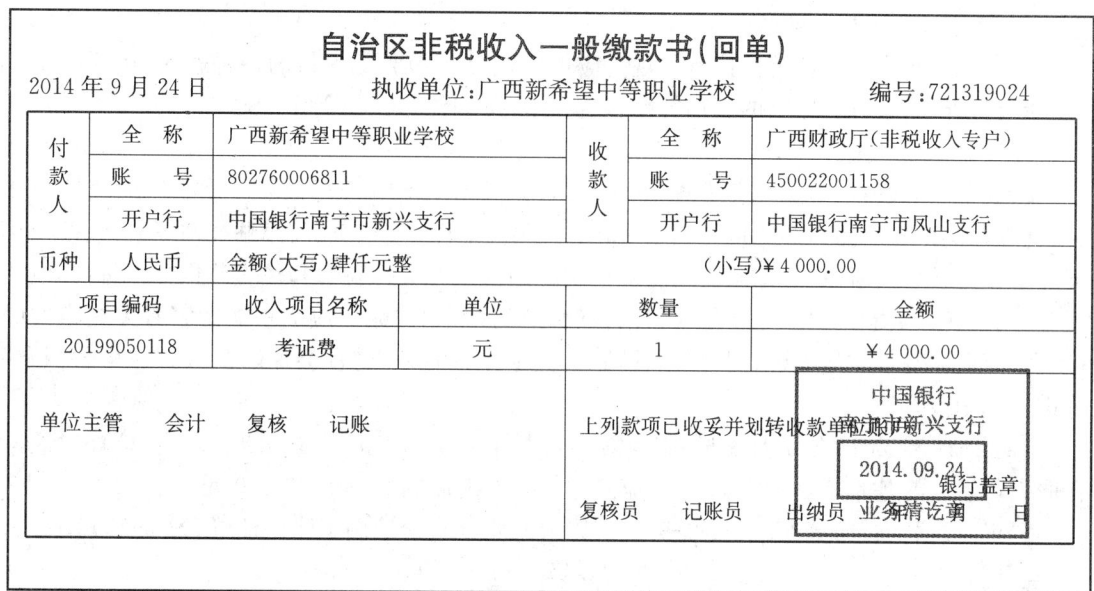

图 4-51 非税收入一般缴款书

图 4-52 记账凭证

1.（业务题）2014年8月20日，广西新希望中等职业学校取得对外短期非强制性培训费，收入30 000元，款项已存入银行。适用营业税税率为5%。假定按税率7%和3%分别征收城市维护建设税和教育费附加。请编制相关业务的会计分录。

2.（业务题）2014年9月9日，广西新希望中等职业学校用银行存款缴纳上月的营业税、城市维护建设税及附加费。请编制相关业务的会计分录。

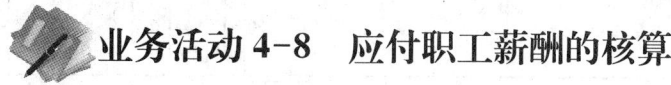

业务活动4-8　应付职工薪酬的核算

【活动目标】　了解应付职工薪酬的内容，掌握应付职工薪酬的账务处理。

1. 应付职工薪酬的概念

应付职工薪酬是事业单位按有关规定应付给职工及为职工支付的各种薪酬,包括基本工资、绩效工资、国家统一规定的津贴补贴、社会保险费和住房公积金等。

2. 账户设置及账务处理

事业单位应设置"应付职工薪酬"账户来对应付职工薪酬进行核算。该账户属负债类账户,贷方登记计算出的当期应付职工薪酬;借方登记向职工支付工资、津贴补贴等薪酬、按税法规定代扣代缴个人所得税、按照国家有关规定缴纳职工社会保险费和住房公积金、支付其他款项等;期末贷方余额反映事业单位应付未付的职工薪酬。该账户应当根据国家有关规定按照"工资(离退休费)"、"地方(部门)津贴补贴"、"其他个人收入"、"社会保险费"和"住房公积金"等进行明细核算。

【例 4-18】 2014 年 7 月 9 日,广西新希望中等职业学校按照国家统一规定,计算出应向在职人员发放的基本工资 438 000 元,应向退休人员发放的退休费 90 000 元。

要求:根据工资结算汇总表(见表 4-3)以会计张远身份编制记账凭证(见图 4-53)。

表 4-3 工资结算汇总表

2014 年 07 月 09 日　　　　　　　　　　　　　　　　　　单位:元

部门名称	人员类别	应发数			代扣款					实发工资
		岗位工资	薪级工资	应发工资	医疗保险金	失业保险金	住房公积金	个人所得税	小计	
校办	在职	22 000	8 000	30 000	580	290	3 480	311.5	6 981.5	23 018.5
教学部	在职	200 000	80 000	280 000	5 400	2 700	32 400	2 345.0	45 005.0	234 995.0
人事科	在职	9 000	4 000	13 000	250	125	1 500	78.5	2 953.5	10 046.5
财务科	在职	20 000	7 300	27 300	530	265	3 180	25.0	6 120.0	21 180.0
教务科	在职	15 000	5 300	20 300	390	195	2 340	15.0	4 500.0	15 800.0
学生科	在职	30 000	10 600	40 600	780	390	4 680	30.0	9 000.0	31 600.0
后勤科	在职	20 000	6 800	26 800	510	250	3 100	20.0	5 980.0	20 820.0
老干科	退休	90 000		90 000						90 000.0
合 计		406 000	122 000	528 000	8 440	4 215	50 680	2 825.0	66 160.0	461 840.0

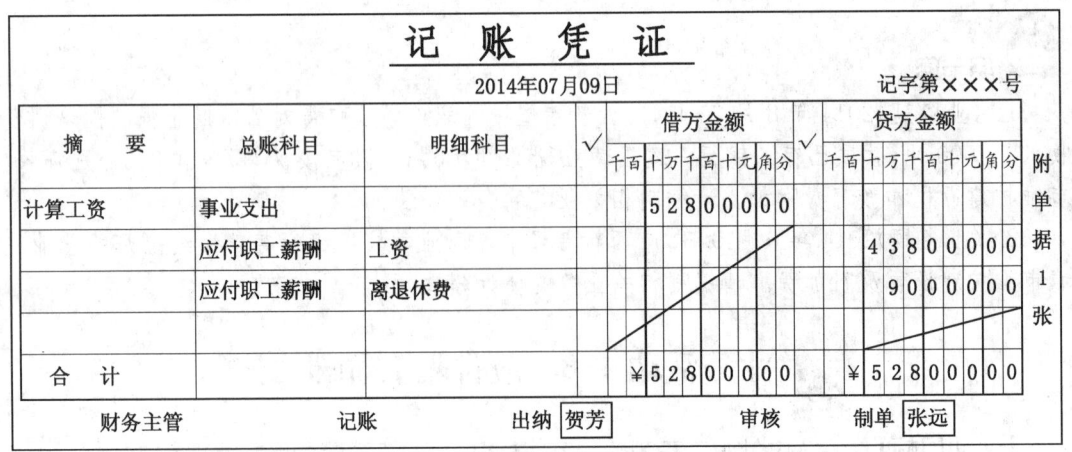

图 4-53 记账凭证

【例 4-19】 2014 年 7 月 10 日，广西新希望中等职业学校通过财政零余额账户向在职人员发放工资 438 000 元，向退休人员发放退休费 90 000 元。

要求：根据有关单据（见图 4-54）以会计张远身份编制记账凭证（见图 4-55）。

自治区　财政授权支付凭证

资金性质：公共财政预算资金　　　2014 年 07 月 10 日　　　　　编号：201028003210

付款人	全　称	广西新希望中等职业学校	收款人	全　称	广西新希望中等职业学校
	账　号	45001604851058011789		账　号	
	开户行	中国建设银行南宁市锦源路支行		开户行	
一级预算单位		201 教育厅	功能分类		2050302 中专教育
基层预算单位		201001 广西新希望中等职业学校			
预算项目		工资	经济分类		30101 基本工资
结算方式		现金支票			
支付金额		人民币（大写）伍拾贰万捌仟元整			（小写）¥ 528 000.00
用途		备用金			
银行盖章： 上述款项已办理。 经办人： 年　月　日			备注 中国建设银行 南宁市锦源路支行 2014.07.10 票据受理专用章 （收妥抵用）		

图 4-54　财政授权支付凭证

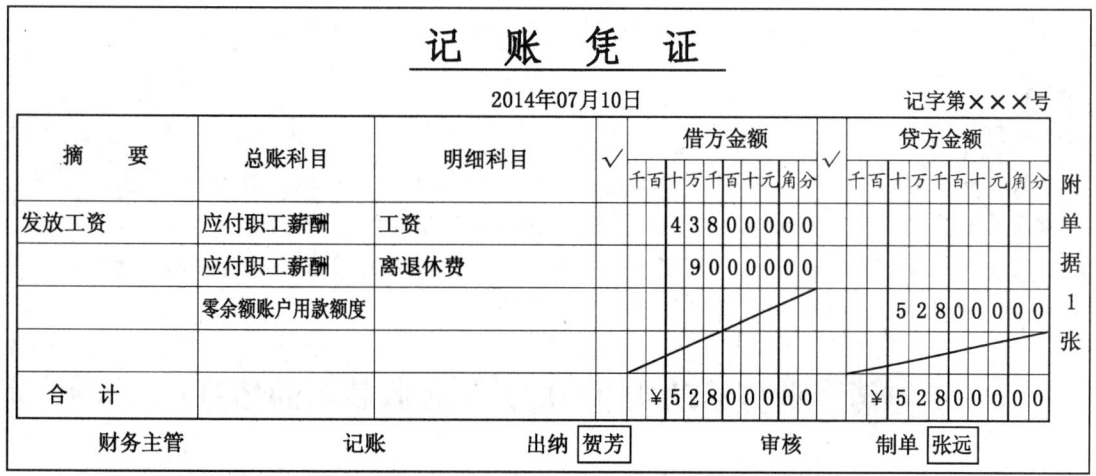

图 4-55　记账凭证

【例 4-20】 2014 年 7 月 9 日,计算出应代扣代缴职工工资薪金个人所得税 2 825 元。
要求:根据 7 月份工资表(见表 4-4)以会计张远身份编制记账凭证(见图 4-56)。

表 4-4　　　　　　　　　　　　　7 月份工资表
　　　　　　　　　　　　　　　2014 年 07 月 09 日　　　　　　　　　　　　　　　　　单位:元

序号	姓名	岗位工资	薪级工资	应发合计	医疗保险	失业保险	住房公积金	个人所得税	扣款合计	实发工资
1	李厚德	5 000	2 000	7 000	140	70	840	140.00	1 190.00	5 810.00
2	黄日新	5 000	1 500	6 500	130	65	780	97.50	1 072.50	5 427.50
3	张 远	4 500	1 500	6 000	120	60	720	55.00	955.00	5 045.00
4	贺 芳	4 000	1 500	5 500	110	55	660	35.25	860.25	4 639.75
	……									
	合计	406 000	122 000	528 000	8 440	4 215	50 680	2 825.00	66 160.00	461 840.00

审批:李厚德　　　　　　　　　　　审核:黄日新　　　　　　　　　　　制表:张远

记 账 凭 证

2014年07月10日　　　　　　　　　　　　　　　　　　　　　记字第×××号

摘 要	总账科目	明细科目	√	借方金额 千百十万千百十元角分	√	贷方金额 千百十万千百十元角分	附单据
计算个人所得税	应付职工薪酬	代扣代缴个人所得税		2 8 2 5 0 0			1张
	应缴税费	应缴个人所得税				2 8 2 5 0 0	
合 计				¥2 8 2 5 0 0		¥2 8 2 5 0 0	

财务主管　　　　　　记账　　　　　　出纳 贺芳　　　　　审核　　　　　制单 张远

图 4-56　记账凭证

练一练

1.(业务题)2014 年 7 月,广西新希望中等职业学校根据所在地方政府的规定,计算出应向有关在职人员发放地方津贴 129 000 元。请编制相关业务的会计分录。

2.(业务题)2014 年 7 月,广西新希望中等职业学校通过单位零余额账户向有关在职人员发放地方津贴 129 000 元。请编制相关业务的会计分录。

 业务活动 4-9　应付及预收款项的核算

【活动目标】 了解应付及预收款项的内容,掌握应付及预收款项的账务处理。

1. 应付及预收款项的概念

应付及预收款项是指事业单位在开展业务活动中发生的各项债务,包括应付票据、应付账

款、其他应付款等应付款项和预收账款。

2. 科目设置及账务处理

1)"应付票据"账户

该账户核算事业单位因购买材料、物资等而开出、承兑的商业汇票,包括银行承兑汇票和商业承兑汇票。该账户应按照债权单位进行明细核算。

2)"应付账款"账户

该账户核算事业单位因购买材料、物资等而应付的款项。该账户应按照债权单位(或个人)进行明细核算。

3)"预收账款"账户

该账户核算事业单位按合同规定预收的款项。该账户应按照债权单位(或个人)进行明细核算。

4)"其他应付款"账户

该账户核算事业单位除应缴税费、应缴国库款、应缴财政专户款、应付职工薪酬、应付票据、应付账款、预收账款之外的其他各项偿还期限在1年内(含1年)的应付及暂收款项,如存入保证金等。该账户应按照其他应付款的类别和债权单位(或个人)进行明细核算。

【例 4-21】 2014 年 8 月 12 日,广西新希望中等职业学校向南宁东风贸易公司赊购一批甲材料 4 680 元。甲材料已验收入库。

要求:根据有关单据(见图 4-57 和图 4-58)以会计张远身份编制记账凭证(见图 4-59)。

图 4-57 通用手工发票

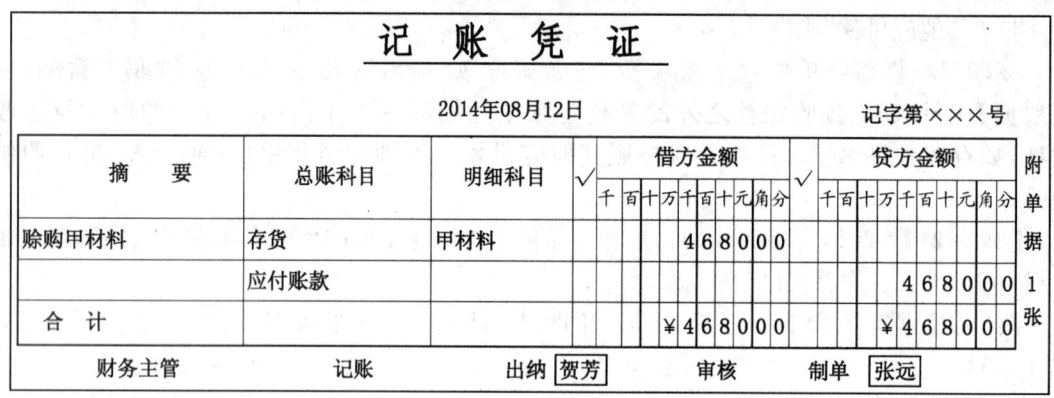

图 4-58 实物入库单

图 4-59 记账凭证

【例 4-22】 2014 年 8 月 25 日,广西新希望中等职业学校通过单位零余额账户偿付南宁东风贸易公司应付账款 4 680 元。

要求:根据有关单据(见图 4-60~图 4-62)以会计张远身份编制记账凭证(见图 4-63)。

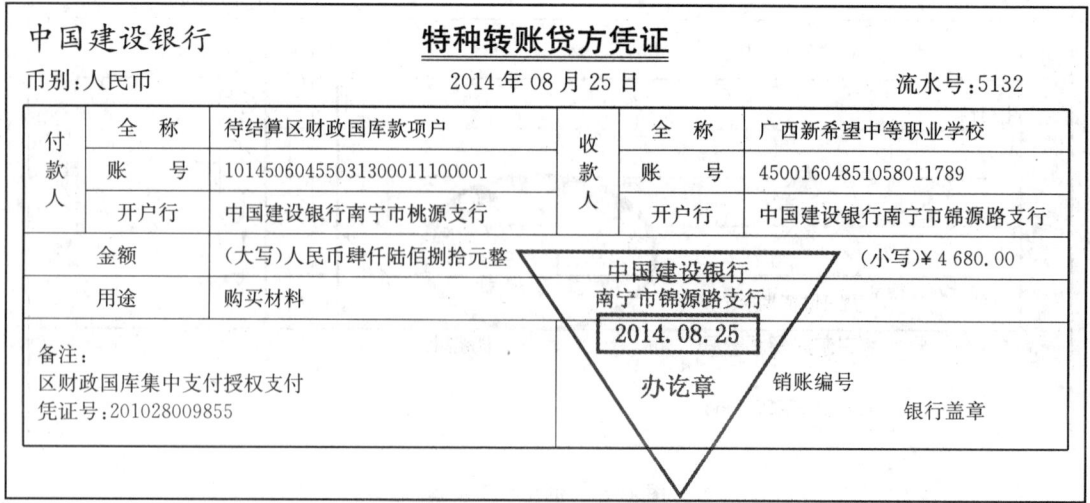

图 4-60 特种转账贷方凭证

自治区 财政授权支付凭证

资金性质：公共财政预算资金　　2014年08月25日　　编号：201028009855

付款人	全称	广西新希望中等职业学校	收款人	全称	南宁东风贸易公司
	账号	45001604851058011789		账号	45001604851058004506
	开户行	中国建设银行南宁市锦源路支行		开户行	中国建设银行南宁市凤岭路支行

一级预算单位	201 教育厅	功能分类	2050302 中专教育
基层预算单位	201001 广西新希望中等职业学校		
预算项目	商品和服务支出（定额）	经济分类	30201 办公费
结算方式	转账支票		
支付金额	人民币（大写）肆仟陆佰捌拾元整		
用途	购买材料		

银行盖章：中国建设银行南宁市锦源路支行 2014.08.25 票据受理专用章（收妥抵用）

上述款项已办理。
经办人：　　年　月　日

备注

图 4-61　财政授权支付凭证

转账（汇款）审批单

2014年08月25日

汇款单位名称	南宁东风贸易公司	邮编	530006							
开户银行	中国建设银行南宁市凤岭路支行	账号	45001604851058004506							
转账、汇款金额 人民币（大写）	肆仟陆佰捌拾元整	百	十	万	千	百	元	十	角	分
				¥	4	6	8	0	0	0
转账、汇款理由	购买材料一批。									

校领导：李厚德　　财务负责人：黄日新　　会计：张远　　经手人：高岚岚

图 4-62　转账（汇款）审批单

图 4-63　记账凭证

【例 4-23】 2014 年 8 月 29 日，广西新希望中等职业学校通过银行转账支付奋斗教材出版社学生用教材款 40 000 元。

要求：根据有关单据（图 4-64 和图 4-65）以会计张远身份编制记账凭证（见图 4-66）。

中国银行 进账单 （回 单） 1

2014年 08月 29日

出票人	全 称	广西新希望中等职业学校	收款人	全 称	奋斗教材出版社
	账 号	802760006811		账 号	802760998421
	开户银行	中国银行南宁市新兴支行		开户银行	中国银行南宁市朝阳支行
金额	人民币（大写）	肆万元整		亿千百十万千百十元角分	¥ 4 0 0 0 0 0 0
票据种类	转账支票	票据张数 1			
票据号码	32010734				
	复核 记账			开户银行签章	

中国银行 南宁市新兴支行 2014.08.29 转讫 (01)

此联是开户银行交给持票人的回单

图 4-64 进账单

中国银行
转账支票存根 （桂）
GE 02 32010734
附加信息

出票日期 2014年 08月 29日

收款人：	奋斗教材出版社
金 额：	¥40 000.00
用 途：	教材款

单位主管 会计

图 4-65 转账支票存根

记 账 凭 证

2014年08月29日 记字第×××号

摘要	总账科目	明细科目	√	借方金额										√	贷方金额										附单据
				千	百	十	万	千	百	十	元	角	分		千	百	十	万	千	百	十	元	角	分	
支付教材款	其他应付款	教材款					4	0	0	0	0	0	0												
	银行存款																	4	0	0	0	0	0	0	2张
合 计						¥	4	0	0	0	0	0	0				¥	4	0	0	0	0	0	0	

财务主管 记账 出纳 贺芳 审核 制单 张远

图 4-66 记账凭证

练一练

1. （业务题）2014年8月，广西新希望中等职业学校开出一张转账支票，预付一笔材料款15 000元，用于下月向南宁同普商贸公司采购乙材料。请编制相关业务的会计分录。

2. （实训题）×事业单位2014年发生如下经济业务：

(1) 因事业发展需要向某金融机构借入款项40 000元，款项存入开户银行。

(2) 向某公司购入一批日常办公用品，计价3 600元，款项尚未支付。

(3) 在开展事业活动中预收某单位款项5 000元，款项已存入开户银行。

(4) 向某金融机构借入的用于事业发展的款项到期，以银行存款偿还本金40 000元，并支付借款利息3 800元。

(5) 通过单位零余额账户向某公司偿付应付账款6 200元。

(6) 收到一项应缴财政预算的事业性收费2 490元，款项存入开户银行。

(7) 将收到的应缴国库款2 100元通过开户银行上缴财政国库。

(8) 按照国家统一规定，计算出应向在职人员发放的基本工资和津贴补贴460 900元、应向离退休人员发放的离退休费33 000元。

(9) 通过财政零余额账户向在职人员发放基本工资和津贴补贴460 900元，向退休人员发放离退休费33 000元。

(10) 已经完成预收款项合同中规定的部分事业活动业务内容，将预收款项5 000元中的4 000元确认为事业收入。

要求：根据以上资料为该事业单位编制有关的会计分录。

任务3　事业单位会计净资产

净资产是指事业单位资产扣除负债后的余额。事业单位的净资产包括事业基金、非流动资产基金、专用基金、财政补助结转和结余、非财政补助结转和结余等。

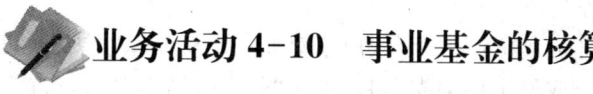

业务活动4-10　事业基金的核算

【活动目标】　了解事业基金的内容，掌握事业基金的账务处理。

1. 事业基金的概念

事业基金是指事业单位拥有的非限定用途的净资产，其来源主要为非财政补助结余扣除结余分配后滚存的金额。

2. 账户设置及账务处理

事业单位应设置"事业基金"账户来对事业基金进行核算，该账户属于净资产类账户，年末，将"非财政补助结余分配"账户余额转入事业基金，借记或贷记"非财政补助结余分配"账户，贷记或借记该账户；将留归本单位使用的非财政补助专项（项目已完成）剩余资金转入事业基金，借记"非财政补助结转——××项目"账户，贷记该账户。该账户期末贷方余额反映事业单位历年积存的非限定用途净资产的金额。

【例 4-24】 2014 年 12 月 31 日,广西新希望中等职业学校年终"非财政补助结余分配"账户贷方余额为 37 000 元。

要求:以会计张远身份编制结转"事业基金"账户的记账凭证(见图 4-67)。

记 账 凭 证

2014年12月31日　　　　　　　　　　　　　　　　记字第×××号

摘　要	总账科目	明细科目	√	借方金额 千百十万千百十元角分	√	贷方金额 千百十万千百十元角分	附单据
结转非财政补助结余分配	非财政补助结余分配			3 7 0 0 0 0 0			2张
	事业基金					3 7 0 0 0 0 0	
合　计				¥3 7 0 0 0 0 0		¥3 7 0 0 0 0 0	

财务主管　　　　记账　　　　出纳 贺芳　　　　审核　　　　制单 张远

图 4-67　记账凭证

(业务题)某事业单位 2014 年年终"非财政补助结余分配"账户借方余额为 29 000 元。请编制结转"事业基金"账户的会计分录。

业务活动 4-11　非流动资产基金的核算

【活动目标】　了解非流动资产基金的内容,掌握非流动资产基金的账务处理。

1. 非流动资产基金的概念

非流动资产基金是指事业单位长期投资、固定资产、在建工程、无形资产等非流动资产占用的金额。

2. 账户设置及账务处理

事业单位应设置"非流动资产基金"账户来对非流动资产基金进行核算。该账户属于净资产类账户,取得相关资产或发生相关支出时,借记"长期投资"、"固定资产"、"在建工程"、"无形资产"等账户,贷记该账户等有关账户;同时或待以后发生相关支出时,借记"事业支出"等有关账户,贷记"财政补助收入"、"零余额账户用款额度"、"银行存款"等账户。计提固定资产折旧、无形资产摊销时,按照计提的折旧、摊销金额,借记该账户(固定资产、无形资产),贷记"累计折旧"、"累计摊销"账户。处置长期投资、固定资产、无形资产,以及以固定资产、无形资产对外投资时,应当冲销该资产对应的非流动资产基金。借记该账户(有关资产明细账户),贷记"待处置资产损溢"账户。该账户期末贷方余额反映事业单位非流动资产占用的金额。该账户应当设置"长期投资"、"固定资产"、"在建工程"、"无形资产"等明细账户来进行明细核算。

【例 4-25】 2014 年 8 月 21 日,广西新希望中等职业学校接受广西华强有限公司捐赠办公用传真机 5 台,价值 15 000 元。

要求:根据有关单据(见图 4-68~图 4-70)以会计张远身份编制记账凭证(见图 4-71)。

捐 赠 合 同

双方当事人为明确相互之间的权利和义务关系,就捐赠事项达成以下协议:

第一条 捐赠目的

甲方向乙方捐赠,目的在于 <u>发展教育事业</u>。

第二条 捐赠金额

甲方向乙方捐赠传真机 5 台,折合人民币共计 <u>壹万伍仟元整</u>。

第三条 交付

甲方于合同签订 <u>叁</u> 日内将捐赠物资送达乙方指定地点。

第四条 乙方接受捐赠后,应当向甲方出具合法、有效的收据,将受赠财产登记造册,妥善保管。

第五条 捐赠财物用途

乙方应当按照协议约定的用途使用捐赠财产,不得擅自改变捐赠财产的用途。如果确需改变用途的,应当征得甲方的同意。

第六条 合同的效力

1. 本合同自双方或双方法定代表人签字并加盖单位公章或合同专用章之日起生效。
2. 本协议一式两份,甲方、乙方各一份,具有同等法律效力。

甲方(盖章):
法定代表人(签字):黎尔明
签约日期:2014 年 08 月 20 日

乙方(盖章):
法定代表人(签字):李厚德
签约日期:2014 年 08 月 20 日

图 4-68 捐赠合同

图 4-69 增值税普通发票

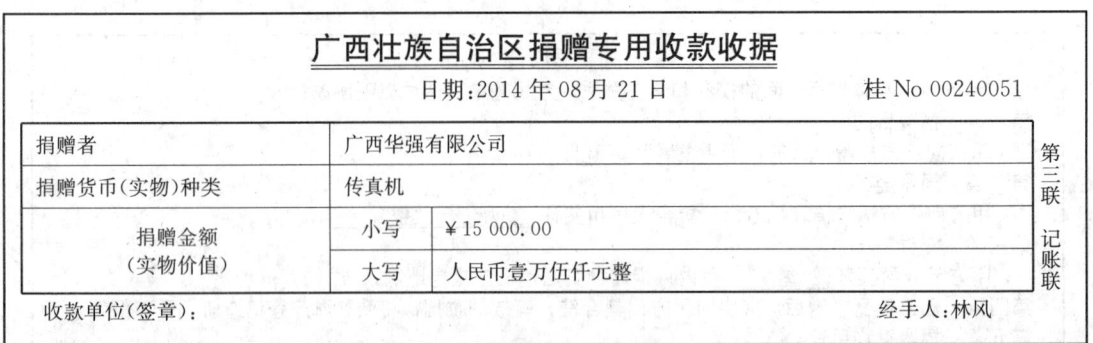

图 4-70　捐赠专用收款收据

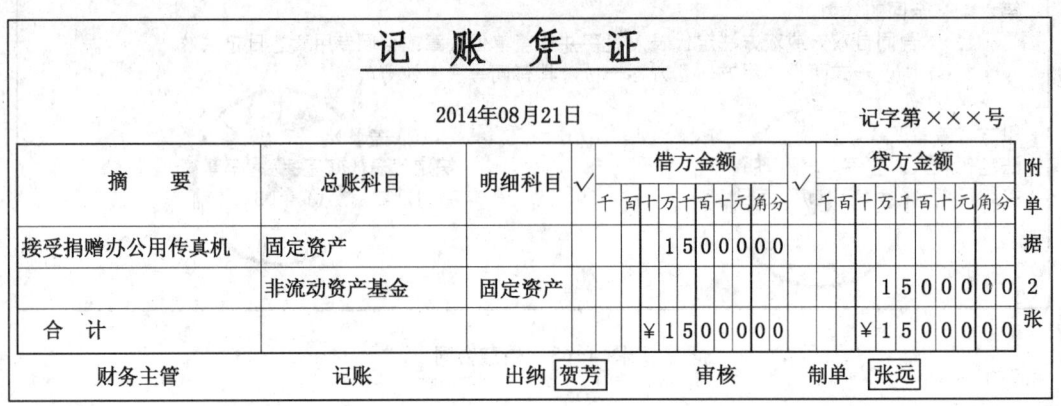

图 4-71　记账凭证

1.（业务题）2014年8月30日,广西新希望中等职业学校盘亏一台手提电脑,账面价值为4 800元,经批准核销。请编制相关业务的会计分录。

2.（业务题）×事业单位经过计算,本月应计提固定资产折旧18 000元。试编制相关业务的会计分录。

业务活动 4-12　财政补助结转和结余的核算

【活动目标】　了解财政补助结转和结余的内容,掌握财政补助结转和财政补助结余的账务处理。

1. 财政补助结转和结余的概念

财政补助结转和结余是指事业单位各项财政补助收入与其相关支出相抵后剩余滚存的、须按规定管理和使用的结转和结余资金。

2. 账户设置及账务处理

1)"财政补助结转"账户

该账户属净资产类账户,核算事业单位滚存的财政补助结转资金,包括基本支出结转和项目支出结转。期末,将财政补助收入本期发生额结转入该账户,借记"财政补助收入——基本支出、项目支出"账户,贷记该账户(基本支出结转、项目支出结转);将事业支出(财政补助支出)本期发生额结转入该账户,借记该账户(基本支出结转、项目支出结转),贷记"事业支出——财政补助支出(基本支出、项目支出)"或"事业支出——基本支出(财政补助支出)、项目支出(财政补助支出)"账户。

该账户应当设置"基本支出结转"、"项目支出结转"两个明细账户,并在"基本支出结转"明细账户下按照"人员经费"、"日常公用经费"进行明细核算,在"项目支出结转"明细账户下按照具体项目进行明细核算。

2)"财政补助结余"账户

该账户属净资产类账户,核算事业单位滚存的财政补助项目支出结余资金。年末,对财政补助各明细项目执行情况进行分析,按照有关规定将符合财政补助结余性质的项目余额转入财政补助结余,借记或贷记"财政补助结转——项目支出结转(××项目)"账户,贷记或借记该账户。按规定上缴财政补助结余资金或注销财政补助结余额度的,按照实际上缴资金数额或注销的资金额度数额,借记该账户,贷记"财政应返还额度"、"零余额账户用款额度"、"银行存款"等账户。取得主管部门归集调入财政补助结余资金或额度的,做相反会计分录。该账户期末贷方余额反映事业单位财政补助结余资金数额。

【例 4-26】 2014 年 12 月 31 日,广西新希望中等职业学校将财政补助收入本期发生额结转入"财政补助结转"账户,其中基本支出 1 200 000 元,项目支出 5 000 000 元。

要求:以会计张远身份编制记账凭证(见图 4-72)。

记 账 凭 证

2014年12月31日 　　　　　记字第×××号

摘　要	总账科目	明细科目	√	借方金额 千百十万千百十元角分	√	贷方金额 千百十万千百十元角分	附单据张
结转财政补助收入	财政补助收入	基本支出		1 2 0 0 0 0 0 00			
	财政补助收入	项目支出		5 0 0 0 0 0 0 00			
	财政补助结转	基本支出结转				1 2 0 0 0 0 0 00	
	财政补助结转	项目支出结转				5 0 0 0 0 0 0 00	
合　计				¥6 2 0 0 0 0 0 00		¥6 2 0 0 0 0 0 00	
财务主管	记账	出纳 贺芳		审核	制单 张远		

图 4-72 记账凭证

【例 4-26】 2014 年 12 月 31 日,广西新希望中等职业学校将事业支出(财政补助支出)本期发生额结转入"财政补助结转"账户,其中基本支出 1200 000 元,项目支出 5000 000 元。

要求:以会计张远身份编制记账凭证(见图 4-73)。

【例 4-27】 2014 年年末,广西新希望中等职业学校按照有关规定将符合财政补助结余性质的项目余额转入"财政补助结余"账户 42 000 元。

要求:以会计张远身份编制记账凭证(见图 4-74)。

记账凭证					
2014年12月31日				记字第×××号	
摘要	总账科目	明细科目	✓ 借方金额 千百十万千百十元角分	✓ 贷方金额 千百十万千百十元角分	附单据
结转事业支出（财政补助支出）	财政补助结转	基本支出结转	1 2 0 0 0 0 0 0 0		张
	财政补助结转	项目支出结转	5 0 0 0 0 0 0 0 0		
	事业支出	财政补助支出（基本支出）		1 2 0 0 0 0 0 0 0	
	事业支出	财政补助支出（项目支出）		5 0 0 0 0 0 0 0 0	
合计			¥ 6 2 0 0 0 0 0 0 0	¥ 6 2 0 0 0 0 0 0 0	
财务主管	记账	出纳 贺芳	审核	制单 张远	

图 4-73　记账凭证

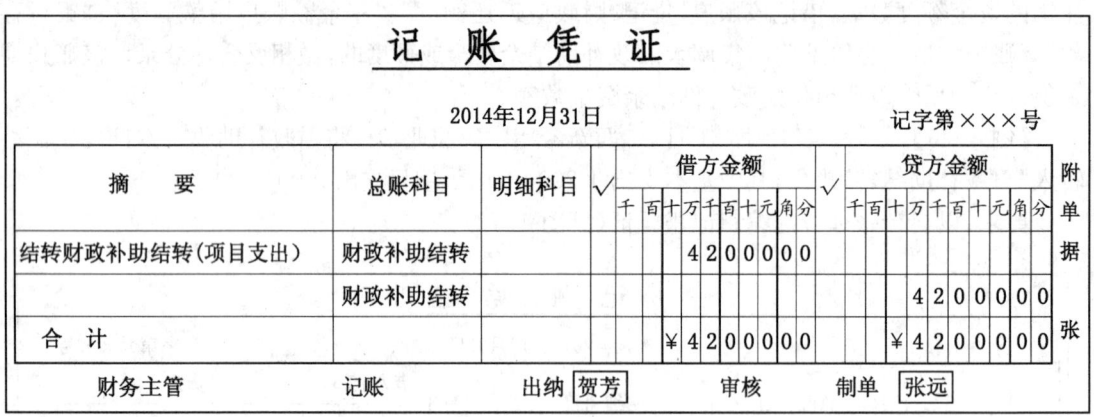

图 7-74　记账凭证

1.（业务题）2014年年末，广西新希望中等职业学校按规定上缴财政补助结余资金50 000元。请编制相关业务的会计分录。

2.（业务题）2014年年末，×事业单位结转"财政补助结转——基本支出结转"账户余额80 000元。请编制相关业务的会计分录。

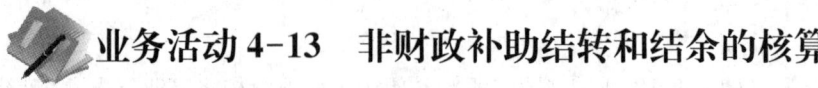

【活动目标】　了解非财政补助结转和结余的内容，掌握非财政补助结转、事业结转、经营结余的账务处理。

1. 非财政补助结转和结余的概念

非财政补助结转和结余是指事业单位除财政补助收支以外的各项收入与各项支出相抵后的余额。其中，非财政补助结转是指事业单位除财政补助收支以外的各专项资金收入与其相关支出相抵后剩余滚存的、须按规定用途使用的结转资金;非财政补助结转结余是指事业单位除财政补助收支以外的各非专项资金收入与各非专项资金支出相抵后的余额。

2. 账户设置及账务处理

1)"非财政补助结转"账户

该账户属净资产类账户,期末,将事业收入、上级补助收入、附属单位上缴收入、其他收入本期发生额中的专项资金收入结转入该账户,借记"事业收入"、"上级补助收入"、"附属单位上缴收入"、"其他收入"账户下各专项资金收入明细账户,贷记该账户;将事业支出、其他支出本期发生额中的非财政专项资金支出结转入该账户,借记该账户,贷记"事业支出——非财政专项资金支出"或"事业支出——项目支出(非财政专项资金支出)"、"其他支出"账户下各专项资金支出明细账户。年末,完成上述期末结转后,应当对非财政补助专项结转资金各项情况进行分析,将已完成项目的项目剩余资金区分以下情况处理:缴回原专项资金拨入单位的,借记该账户(××项目),贷记"银行存款"等账户;留归本单位使用的,借记该账户(××项目),贷记"事业基金"账户。该账户期末贷方余额反映事业单位非财政补助专项结转资金数额。该账户应当按照非财政专项资金的具体项目进行明细核算。

【例 4-28】 2014 年 12 月 31 日,广西新希望中等职业学校非财政专项资金收入发生额见表 4-5。

表 4-5　　　　　　　　　非财政专项资金收入发生额　　　　　　　　　单位:元

账 户 名 称	贷方发生额
事业收入	2 500 000
上级补助收入	600 000
附属单位上缴收入	40 000
合　　计	3 140 000

要求:以会计张远身份将各项收入结转入"非财政补助结转"账户,并编制记账凭证(见图 4-75)。

记 账 凭 证

2014年12月31日　　　　　　　　　　　　记字第×××号

摘　要	总账科目	明细科目	√	借方金额	√	贷方金额	附单据张
结转收入	事业收入			2 500 000 00			
	上级补助收入			600 000 00			
	附属单位上缴收入			40 000 00			
	非财政补助结转					3 140 000 00	
合　计				¥3 140 000 00		¥3 140 000 00	

财务主管　　　　　记账　　　　　出纳 贺芳　　　　　审核　　　　　制单 张远

图 4-75　记账凭证

【例 4-29】 2014 年 12 月 31 日,广西新希望中等职业学校非财政专项资金支出发生额见表 4-6。

表 4-6　　　　　　　　　　　非财政专项资金支出发生额　　　　　　　　　　　单位：元

账户名称	贷方发生额
事业支出——非财政专项资金支出	2 340 000
其他支出	80 000
合　计	2 420 000

要求：以会计张远身份将各项支出结转入"非财政补助结转"账户，并编制记账凭证（见图4-76）。

记账凭证

2014年12月31日　　　　　　　　　　记字第×××号

摘要	总账科目	明细科目	√	借方金额	√	贷方金额
				千百十万千百十元角分		千百十万千百十元角分
结转非财政专项	非财政补助结转			2 3 4 0 0 0 0 0		
资金支出	事业支出	非财政专项资金支出				2 3 4 0 0 0 0 0
	其他支出					8 0 0 0 0 0
合　计				¥ 2 4 2 0 0 0 0 0		¥ 2 4 2 0 0 0 0 0

财务主管　　　　记账　　　　出纳 贺芳　　　　审核　　　　制单 张远

图4-76　记账凭证

2）"事业结余"账户

该账户核算事业单位一定期间除财政补助收支、非财政专项资金收支和经营收支以外各项收支相抵后的余额。该账户属净资产类账户，期末，将事业收入、上级补助收入、附属单位上缴收入、其他收入本期发生额中的非专项资金收入结转入该账户，借记"事业收入"、"上级补助收入"、"附属单位上缴收入"、"其他收入"账户下各非专项资金收入明细账户，贷记该账户；将事业支出、其他支出本期发生额中的非财政、非专项资金支出，以及对附属单位补助支出、上缴上级支出的本期发生额结转入该账户，借记该账户，贷记"事业支出——其他资金支出"或"事业支出——基本支出（其他资金支出）、项目支出（其他资金支出）"账户、"其他支出"账户下各非专项资金支出明细账户、"对附属单位补助支出"、"上缴上级支出"账户。年末，完成上述期末结转后，将该账户余额结转入"非财政补助结余分配"账户，借记或贷记该账户，贷记或借记"非财政补助结余分配"账户。该账户期末如为贷方余额，反映事业单位自年初至报告期末累计实现的事业结余；如为借方余额，反映事业单位自年初至报告期末累计发生的事业亏损。年末结转后，该账户应无余额。

【例4-30】2014年12月31日，广西新希望中等职业学校非专项资金收入发生额见表4-7。

表 4-7　　　　　　　　　　　非专项资金收入发生额　　　　　　　　　　　　单位：元

科目名称	贷方发生额
事业收入——基本支出	2 500 000
上级补助收入——基本支出	600 000
附属单位上缴收入——基本支出	40 000
合　计	3 140 000

要求：以会计张远身份将各项非专项资金收入发生额结转入"事业结余"账户，并编制记账凭证（见图4-77）。

记 账 凭 证

2014年12月31日　　　　　　　　　记字第×××号

摘　要	总账科目	明细科目	√	借方金额 千百十万千百十元角分	√	贷方金额 千百十万千百十元角分	附单据 张
结转收入	事业收入			2 5 0 0 0 0 0 0 0			
	上级补助收入			6 0 0 0 0 0 0 0			
	附属单位上缴收入			4 0 0 0 0 0 0			
	事业结余	基本支出结余				3 1 4 0 0 0 0 0 0	
合　计				¥ 3 1 4 0 0 0 0 0 0		¥ 3 1 4 0 0 0 0 0 0	

财务主管　　　　记账　　　　出纳 贺芳　　　　审核　　　　制单 张远

图4-77　记账凭证

【例4-31】 2014年12月31日，广西新希望中等职业学校非财政专项资金支出发生额见表4-8。

表4-8　　　　　　　　非财政专项资金支出发生额　　　　　　　　单位：元

科 目 名 称	贷方发生额
事业支出——非财政专项资金支出	2 340 000
其他支出	80 000
合　计	2 420 000

要求：以会计张远身份将各项非财政专项资金支出结转入"事业结余"账户，并编制记账凭证（见图4-78）。

记 账 凭 证

2014年12月31日　　　　　　　　　记字第×××号

摘　要	总账科目	明细科目	√	借方金额 千百十万千百十元角分	√	贷方金额 千百十万千百十元角分	附单据 张
结转非财政专项资金支出	事业结余			2 4 2 0 0 0 0 0 0			
	事业支出	非财政专项资金支出				2 3 4 0 0 0 0 0 0	
	其他支出					8 0 0 0 0 0 0	
合　计				¥ 2 4 2 0 0 0 0 0 0		¥ 2 4 2 0 0 0 0 0 0	

财务主管　　　　记账　　　　出纳 贺芳　　　　审核　　　　制单 张远

图4-78　记账凭证

【例4-32】 2014年12月31日，广西新希望中等职业学校将事业结余中的基本支出结余

5 000元转入"非财政补助结余分配"账户。

要求:以会计张远身份编制记账凭证(见图4-79)。

记账凭证

2014年12月31日　　　　　　　　　　　　记字第×××号

摘要	总账科目	明细科目	借方金额	贷方金额	附单据
结转非财政补助结余分配	事业结余	基本支出结余	3 700 00		张
		非财政补助结余分配		3 700 00	
合　计			¥3 700 00	¥3 700 00	

财务主管　　　记账　　　出纳 贺芳　　　审核　　　制单 张远

图 4-79　记账凭证

3)"经营结余"账户

该账户核算事业单位一定期间各项经营收支相抵后余额弥补以前年度经营亏损后的余额。该账户属净资产类账户,期末,将经营收入本期发生额结转入该账户,借记"经营收入"账户,贷记该账户;将经营支出本期发生额结转入该账户,借记该账户,贷记"经营支出"账户。年末,完成上述期末结转后,如该账户为贷方余额,将该账户余额结转入"非财政补助结余分配"账户,借记该账户,贷记"非财政补助结余分配"账户;如该账户为借方余额,为经营亏损,不予结转。该账户期末如为贷方余额,反映事业单位自年初至报告期末累计实现的经营结余弥补以前年度经营亏损后的经营结余;如为借方余额,反映事业单位截至报告期末累计发生的经营亏损。年末结账后,该账户一般无余额;如为借方结余,反映事业单位累计发生的经营亏损。

【例4-33】　2014年12月31日,广西新希望中等职业学校有关经营活动收入总账账户的贷方余额为:"经营收入"17 000元;有关经营活动支出总账账户的借方余额为:"经营支出"14 700元。将以上有关经营收支账户的余额结转至"经营结余"账户。

要求:以会计张远身份编制记账凭证(见图4-80和图4-81)。

记账凭证

2014年12月31日　　　　　　　　　　　　记字第×××号

摘要	总账科目	明细科目	借方金额	贷方金额	附单据
结转经营收入	经营收入		17 000 00		张
	经营结余			17 000 00	
合　计			¥17 000 00	¥17 000 00	

财务主管　　　记账　　　出纳 贺芳　　　审核　　　制单 张远

图 4-80　记账凭证

图 4-81 记账凭证

【例 4-34】 2014 年 12 月 31 日,广西新希望中等职业学校将当年实现的经营结余全数转入"非财政补助结余分配"账户。

要求:以会计张远身份编制记账凭证(见图 4-82)。

图 4-82 记账凭证

1.(业务题)×事业单位 2014 年 12 月底项目支出事业活动收支账户的余额为:"上级补助收入——项目支出——办公设备购置"100 000 元,"事业支出——其他事业支出——项目支出"10 000 元。将以上项目支出收支账户的余额转入"事业结余——项目支出结余"账户。请编制相关业务的会计分录。

2.(实训题)×市政府文化部门所属事业单位民族博物馆 2014 年年末有关资料如下:
(1) 财政专项资金收入、支出本期发生额见表 4-9,请将其转入"财政补助结转"账户。

表 4-9　财政专项资金收入、支出本期发生额　　　单位：元

科目名称	借方发生额	贷方发生额
财政补助收入——基本支出		3 650 000
财政补助收入——项目支出		4 100 000
事业支出——财政补助支出——基本支出	3 600 000	
事业支出——财政补助支出——项目支出	4 100 000	
合　计	7 700 000	7 750 000

（2）将符合财政补助结余性质的项目余额转入"财政补助结余"账户5 000元。

（3）非财政专项资金收入、支出本期发生额见表4-10，请将其转入"非财政补助结转"账户。

表 4-10　非财政专项资金收入、支出本期发生额　　　单位：元

科目名称	借方发生额	贷方发生额
事业收入		1 500 000
其他收入		70 000
事业支出——非财政专项资金支出	1 340 000	
其他支出	60 000	
合　计	1 400 000	1 570 000

（4）经营收入、支出本期发生额见表4-11，请将其转入"经营结余"账户。

表 4-11　经营收入、支出本期发生额　　　单位：元

科目名称	借方发生额	贷方发生额
经营收入		93 000
经营支出	87 000	
合　计	87 000	93 000

（5）将当年实现的经营结余数转入"非财政补助结余分配"账户。

要求：根据以上资料，编制有关业务的会计分录。

任务4　事业单位会计收入

收入是指事业单位开展业务及其他活动依法取得的非偿还性资金。事业单位的收入包括财政补助收入、事业收入、上级补助收入、附属单位上缴收入、经营收入和其他收入等。

业务活动4-14　财政补助收入的核算

【活动目标】　了解财政补助收入包含的内容，掌握财政补助收入的账务处理。

1. 财政补助收入的概念

财政补助收入是事业单位从同级财政部门取得的各类财政拨款，包括基本支出补助和项目支出补助。

2. 账户设置及账务处理

事业单位应设置"财政补助收入"账户来对财政补助收入的增减变动进行核算。该账户属

收入类账户,贷方登记财政补助收入增加数,借方登记结转金额。期末,将该账户本期发生额转入财政补助结转,期末结账后,该账户应无余额。该账户应当设置"基本支出"和"项目支出"两个明细账户;在"基本支出"明细账户下按照"人员经费"和"日常公用经费"进行明细核算,在"项目支出"明细账户下按照具体项目进行明细核算。

在财政直接支付方式下,对财政直接支付的支出,事业单位根据财政国库支付执行机构委托代理银行转来的《财政直接支付入账通知书》及原始凭证,按照通知书中的直接支付入账金额,借记有关账户,贷记"财政补助收入"账户。年度终了,根据本年度财政直接支付预算指标数与当年财政直接支付实际支出数的差额,借记"财政应返还额度——财政直接支付"账户,贷记"财政补助收入"账户。

在财政授权支付方式下,事业单位根据代理银行转来的《授权支付到账通知书》,按照通知书中的授权支付额度,借记"零余额账户用款额度"账户,贷记该账户。年度终了,事业单位本年度财政授权支付预算指标数大于零余额账户用款额度下达数的,根据未下达的用款额度,借记"财政应返还额度——财政授权支付"账户,贷记该账户。

1) 财政直接支付方式下财政补助收入取得时的核算

在财政直接支付方式下,事业单位根据部门预算和用款计划,在需要财政部门支付财政资金时,向财政部门提出直接支付申请。财政部门审核无误后,通过财政零余额账户直接将款项支付给收款人。事业单位在收到财政部门委托财政零余额账户代理银行转来的财政直接支付入账通知书时,确认财政补助收入。

【例 4-35】 2014 年 7 月 1 日,广西新希望中等职业学校收到财政部门委托代理银行转来的财政直接支付入账通知书(见图 4-83),财政部门为学校支付了工会经费 13 500 元。

要求:以会计张远身份编制记账凭证(见图 4-84)。

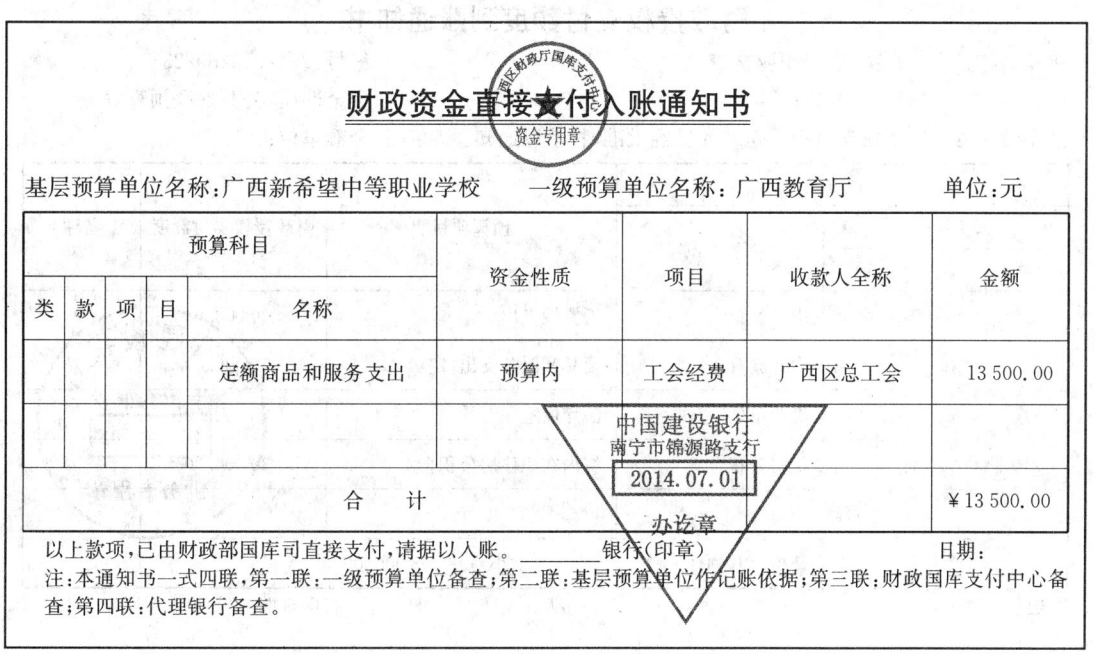

图 4-83 财政资金直接支付入账通知书

图 4-84 记账凭证

2) 财政授权支付方式下财政补助收入取得时的核算

在财政授权支付方式下,事业单位根据部门预算和用款计划,按规定时间和程序向财政部门申请财政授权支付用款额度。财政部门审核无误后,将财政授权支付用款额度下达到事业单位零余额账户代理银行。事业单位在收到代理银行转来的财政授权支付到账通知书时,确认财政补助收入。

【例 4-36】 2014 年 8 月 1 日,广西新希望中等职业学校收到代理银行转来的财政授权支付到账通知书(见图 4-85),收到财政授权支付额度 408 000 元。

要求:以会计张远身份编制记账凭证(见图 4-86)。

图 4-85 财政授权支付额度到账通知书

记账凭证

2014年08月01日　　　　　　　　　　　　记字第×××号

摘要	总账科目	明细科目	√	借方金额 千百十万千百十元角分	√	贷方金额 千百十万千百十元角分	附单据
获得财政授权支付额度	零余额账户用款额度			4 0 8 0 0 0 0 0			1张
	财政补助收入	基本支出				4 0 8 0 0 0 0 0	
合　计				¥ 4 0 8 0 0 0 0 0		¥ 4 0 8 0 0 0 0 0	

财务主管　　　　记账　　　　出纳 贺芳　　　　审核　　　　制单 张远

图 4-86　记账凭证

1. （单项选择题）下列收入中，不属于事业单位收入的是（　　）。
   A. 经营收入　　　　　　　　　B. 预算外资金收入
   C. 财政补助收入　　　　　　　D. 其他收入
2. （业务题）2014 年 8 月 3 日，广西新希望中等职业学校收到代理银行转来的财政授权支付到账通知书，收到财政授权支付额度，具体为："项目支出——教学设备采购"36 000 元。请编制相关会计分录。

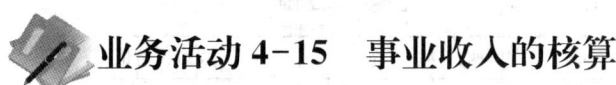 业务活动 4-15　事业收入的核算

【活动目标】　了解事业收入包含的内容，掌握事业收入的账务处理。

1. 事业收入的概念

事业收入是指事业单位开展专业业务活动及辅助活动所取得的收入。所谓专业业务活动，是指事业单位根据本单位专业特点所从事或开展的主要业务活动，如教育事业单位的教学活动、文化事业单位的演出活动、卫生事业单位的医疗保健活动、农业事业单位的技术推广活动等。

2. 账户设置及账务处理

事业单位应设置"事业收入"账户来对事业收入的增减变动进行核算。该账户属于收入类账户。采用财政专户返还方式管理的事业收入，当收到应上缴财政专户的事业收入时，按照收到的款项金额，借记"银行存款"、"库存现金"等账户，贷记"应缴财政专户款"账户。向财政专户上缴款项时，按照实际上缴的款项金额，借记"应缴财政专户款"账户，贷记"银行存款"等账户。收到从财政专户返还的事业收入时，按照实际收到的返还金额，借记"银行存款"等账户，贷记该账户。

期末，将该账户本期发生额中的专项资金收入结转入"非财政补助结转"账户，借记该账户下各专项资金收入明细账户，贷记"非财政补助结转"账户；将该账户本期发生额中的非专项资金收入结转入事业结余，借记该账户下各非专项资金收入明细账户，贷记"事业结余"账户。期末结账后，该账户应无余额。该账户应当按照事业收入类别、项目、《政府收支分类账户》中"支出功能分类"相关账户等进行明细核算。事业收入中如有专项资金收入，还应按具体项目进行明细核算。

【例 4-37】　2014 年 8 月 7 日，广西新希望中等职业学校开展职业技能培训业务活动，取

得事业收入 6 300 元,应当上缴财政专户。

要求:根据有关单据(见图 4-87 和图 4-88)以会计张远身份编制记账凭证(见图 4-89)。

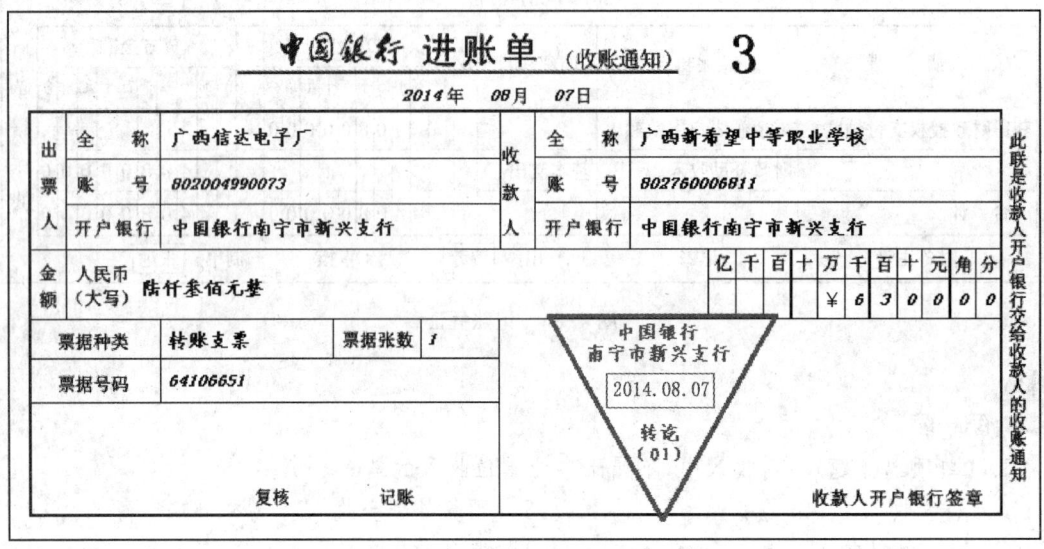

图 4-87　进账单

图 4-88　非税收入专用收据

图 4-89　记账凭证

【例4-38】 2014年8月8日,广西新希望中等职业学校向财政专户上缴款项。
要求:根据有关单据(见图4-90)以会计张远身份编制记账凭证(见图4-91)。

图 4-90 非税收入一般缴款书

图 4-91 记账凭证

【例4-39】 2014年8月10日,广西新希望中等职业学校收到代理银行转来从财政专户返还的事业收入6 300元。
要求:根据有关单据(见图4-92)以会计张远身份编制记账凭证(见图4-93)。

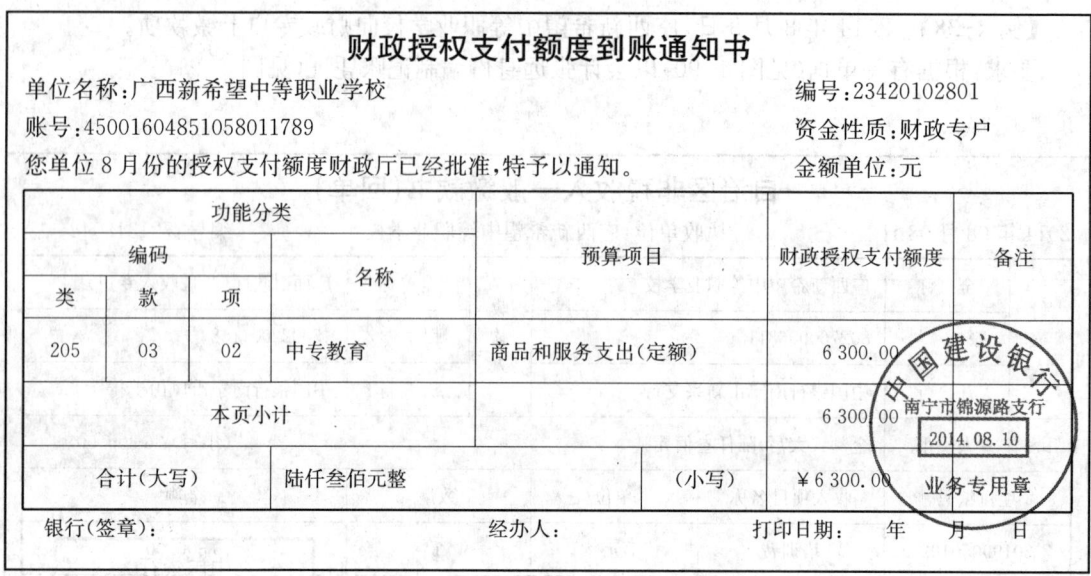

图 4-92 财政授权支付额度到账通知书

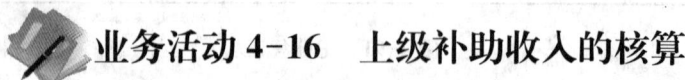

图 4-93 记账凭证

（业务题）2014 年 8 月 10 日，广西新希望中等职业学校收到从财政专户返还的事业收入 80 000 元。请编制相关业务的会计分录。

业务活动 4-16 上级补助收入的核算

【活动目标】 了解上级补助收入包含的内容，掌握上级补助收入的账务处理。

1. 上级补助收入的概念

上级补助收入是事业单位从主管部门和上级单位取得的非财政补助收入。

2. 账户设置及账务处理

事业单位应设置"上级补助收入"账户来对上级补助收入的增减变动进行核算。该账户属于收入类账户。收到上级补助收入时,按照实际收到的金额,贷记该账户;期末,将该账户本期发生额中的专项资金收入结转入非财政补助结转,借记该账户下各专项资金收入明细账户,贷记"非财政补助结转"账户;将该账户本期发生额中的非专项资金收入结转入事业结余,借记该账户下各非专项资金收入明细账户,贷记"事业结余"账户。期末结账后,该账户应无余额。该账户应当按照发放补助单位、补助项目等进行明细核算。上级补助收入中如有专项资金收入,还应按具体项目进行明细核算。

【例 4-40】 2014 年 6 月 22 日,广西新希望中等职业学校接到银行通知,收到上级单位拨来一笔非财政性的补助款项,具体项目和金额为:"项目支出——课题经费"35 000 元。

要求:根据有关单据(见图 4-94 和图 4-95)以会计张远身份编制记账凭证(见图 4-96)。

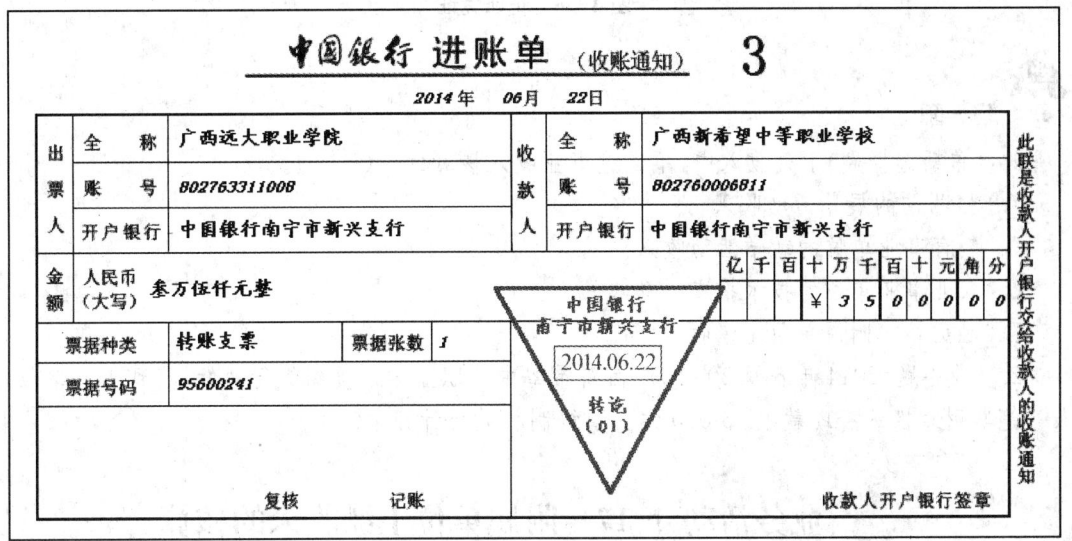

图 4-94 进账单

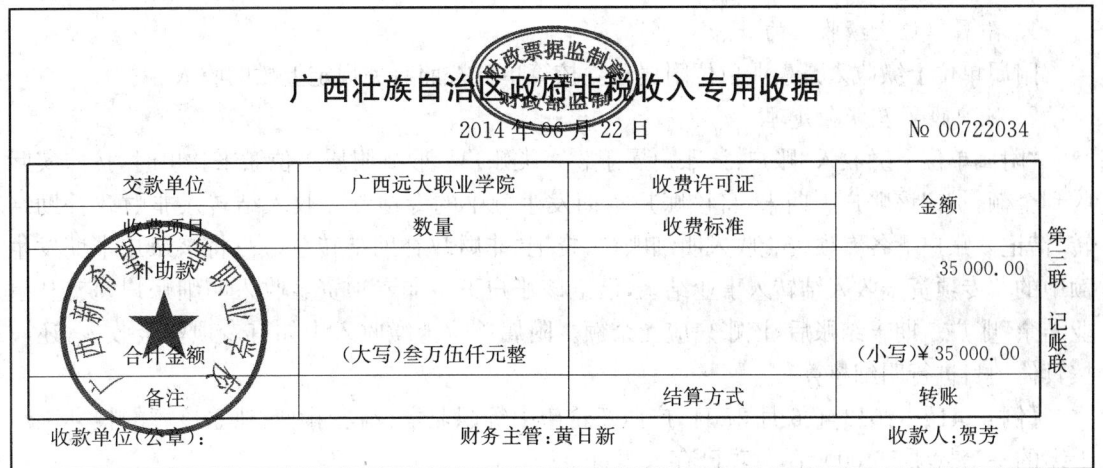

图 4-95 非税收入专用收据

图 4-96 记账凭证

1. （单项选择题）下列收入中，不通过事业收入核算的是（　　）。
  A. 博物馆的展览活动收入
  B. 教育事业单位的教学活动收入
  C. 农业事业单位的技术推广活动收入
  D. 独立核算附属单位上缴收入
2. （业务题）2014年6月30日，广西新希望中等职业学校接到银行通知，收到上级单位拨来一笔非财政性的补助款项15 000元。请编制相关会计分录。

业务活动4-17　附属单位上缴收入的核算

【活动目标】　了解附属单位上缴收入包含的内容，掌握附属单位上缴收入的账务处理。

1. 附属单位上缴收入的概念

附属单位上缴收入是事业单位附属独立核算单位按照有关规定上缴的收入。

2. 账户设置及账务处理

"附属单位上缴收入"账户：该账户属于收入类账户。收到附属单位缴来款项时，按照实际收到金额，贷记该账户。期末，将该账户本期发生额中的专项资金收入结转入非财政补助结转，借记该账户下各专项资金收入明细账户，贷记"非财政补助结转"账户；将该账户本期发生额中的非专项资金收入结转入事业结余，借记该账户下各非专项资金收入明细账户，贷记"事业结余"账户。期末结账后，该账户应无余额。附属单位上缴收入中如有专项资金收入，还应按具体项目进行明细核算。

【例4-41】　2013年6月27日，广西新希望中等职业学校收到附属独立核算的校办工厂上缴的一笔款项59 000元，款项已存入银行。

要求：根据有关单据（见图4-97和图4-98）以会计张远身份编制记账凭证（见图4-99）。

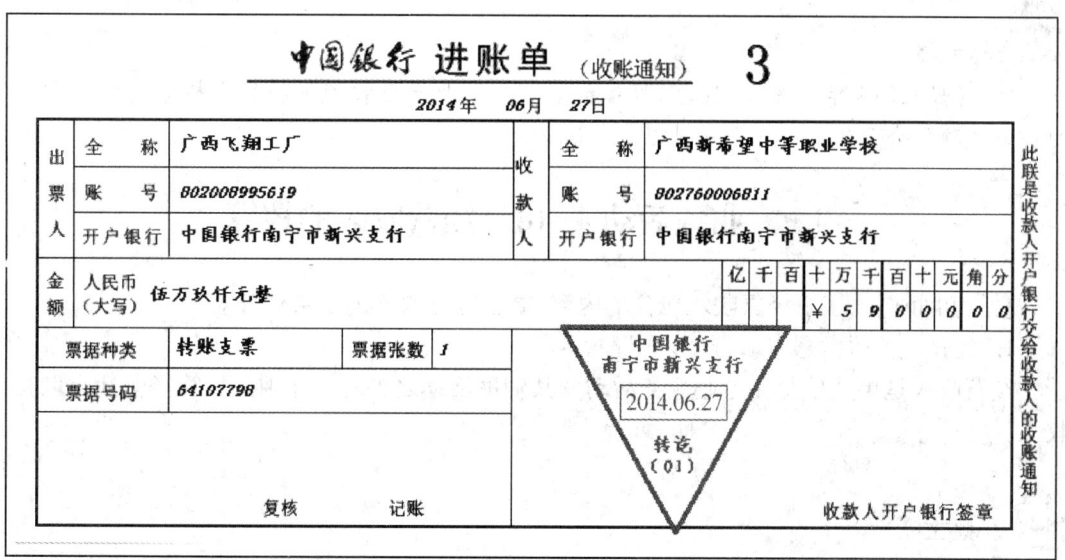

图 4-97 进账单

图 4-98 非税收入专用收据

记 账 凭 证

2014年06月27日   记字第×××号

摘 要	总账科目	明细科目	√	借方金额 千百十万千百十元角分	√	贷方金额 千百十万千百十元角分	附单据
收到附属单位上缴收入	银行存款			5 9 0 0 0 0 0			2张
	附属单位上缴收入					5 9 0 0 0 0 0	
合 计				¥ 5 9 0 0 0 0 0		¥ 5 9 0 0 0 0 0	

财务主管   记账   出纳 贺芳   审核   制单 张远

图 4-99 记账凭证

练一练

（业务题）2014 年 6 月 28 日，广西新希望中等职业学校收到附属独立核算的幼儿园上缴的一笔款项现金 3 000 元。请编制相关会计分录。

业务活动 4-18 经营收入的核算

【活动目标】 了解经营收入包含的内容，掌握经营收入的账务处理。

1. 经营收入的概念

经营收入是事业单位在专业业务活动及其辅助活动之外开展非独立核算经营活动取得的收入。

小贴士

事业单位的经营收入具备以下两个特征：

（1）它是经营活动取得的收入，而不是专业业务活动及辅助活动取得的收入。这是经营收入与事业收入的主要区别。

（2）它是非独立核算的经营活动取得的收入，而不是独立核算的经营业务取得的收入。

2. 账户设置及账务处理

"经营收入"账户：该账户属于收入类账户。取得经营收入时，贷记该账户；期末，将该账户本期发生额转入经营结余，借记该账户，贷记"经营结余"账户。期末结账后，该账户应无余额。

【例 4-42】 2014 年 9 月 11 日，广西新希望中等职业学校收到非独立核算的招待所交来住宿收入共计现金 3 900 元。

要求：根据有关单据（见图 4-100）以会计张远身份编制记账凭证（见图 4-101）。

广西壮族自治区政府非税收入专用收据

2014 年 09 月 11 日   №13722001

交款单位	学校招待所	收费许可证	金额
收费项目	数量	收费标准	
住宿收入			3 900.00
合计金额（大写）	叁仟玖佰元整		（小写）¥3 900.00
备注		结算方式	现金 现金收讫
收款单位（公章）：		财务主管：黄日新	收款人：贺芳

第三联 记账联

图 4-100 非税收入专用收据

图 4-101　记账凭证

小贴士

事业收入和经营收入的共同特征如下：

（1）它们都是事业单位在开展业务活动过程中从货品或服务的接受者处取得的收入；

（2）它们都体现事业单位与货品或服务的接受者之间的交换关系。只是经营收入体现经营活动的保本和获得原则，事业收入体现事业活动的公益和福利原则。

练一练

1.（单项选择题）某学校收到上级单位拨给的资金 50 万元，应记入的账户为（　　）。

A."附属单位上缴收入"

B."事业收入"

C."上级补助收入"

D."财政补助收入"

2.（业务题）2014 年 9 月 14 日，广西新希望中等职业学校接到银行通知，收到经营收入 8 000 元。请编制相关会计分录。

业务活动 4-19　其他收入的核算

【活动目标】　了解其他收入包含的内容，掌握其他收入的账务处理。

1．其他收入的概念

其他收入是事业单位除财政补助收入、事业收入、上级补助收入、附属单位上缴收入、经营收入以外的各项收入，包括投资收益、银行存款利息收入、租金收入、捐赠收入、现金盘盈收入、存货盘盈收入、收回已核销应收及预付款项、无法偿付的应付及预收款项等。

2．账户设置及账务处理

事业单位应设置"其他收入"账户来对其他收入的增减变动进行核算。该账户属于收入类账户。取得收入时，贷记该账户；期末，将该账户本期发生额中的专项资金收入结转入非财政补助结转,借记该账户下各专项资金收入明细账户,贷记"非财政补助结转"账户;将该账户本期发生额中的非专项资金收入结转入事业结余,借记该账户下各非专项资金收入明细账户,贷记"事业结余"账户。期末结账后,该账户应无余额。

该账户应当按照其他收入的类别等进行明细核算。对于事业单位对外投资实现的投资净损益,应单设"投资收益"明细账户进行核算;其他收入中如有专项资金收入(如限定用途的捐赠收入),还应按具体项目进行明细核算。

【例 4-43】 2014 年 9 月 13 日,广西新希望中等职业学校收到海南龙港集团公司未限定用途的捐赠 7 000 元,款项存入银行。

要求:根据有关单据(见图 4-102 和图 4-103)以会计张远身份编制记账凭证(见图 4-104)。

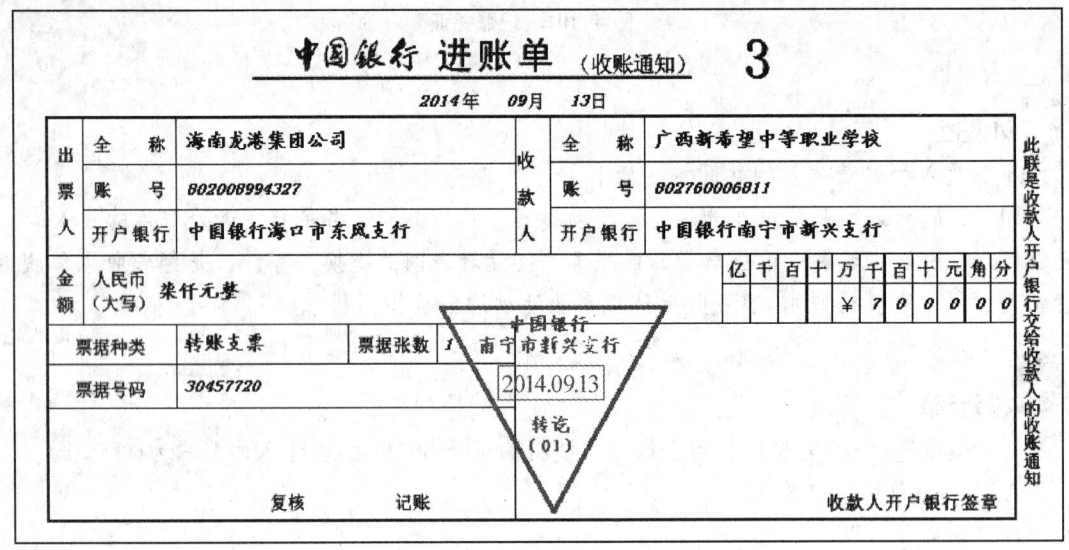

图 4-102 进账单

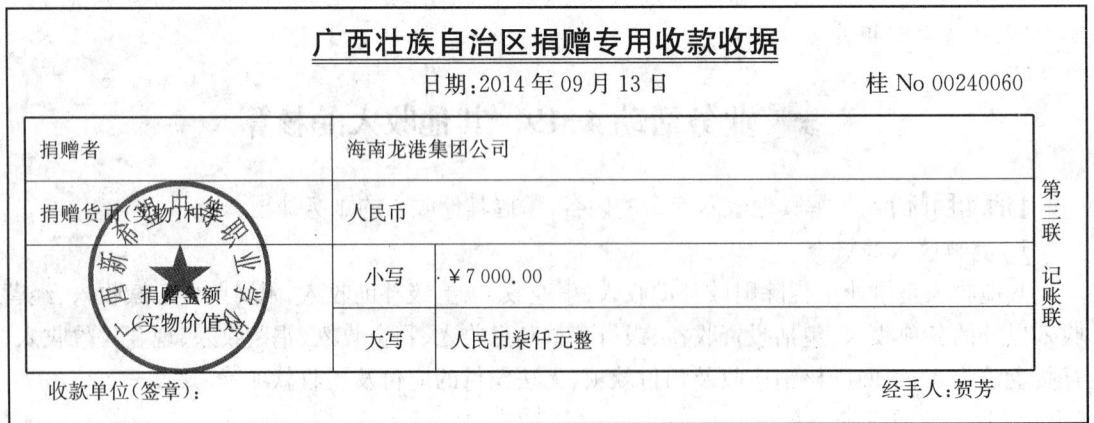

图 4-103 捐赠专用收款收据

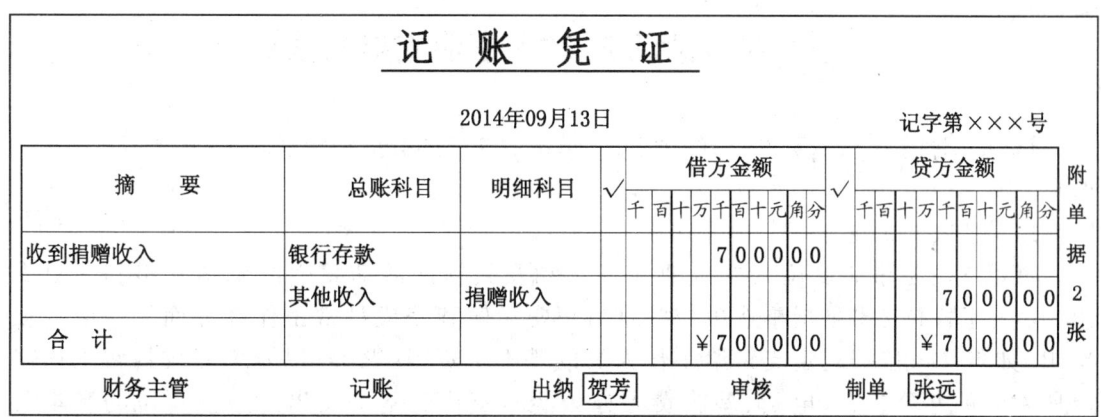

图 4-104 记账凭证

1.（业务题）2014 年 9 月 20 日，广西新希望中等职业学校收到银行存款利息收入 890.25 元。请编制相关业务的会计分录。

2.（实训题）×省农业科技院 2014 年发生如下经济业务：

（1）收到单位代理银行转来的财政授权支付到账通知书，收到一笔财政授权支付用款额度，具体为："基本支出——日常公用经费"414 000 元。

（2）收到财政部门委托其代理银行转来的财政直接支付入账通知书，财政部门为事业单位支付了一笔专用设备采购项目支出经费，具体为："项目支出——检验设备采购"86 000 元。

（3）收到单位代理银行转来的财政授权支付到账通知书，收到一笔财政授权支付用款额度，专项用于实验室建设，具体为："项目支出——实验室建设"25 000 元。

（4）收到上级单位拨来一笔非财政性的补助款项，具体为："项目支出——课题经费"14 000 元。

（5）收到财政部门从财政预算外资金专户返还一笔检验费预算外资金，用途为农药检验专项事务，具体为："项目支出——农药检验"6 300 元。

（6）收到附属独立核算的水稻研究所上缴的一笔款项 13 000 元，款项已存入银行。

（7）收到经营部门交来收入 2 670 元，存入银行。

（8）收到其他单位的未限定用途捐赠收入 14 500 元，款项存入银行。

要求：根据以上资料，为该农业科技院编制有关的会计分录。

任务 5　事业单位会计支出

事业单位的支出或者费用是指事业单位开展业务及其他活动发生的资金耗费和损失。事业单位的支出包括事业支出、对附属单位补助支出、上缴上级支出、经营支出和其他支出等。

业务活动 4-20　事业支出的核算

【活动目标】了解事业支出的内容，了解事业支出的列报和管理规定，掌握事业支出的账务处理。

1. 事业支出的概念

事业支出是事业单位开展专业业务活动及其辅助活动发生的基本支出和项目支出。其中，基本支出是指事业单位为维持正常运转和完成日常工作任务而发生的各项支出，如事业单位按规定支付给工作人员的基本工资、津贴等，以及为完成日常工作需要所发生的办公费、水电费、差旅费等办公经费支出。基本支出是事业单位的基本资金消耗，具有常规性和稳定性的特点。项目支出是指事业单位为完成专项工作或特定任务而发生的各项支出，一般包括房屋建筑物购建支出、专项大型修缮支出、专项事业任务支出等。与基本支出相比，项目支出具有非常规性、不稳定性的特点，一般都安排有专项资金来源。

2. 事业支出的分类

事业单位的事业支出应当按照《政府收支分类科目》中的"支出经济分类科目"进行分类。《政府收支分类科目》中的支出经济分类科目分设类级和款级两级科目。具体分类情况如下。

1) 工资福利支出

工资福利支出反映事业单位开支的在职职工和临时聘用人员的各类劳动报酬，以及为上述人员缴纳的各项社会保险费等。该科目分设如下款级科目：①基本工资。②津贴补贴。③社会保障缴费。④伙食补助费。⑤绩效工资。⑥其他工资福利支出。

2) 商品和服务支出

商品和服务支出反映事业单位购买商品和服务的支出（不包括用于购置固定资产的支出）。该科目分设如下款级科目：①办公费。②印刷费。③咨询费。④手续费。⑤水费。⑥电费。⑦邮电费。⑧取暖费。⑨物业管理费。⑩交通费。⑪差旅费。⑫出国费。⑬维修（护）费。⑭租赁费。⑮会议费。⑯培训费。⑰招待费。⑱专用材料费。⑲劳务费。⑳委托业务费。㉑工会经费。㉒福利费。㉓其他商品和服务支出。

3) 对个人和家庭的补助

对个人和家庭的补助反映事业单位用于对个人和家庭的补助支出。该科目分设如下款级科目：①离休费。②退休费。③退职(役)费。④抚恤金。⑤生活补助。⑥救济费。⑦医疗费。⑧助学金。⑨奖励金。⑩生产补贴。⑪住房公积金。⑫提租补贴。⑬购房补贴。⑭其他对个人和家庭的补助支出。

4) 基本建设支出

基本建设支出反映事业单位由各级发展与改革部门集中安排的用于购置固定资产、土地和无形资产，以及购建大型修缮所发生的支出。该科目分设如下款级科目：①房屋建筑物购建。②办公设备购置。③专用设备购置。④交通工具购置。⑤大型修缮。⑥信息网络购建。⑦其他基本建设支出。

5) 其他资本性支出

其他资本性支出反映事业单位由非各级发展与改革部门集中安排的用于购置固定资产、土地和无形资产,以及购建大型修缮所发生的支出。

6) 其他支出

其他支出反映不能划分到上述经济科目的其他支出。

 小贴士

事业支出的管理要求如下:

(1) 严格按照部门预算规定的用途和数额使用。事业单位的事业支出必须严格按照部门预算规定的用途和数额使用,不可办理无预算、超预算范围的事业支出。

(2) 保证基本支出的需要。事业单位的事业支出应当保证单位基本支出的需要,包括人员经费和日常公用经费的需要。对于单位的基本支出,应当实行优先保障、优先安排的管理原则。只有在基本支出安排得到保证后,才可以安排项目支出。

(3) 严格项目支出的管理。事业单位的项目支出应当实行区分轻重缓急进行科学论证、合理排序申报、立项后专款专用、追踪问效的管理制度。事业单位应当为每项项目支出单独建账,独立反映其资金来源和使用情况以及项目进度和完成情况,并及时对资金使用的效益作出评价。

(4) 实行综合预算管理方法。事业单位应当将事业单位的各项收入综合地安排用于事业支出,包括基本支出和项目支出。

(5) 划清事业支出与经营支出的界线。事业单位应当严格划清事业支出和经营支出的界线,不可将应列入经营支出的项目列入事业支出,也不可将应列入事业支出的项目列入经营支出。

3. 账户设置及账务处理

事业单位应设置"事业支出"账户来对事业支出的增减变动进行核算。该账户属于支出类账户,借方登记从事专业业务活动及其辅助活动发生的各项支出,期末,将该账户(财政补助支出)本期发生额结转入"财政补助结转"账户,借记"财政补助结转——基本支出结转、项目支出结转"账户,贷记该账户(财政补助支出——基本支出、项目支出)或该账户(基本支出——财政补助支出、项目支出——财政补助支出);将该账户(非财政专项资金支出)本期发生额结转入"非财政补助结转"账户,借记"非财政补助结转"账户,贷记该账户(非财政专项资金支出)或该账户(项目支出——非财政专项资金支出);将该账户(其他资金支出)本期发生额结转入"事业结余"账户,借记"事业结余"账户,贷记该账户(其他资金支出)或该账户(基本支出——其他资金支出、项目支出——其他资金支出)。期末结账后,该账户应无余额。

该账户应当按照"基本支出"、"项目支出"、"财政补助支出"、"非财政专项资金支出"和"其他资金支出"等层级进行明细核算。

【例 4-44】 2014 年 6 月 15 日,广西新希望中等职业学校通过银行账户支付学校水费。

要求:根据有关单据(见图 4-105 和图 4-106)以会计张远身份编制记账凭证(见图 4-107)。

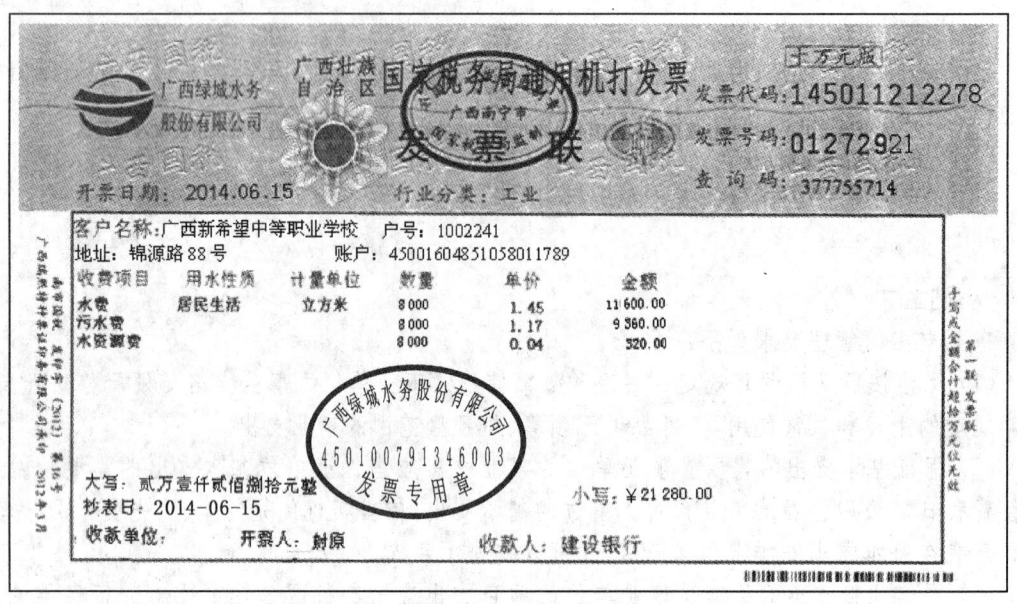

图 4-105　通用机打发票

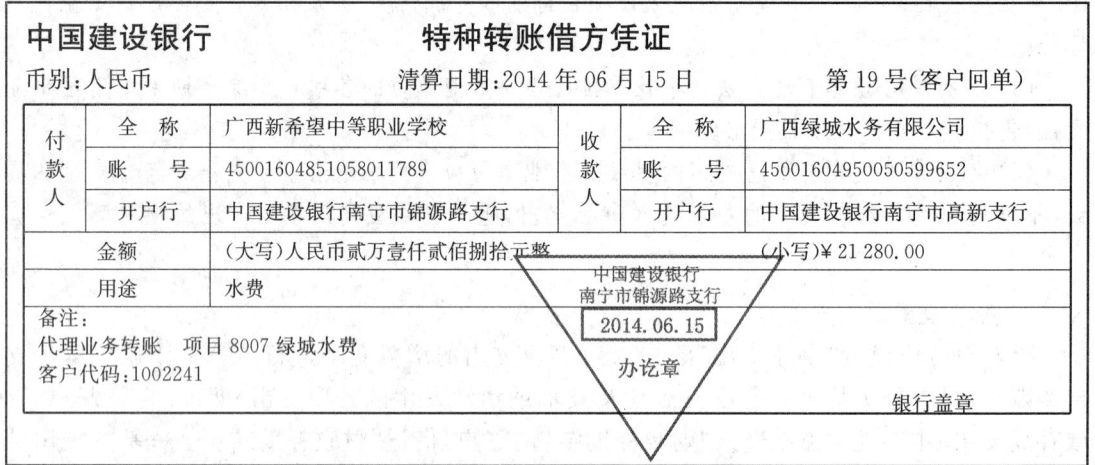

图 4-106　特种转账借方凭证

图 4-107　记账凭证

【例4-45】 2014年12月20日,广西新希望中等职业学校支付房屋大修理费用26 000元,通过零余额账户支付。

要求:根据有关单据(见图4-108～图4-110)以会计张远身份编制记账凭证(见图4-111)。

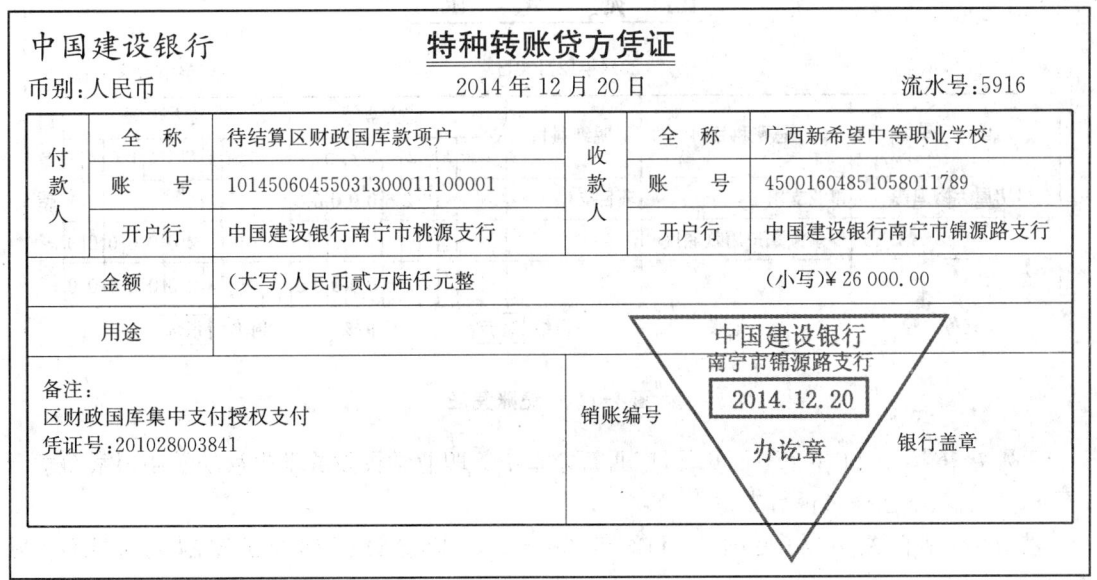

图4-108 财政授权支付凭证

图4-109 特种转账贷方凭证

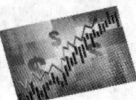

图 4-110 建筑业统一发票(代开)

记 账 凭 证

2014年12月20日　　　　　记字第×××号

摘　要	总账科目	明细科目	借方金额	贷方金额
支付房屋大修理费	事业支出	项目支出	2600000	
	零余额账户用款额度			2600000
合　计			¥2600000	¥2600000

财务主管　　　　记账　　　　出纳 贺芳　　　　审核　　　　制单 张远

图 4-111 记账凭证

【例 4-46】 2014 年 12 月 26 日,广西新希望中等职业学校发放学生秋季学期国家助学金 375 000 元,款项已通过银行支付。

要求:根据有关单据(见图 4-112 和图 4-113)以会计张远身份编制记账凭证(见图 4-114)。

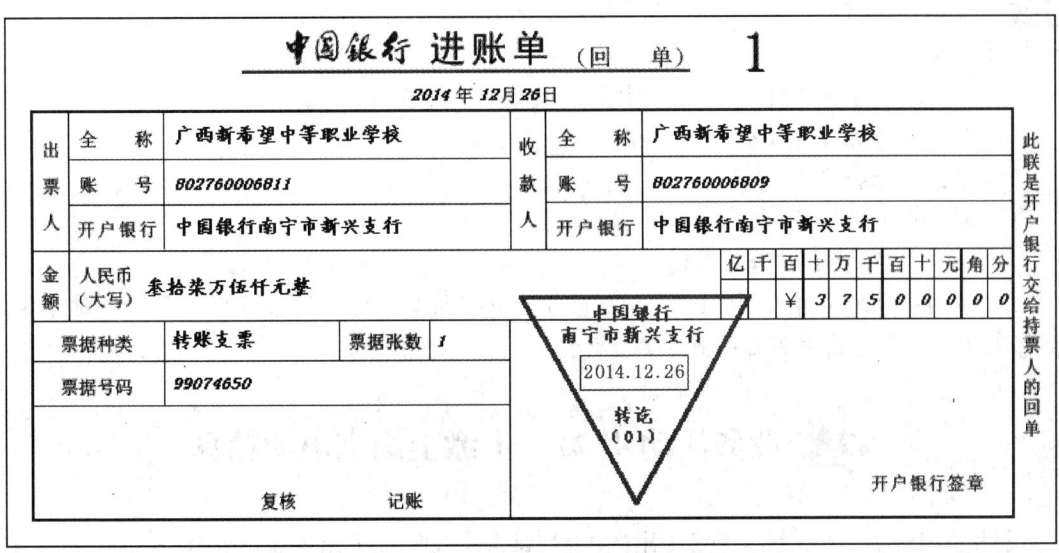

图 4-112 进账单

中间业务批交易成功明细表

2014 年 12 月 26 日

记录序号	客户号	客户名称	客户账号	应收/付金额	交易码
1	101	黎 言	62120000001025	750.00	5601
2	102	李婷婷	62120000001026	750.00	5601
3	103	王春南	62120000001027	750.00	5601
合计				375 000.00	

图 4-113 中间业务批交易成功明细表

记 账 凭 证

2014年12月26日　　　　　　　　　　　记字第×××号

摘 要	总账科目	明细科目	√	借方金额	√	贷方金额
发放学生助学金	事业支出	助学金		375000 00		
	银行存款					375000 00
合 计				¥375000 00		¥375000 00

附单据 2 张

财务主管　　　记账　　　出纳 贺芳　　　审核　　　制单 张远

图 4-114 记账凭证

练一练

1.（多项选择题）下列支出中,属于事业支出范围的有( )。
   A. 工作人员的基本工资
   B. 事业单位会议费
   C. 职工业务培训费
   D. 事业单位购买小汽车支出

2.（业务题）2014年6月14日,广西新希望中等职业学校通过银行存款账户支付学校电话费3 870.50元。请编制相关业务的会计分录。

业务活动4-21 上缴上级支出的核算

【活动目标】 了解上缴上级支出的内容,掌握上缴上级支出的账务处理。

1. 上缴上级支出的概念

上缴上级支出是事业单位按照财政部门和主管部门的规定上缴上级单位的支出。

2. 账户设置及账务处理

事业单位应设置"上缴上级支出"账户来对上缴上级支出的增减变动进行核算。该账户属于支出类账户,借方登记按规定将款项上缴上级单位的实际上缴金额；期末,将该账户本期发生额转入事业结余,借记"事业结余"账户,贷记该账户。期末结账后,该账户应无余额。该账户应当按照收缴款项单位、缴款项目等进行明细核算。

【例4-47】 2014年9月28日,广西新希望中等职业学校按规定上缴上级单位广西远大职业学院款项300 000元,款项已通过银行支付。

要求:根据有关单据(见图4-115至图4-117)以会计张远身份编制记账凭证(见图4-118)。

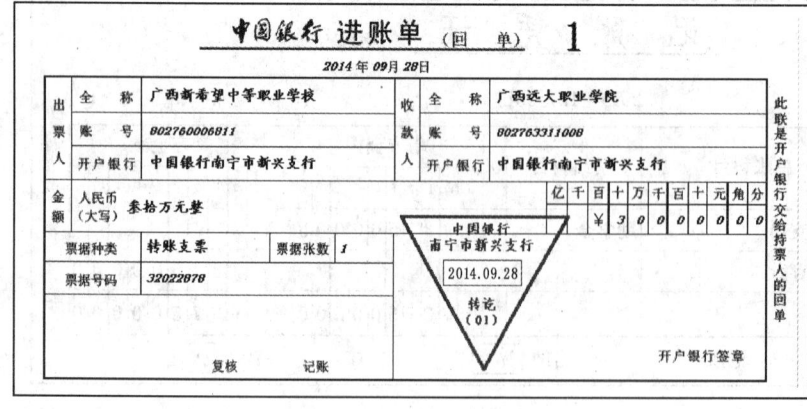

图4-115 进账单

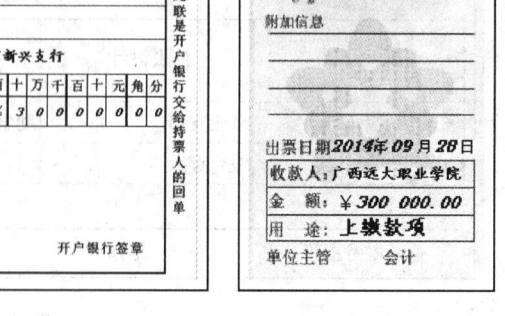

图4-116 转账支票存根

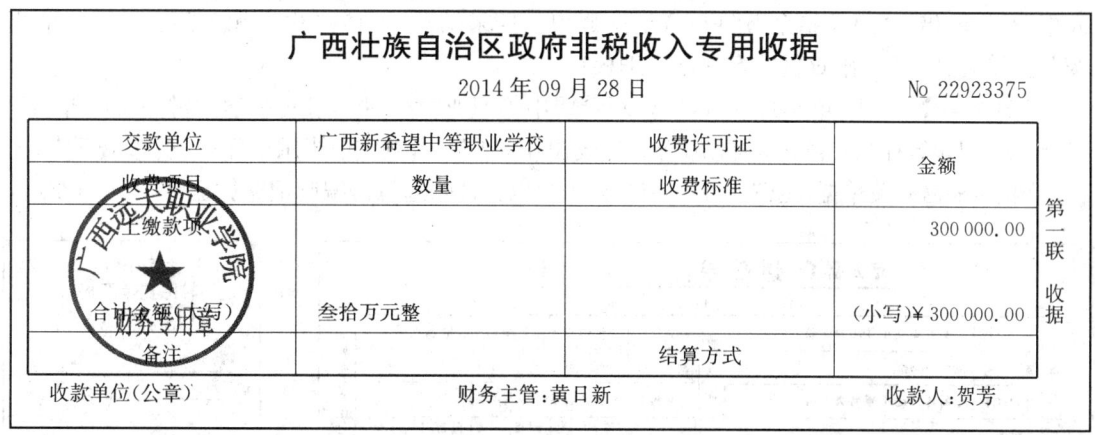

图 4-117 非税收入专用收据

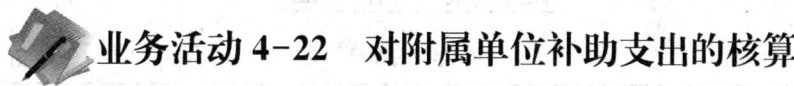

图 4-118 记账凭证

1.（业务题）2014 年 9 月 28 日，×省农科院水稻研究所按规定上缴上级单位农科院款项 5 000 元，款项已通过银行支付。请编制相关业务的会计分录。

2.（业务题）年终，×事业单位"上缴上级支出"账户余额为 34 000 元，将其转入"事业结余"账户。请编制相关业务的会计分录。

业务活动 4-22　对附属单位补助支出的核算

【活动目标】　了解对附属单位补助支出的内容，掌握对附属单位补助支出的账务处理。

1. 对附属单位补助支出的概念

对附属单位补助支出是事业单位用财政补助收入之外的收入对附属单位补助发生的支出。

2. 账户设置及账务处理

事业单位应设置"对附属单位补助支出"账户来对附属单位补助支出的增减变动进行核算。该账户属于支出类账户，借方登记对附属单位的补助支出；期末，将该账户本期发生额转入事业结余,借记"事业结余"账户,贷记该账户。期末结账后,该账户应无余额。该账户应当按照接受补助单位、补助项目等进行明细核算。

【例 4-48】 2014 年 9 月 5 日,广西新希望中等职业学校对其附属小学拨付一次性补助款 40 000 元,以银行存款支付。该补助属于基本支出业务补助,并规定应当用于日常公用经费开支。

要求:根据有关单据(见图 4-119~图 4-121)以会计张远身份编制记账凭证(见图 4-122)。

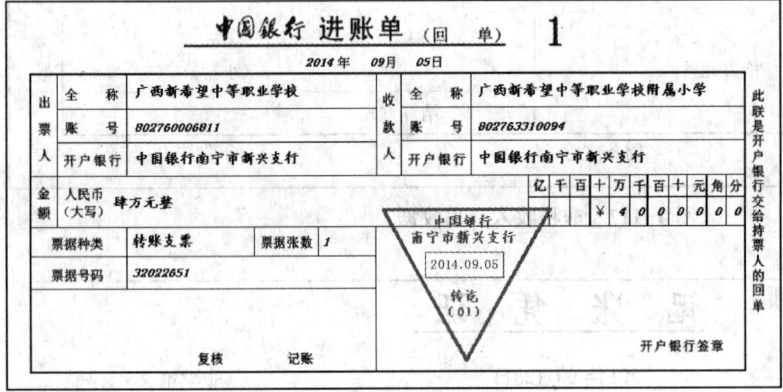

图 4-119 进账单

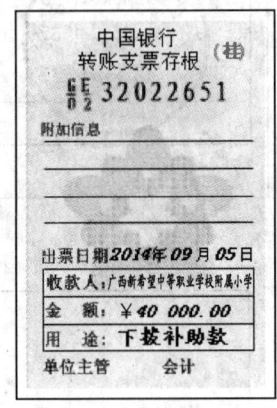

图 4-120 转账支票存根

广西壮族自治区政府非税收入专用收据

图 4-121 非税收入专用收据

图 4-122 记账凭证

1. (业务题)2014 年 9 月 9 日,某省农科院对其附属单位园林研究所拨付一次性补助款 58 000 元,以银行存款支付。请编制相关业务的会计分录。

2. (业务题)年终,某事业单位"对附属单位补助支出"账户借方余额为 21 000 元,将其转入"事业结余"账户。请编制相关业务的会计分录。

业务活动 4-23　经营支出的核算

【活动目标】　了解经营支出的内容,了解经营支出的列报和管理规定,掌握经营支出的账务处理。

1. 经营支出的概念

经营支出是事业单位在专业业务活动及其辅助活动之外开展非独立核算经营活动发生的支出。事业单位开展非独立核算经营活动的,应当正确归集开展经营活动发生的各项费用数;无法直接归集的,应当按照规定的标准或比例合理分摊。事业单位的经营支出与经营收入应当配比。

2. 账户设置及账务处理

事业单位应设置"经营支出"账户来对经营支出的增减变动进行核算。该账户属于支出类账户,借方登记专业业务活动及其辅助活动之外开展非独立核算经营活动的各项支出;期末,将该账户本期发生额转入经营结余,借记"经营结余"账户,贷记该账户。期末结账后,该账户应无余额。该账户应当按照经营活动类别、项目等进行明细核算。

【例 4-49】　2014 年 9 月 17 日,广西新希望中等职业学校为非独立核算的招待所购买客房用的茶杯 50 个,共计 160 元,以现金支付。

要求:根据有关单据(见图 4-123 和图 4-124)以会计张远身份编制记账凭证(图 4-125)。

图 4-123　通用手工发票

现金支付报销单

2014 年 09 月 17 日　　　　　　　　　　编号：15

摘要	招待所用茶杯										
金额人民币（大写）	壹佰陆拾元整	千	百	十	万	千	百	十	元	角	分
						¥	1	6	0	0	0
部门领导审批	同意。　　王东羽										

校领导：李厚德　　　财务负责人：黄日新　　　会计：张远　　　经手人：贺芳

图 4-124　现金支付报销单

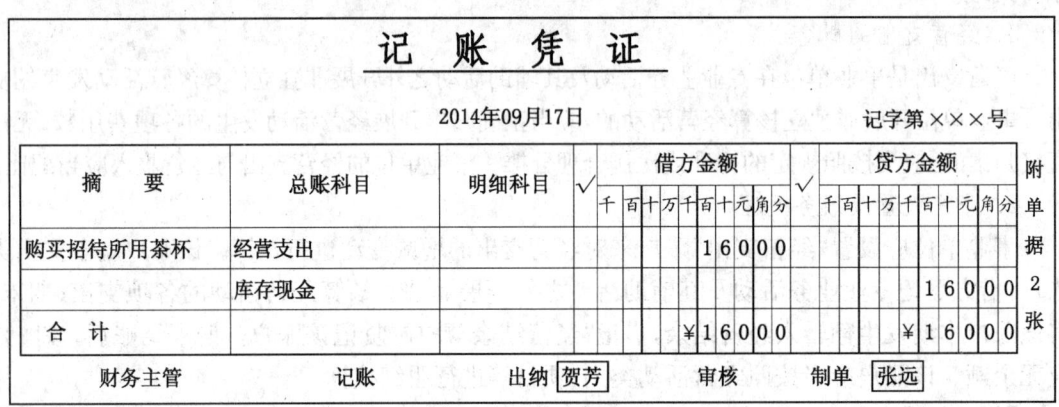

图 4-125　记账凭证

1.（单项选择题）下列各项中，需在年终转入"经营结余"账户的是事业单位的（　　）账户余额。

A."拨出经费"　　　　　　B."其他支出"

C."事业支出"　　　　　　D."经营支出"

2.（业务题）2014 年 9 月 24 日，广西新希望中等职业学校为经营部门开支办公费 3 910 元，以银行存款支付。请编制相关会计分录。

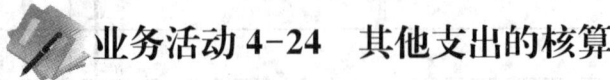

业务活动 4-24　其他支出的核算

【活动目标】　了解其他支出的内容，掌握其他支出的账务处理。

1. 其他支出的概念

其他支出是事业单位除事业支出、上缴上级支出、对附属单位补助支出、经营支出以外的各项支出，包括利息支出、捐赠支出、现金盘亏损失、资产处置损失、接受捐赠（调入）非流动资产发生的税费支出等。

2. 账户设置及账务处理

事业单位应设置"其他支出"账户来对其他支出的增减变动进行核算。该账户属于支出类账户,借方登记发生的各项其他支出;期末,将该账户本期发生额中的专项资金支出结转入非财政补助结转,借记"非财政补助结转"账户,贷记该账户下各专项资金支出明细账户;将该账户本期发生额中的非专项资金支出结转入事业结余,借记"事业结余"账户,贷记该账户下各非专项资金支出明细账户。期末结账后,该账户应无余额。该账户应当按照其他支出的类别等进行明细核算。其他支出中如有专项资金支出,还应按具体项目进行明细核算。

【例 4-50】 2014 年 12 月 31 日,广西新希望中等职业学校年终盘点现金,发现盘亏 105.6 元。

要求:根据有关单据(见图 4-126)以会计张远身份编制记账凭证(见图 4-127)。

现金盘点核销报告表
2014 年 12 月 31 日　　　　　　　　　　　　　　　　单位:元

实存金额	账面余额	盘盈	盘亏	原因
3 604.00	3 709.60		105.60	无法查找原因

处理意见:作为其他支出处理。

领导签字:黄日新
2014 年 12 月 31 日

图 4-126　现金盘点核销报告表

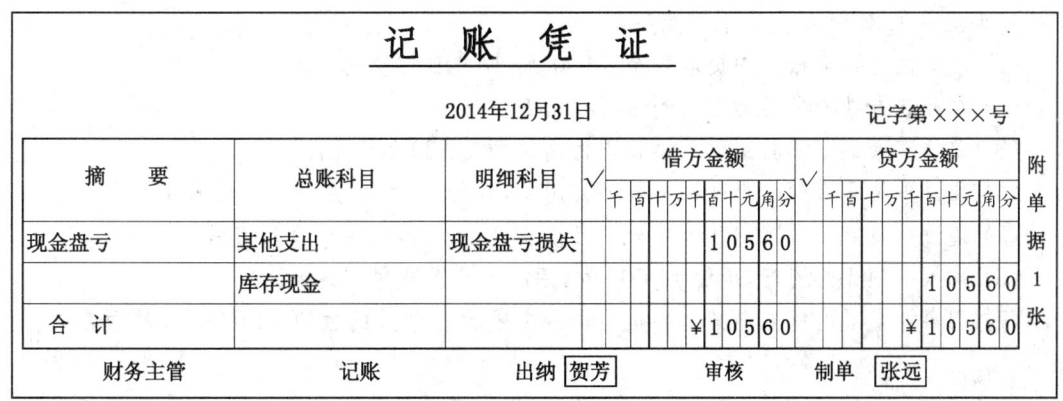

图 4-127　记账凭证

1.（业务题）2014 年 12 月 28 日,广西新希望中等职业学校向农村某小学捐赠现金 2 000 元。请编制相关业务的会计分录。

2.（实训题）×市政府教育局所属事业单位×中学 2014 年发生如下经济业务:

(1) 收到财政国库支付执行机构委托其代理银行转来的财政直接支付书,财政国库支付执行机构通过财政零余额账户为事业单位支付了一笔事业支出,具体为:"事业支出——基本支出——工资福利支出——基本工资"358 000元。

(2) 通过单位零余额账户支付了一笔事业支出,具体为:"事业支出——基本支出——日常公用经费——电费"4 710元。

(3) 收到财政国库支付执行机构委托其代理银行转来的财政直接支付书,财政国库支付执行机构通过财政零余额账户为事业单位支付了一笔事业支出,具体为:"事业支出——项目支出——教学设备购置"13 200元。

(4) 对其附属小学拨付一次性补助款36 000元,以银行存款支付。

(5) 通过银行存款账户使用一笔由财政专户返还的学生学费收入,支付了一笔教学方面的支出,具体为:"事业支出——日常公用经费——商品和服务支出——水费"1 470元。

(6) 教学部门从仓库领出一批以当年财政拨款购买的办公用品计1 110元,用于日常教学办公事务。

(7) 食堂开展经营活动发生经营支出585元,款项以银行存款支付。

(8) 按规定上缴上级单位某职业学院款项300 000元,款项已通过银行支付。

(9) 通过单位零余额账户支付了一笔事业支出,具体为:"事业支出——基本支出——人员经费——工资福利支出——绩效工资"24 450元。

(10) 盘点现金,发现盘亏35.10元,无法查找原因。

要求:根据以上资料,为该中学编制有关的会计分录。

综合实训题

×事业单位2014年发生下列业务:
(1) 从单位零余额账户中提取现金3 000元,以备日常使用。
(2) 在开展专业业务活动中收到银行存款8 500元。
(3) 单位零余额账户收到财政授权支付用款额度630 000元。
(4) 通过单位零余额账户购入一批办公用品,计价720元,办公用品已入库。
(5) 通过财政零余额账户购入一台办公设备3 640元,设备已投入使用。
(6) 购入一项无形资产,价值14 000元,用银行存款支付。
(7) 因事业发展的需要向某金融机构借入期限为6个月的款项90 000元,款项存入开户银行。
(8) 购入500件甲材料,含税单价为20元,供货方开具普通发票一张,该事业单位开出一张期限为3个月的银行承兑汇票。
(9) 向某金融机构借入的用于事业发展的款项到期,以银行存款偿还本金20 000元,并支付借款利息1 900元。
(10) 通过单位零余额账户向某公司偿付应付账款4 800元。
(11) 收到一项应缴国库的事业性收费3 400元,款项存入开户银行。
(12) 将收到的应缴国库款3 400元通过开户银行上缴财政国库。
(13) 按照国家统一规定,计算出应向在职人员发放的基本工资和津贴补贴660 000元、应向离退休人员发放的离退休费81 000元。

(14) 通过财政零余额账户向在职人员发放基本工资和津贴补贴 660 000 元,向退休人员发放离退休费 81 000 元。

(15) 收到单位代理银行转来的财政授权支付到账通知书,收到一笔财政授权支付用款额度,具体为:"基本支出——日常公用经费"41 400 元。

(16) 收到财政部门委托其代理银行转来的财政直接支付入账通知书,财政部门为事业单位支付了一笔工会经费,具体为:"基本支出——工会经费"23 000 元。

(17) 收到经营部门交来收入 3 610 元,存入银行。

(18) 收到其他单位的未限定用途捐赠收入 7 000 元,款项存入银行。

(19) 通过单位零余额账户支付了一笔事业支出,具体为:"事业支出——基本支出——日常公用经费——电费"3 950 元。

(20) 收到财政国库支付执行机构委托其代理银行转来的财政直接支付书,财政国库支付执行机构通过财政零余额账户为事业单位支付了一笔事业支出,具体为:"事业支出——项目支出——教学设备购置"13 200 元。

(21) 食堂开展经营活动发生经营支出 1 340 元,款项以银行存款支付。

(22) 支付一笔事业支出,具体为:"事业支出——基本支出——日常公用经费——交通费"120 元,款项以现金支付。

(23) 按平均年限法计提本月固定资产折旧 3 580 元。

(24) 期末盘点现金,发现盘亏 27 元,无法查找原因。

(25) 财政专项资金收入、支出本期发生额见表 4-12,将其转入"财政补助结转"账户。

表 4-12 　　　　　　　　财政专项资金收入、支出本期发生额　　　　　　　　单位:元

账户名称	借方发生额	贷方发生额
财政补助收入——基本支出		699 000
财政补助收入——项目支出		13 200
事业支出——财政补助支出——基本支出	691 430	
事业支出——财政补助支出——项目支出	13 200	
合　　计	704 630	712 200

(26) 将符合财政补助结余性质的项目余额转入财政补助结余 7 600 元。

(27) 非财政专项资金收入、支出本期发生额见表 4-13,将其转入"非财政补助结转"账户。

表 4-13 　　　　　　　　非财政专项资金收入、支出本期发生额　　　　　　　　单位:元

账户名称	借方发生额	贷方发生额
事业收入		8 500
其他收入		7 000
事业支出——非财政专项资金支出	14 000	
其他支出	1 927	
合　　计	15 927	15 500

(28) 经营收入、支出本期发生额见表 4-14,将其转入"经营结余"账户。

表 4-14　　　　　　　　　经营收入、支出本期发生额　　　　　　　单位:元

账户名称	借方发生额	贷方发生额
经营收入		3 610
经营支出	1 340	
合　计	1 340	3 610

(29) 将当年实现的经营结余数 2 270 元转入"非财政补助结余分配"账户。

(30) 年终"非财政补助结余分配"账户贷方余额为 2 270 元,转"事业基金"账户。

要求:根据以上资料,为该事业单位编制有关的会计分录。

模块 5

民间非营利组织会计

学习目标 　了解民间非营利组织会计的概念,知道民间非营利组织的会计主体、目标、原则、会计要素及组成体系。

能力目标 　通过学习,学生能够对民间非营利组织的财务核算有一个全面的了解。

背景介绍 　民间非营利组织会计是指核算、反映和监督民间非营利组织经济活动及其结果的专业会计。民间非营利组织的会计要素分为资产、负债、净资产、收入费用类。各要素种类下设相应的会计科目。各类民间非营利组织统一适用的会计科目见表5-1。

表 5-1　　　　　　民间非营利组织会计科目表

编号	科目名称	编号	科目名称
	一、资产类	1202	存货跌价准备
1001	现金	1301	待摊费用
1002	银行存款	1401	长期股权投资
1009	其他货币资金	1402	长期债权投资
1101	短期投资	1421	长期投资减值准备
1102	短期投资跌价准备	1501	固定资产
1111	应收票据	1502	累计折旧
1121	应收账款	1505	在建工程
1122	其他应收款	1506	文物文化资产
1131	坏账准备	1509	固定资产清理
1141	预付账款	1601	无形资产
1201	存货	1701	受托代理资产

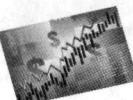

(续表)

编号	科目名称	编号	科目名称
	二、负债类	3101	非限定性净资产
2101	短期借款	3102	限定性净资产
2201	应付票据		四、收入费用类
2202	应付账款	4101	捐赠收入
2203	预收账款	4201	会费收入
2204	应付工资	4301	提供服务收入
2206	应交税金	4401	政府补助收入
2209	其他应付款	4501	商品销售收入
2301	预提费用	4601	投资收益
2401	预计负债	4901	其他收入
2501	长期借款	5101	业务活动成本
2502	长期应付款	5201	管理费用
2061	受托代理负债	5301	筹资费用
	三、净资产类	5401	其他费用

本章例题均围绕南宁市红十字会2014年发生的经济业务展开。该红十字会的主体背景如下：

主体名称：南宁市红十字会　　　　公章：

性质：非营利性社会团体组织

法人：黄海

财务主管：李宏

会计：张宇

出纳：陈晓

开户银行：中国工商银行南宁市民主支行

账户：000009876543210000

任务1　民间非营利组织资产

业务活动5-1　货币资金的核算

【活动目标】　掌握民间非营利组织会计货币资金的核算。

1. 现金的核算

为了反映和监督行政单位现金收支及结存情况，需设置"现金"账户。该账户借方登记现金的增加；贷方登记现金的减少；余额在借方，反映单位库存现金实有数。

【例5-1】　2014年6月10日，南宁市红十字会从银行提款1 000元以备零用。

要求：根据有关单据（见图5-1）以会计张宇身份编制记账凭证（见图5-2）。

中国工商银行
现金支票存根（桂）

$\frac{G}{D}\frac{E}{2}$ 3218745

附加信息

出票日期　2014 年 06 月 10 日

收款人：南宁市红十字会

金　　额：￥1 000.00

用　　途：备用金

单位主管　　　　会计

图 5-1　现金支票存根

记 账 凭 证

2014年06月10日　　　　　　　　　　　　　　　　　记字第010号

摘　要	总账科目	明细科目	√	借方金额 千百十万千百十元角分	√	贷方金额 千百十万千百十元角分	附单据1张
提现	现金			100000			
	银行存款					100000	
合　计				￥100000		￥100000	

财务主管　　　　　记账　　　　　出纳 陈晓　　　　　审核　　　　　制单 张宇

图 5-2　记账凭证

【例 5-2】　2014 年 6 月 10 日，南宁市红十字会职员出差借支 1 000 元。

要求：根据有关单据（见图 5-3）以会计张宇身份编制记账凭证（见图 5-4）。

借 款 单

资金性质　　　　　2014 年 06 月 10 日　　　　　　　　　第 2 号

| 借款单位：李宁 |
| 借款理由：出差预借差旅费 |
| 借款金额：人民币（大写）壹仟元整　　　　　　　　　　（小写）￥1 000.00 |
| 部门负责人意见：同意　　李好 |
| 总经理 黄兵　　财务经理 李宏　　会计 陈雨　　出纳 梁晓　　借款人 李宁 |

第一联 借款人留存

图 5-3　借款单

记 账 凭 证

2014年06月10日　　　　　　　　　　　　　　　记字第011号

摘　要	总账科目	明细科目	√	借方金额 千百十万千百十元角分	√	贷方金额 千百十万千百十元角分	附单据
预借差旅费	其他应收款	李宁		1 0 0 0 0 0			1张
	现金					1 0 0 0 0 0	
合　计				¥ 1 0 0 0 0 0		¥ 1 0 0 0 0 0	

财务主管　　　　记账　　　　出纳 陈晓　　　　审核　　　　制单 张宇

图 5-4　记账凭证

2. 银行存款的核算

为了核算和反映银行存款的增减变动及其结存情况，需设置"银行存款"账户。该账户借方反映增加的银行存款数；贷方反映减少的银行存款数；余额在借方，反映银行存款结存数。

【**例 5-3**】　2014 年 6 月 12 日，南宁市红十字会将收到的捐款 50 000 元，于当日存入银行。

要求：根据有关单据(见图 5-5)以会计张宇身份编制记账凭证(见图 5-6)。

中国工商银行进账单(收账通知)　1

2014 年 6 月 12 日　　　　　　　　　　　　　　　第××号

付款人	全　称	南宁万达公司	收款人	全　称	南宁市红十字会
	账　号	00321654987		账　号	000009876543210000
	开户银行	中国工商银行南宁市民主支行		开户银行	中国工商银行南宁市民主支行

人民币 (大写)	伍万元整	千 百 十 万 千 百 十 元 角 分
		¥ 　5 0 0 0 0 0 0

票据种类

票据张数

中国工商银行
南宁市民主支行
2014.06.12
付讫章

收款人开户行盖章

此联是收款人开户行给收款人的收账通知

单位主管会计

复核　　　　记账

图 5-5　银行进账单

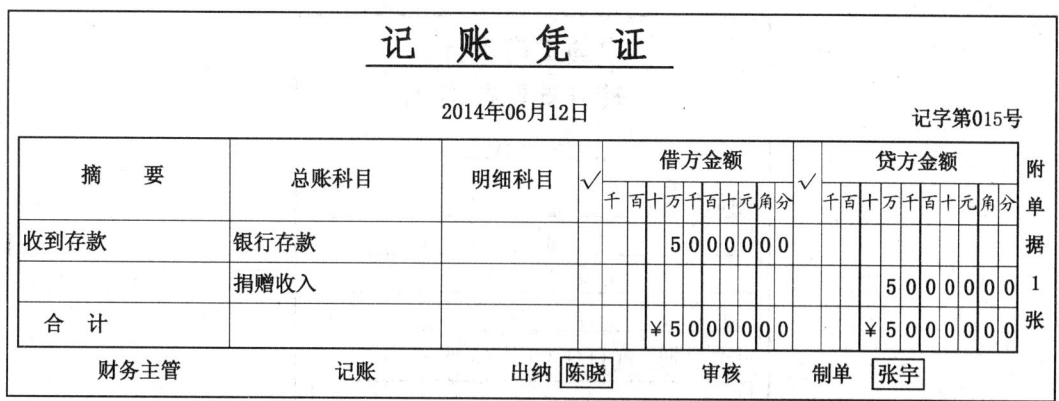

图 5-6 记账凭证

【例 5-4】 2014 年 6 月 15 日,南宁市红十字会购进货物,款项共计 60 000 元,款项用银行存款转账支付,货物入库。

要求:根据有关单据(见图 5-7~图 5-9)以会计张宇身份编制记账凭证(见图 5-10)。

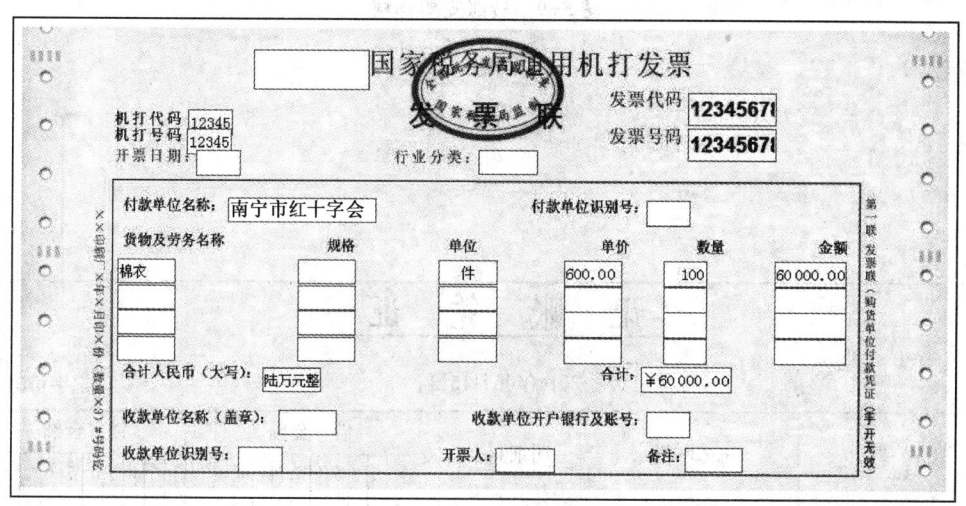

图 5-7 通用机打发票

收 料 单

供货单位:							凭证编号:	
发票号码:			2014 年 06 月 15 日				收料仓库:民主仓库	
材料编号	材料规格及名称		计量单位	数量		价格(元)		
				应收	实收	单价		金额
01	棉衣		件	100	100	600.00		60 000.00
备注						合计		60 000.00
仓库负责人:		记账:			仓库保管:			收料:陈丽

图 5-8 收料单

中国工商银行
转账支票存根(桂)
$\dfrac{G}{D}\dfrac{E}{2}$ 38745268

附加信息

出票日期 2014年06月15日
收款人：南宁市家乐福
金　额：￥60 000.00
用　途：购进货物
单位主管　　　会计

图 5-9　转账支票存根

记 账 凭 证

2014年06月15日　　　　　　　　记字第017号

摘要	总账科目	明细科目	√	借方金额 千百十万千百十元角分	√	贷方金额 千百十万千百十元角分	附单据
购进货物	存货			6 0 0 0 0 0 0			3张
	银行存款					6 0 0 0 0 0 0	
合　计				￥6 0 0 0 0 0 0		￥6 0 0 0 0 0 0	

财务主管　　　记账　　　出纳 陈晓　　　审核　　　制单 张宇

图 5-10　记账凭证

【例 5-5】 2014年6月15日,南宁市红十字会从银行转账支付业务活动费用55 000元。

要求:根据有关单据(见图 5-11 和图 5-12)以会计张宇身份编制记账凭证(见图 5-13)。

```
          中国工商银行
        转账支票存根(桂)
           G E
           ─ ─ 3654134
           D 2
附加信息 _____
        _____
        _____

出票日期  2014 年 06 月 15 日
收款人：南宁市家乐福
金  额：￥55 000.00
用  途：支付活动费

单位主管            会计
```

图 5-11　转账支票存根

支 出 报 批 单

申报部门：总部　　　　　　填报日期：2014 年 06 月 15 日

用途：支付业务活动费	
金额(大写)伍万伍仟零佰零拾零元零角零分	(小写)￥55 000.00
单位领导批示：同意 　　　　2014 年 06 月 15 日	部门负责人审核：同意 　　　　2014 年 06 月 15 日
财会负责人：　　　　会计：　　　　出纳：陈晓	经办人：吴鹏

图 5-12　支出报批单

记 账 凭 证

2014年06月15日　　　　　　　　　　　　　　　　　　记字第019号

摘　要	总账科目	明细科目	✓	借方金额 千百十万千百十元角分	✓	贷方金额 千百十万千百十元角分	附单据
支付业务活动费	业务活动成本			5 5 0 0 0 0 0			1张
	银行存款					5 5 0 0 0 0 0	
合　计				￥　　5 5 0 0 0 0 0		￥　　5 5 0 0 0 0 0	

财务主管　　　　记账　　　　出纳 陈晓　　　　审核　　　　制单 张宇

图 5-13　记账凭证

【例5-6】 2014年6月15日,南宁市红十字会收到银行收账通知,收到存款利息收入500元。
要求:根据有关单据(见图5-14)以会计张宇身份编制记账凭证(见图5-15)。

图 5-14 进账单

图 5-15 记账凭证

3. 其他货币资金的核算

其他货币资金是民间非营利组织除现金、银行存款以外的其他各种货币资金,包括外埠存款、银行汇票存款、银行本票存款、信用卡存款、信用证保证金存款、存出投资款(或者存入其他金融机构)等各种其他货币资金。

练一练

1. (业务题)从银行转账支付业务活动费用3 000元。请编制相应的会计凭证。
2. (业务题)收到银行收账通知,收到存款利息收入200元。请编制相应的会计凭证。
3. (业务题)某非营利组织从银行提款1 500元以备零用。请编制相应的会计凭证。

4.（业务题）某非营利组织职员出差借支 800 元。请编制相应的会计凭证。

业务活动 5-2　应收及预付款项的核算

【活动目标】　掌握民间非营利组织会计应收款项和预付款项的核算。

1. 应收票据的核算

1）应收票据的概念

应收票据是指民间非营利组织因销售商品、提供服务等收到的、且尚未到期的商业汇票。商业汇票根据承兑人的不同，可以分为商业承兑汇票和银行承兑汇票；商业汇票根据是否计息，又可以分为带息票据和不带息票据。

2）应收票据的主要账务处理

（1）不带息应收票据的核算。不带息应收票据的到期价值等于应收票据的面值。民间非营利组织收到开出、承兑的商业汇票时，按应收票据的面值，借记"应收票据"账户，按实现的收入，贷记"商品销售收入"、"提供服务收入"等账户。

民间非营利组织收到用于抵偿应收账款的应收票据时，借记"应收票据"账户，贷记"应收账款"账户。

应收票据到期收回时，按其票面金额，借记"银行存款"账户，贷记"应收票据"账户。商业承兑汇票到期，承兑人违约拒付或无力支付票款，民间非营利组织收到银行退回的商业承兑汇票、委托收款凭证、未付票款通知书或拒绝付款证明等，将到期票据的票面金额转入"应收账款"账户。对于银行承兑汇票，由于承兑人是银行，通常不存在退票的情况。

【例 5-7】　2014 年 7 月 10 日，南宁市红十字会因销售商品收到期限 4 个月、面值 45 000 元的不带息商业承兑汇票一张。

要求：根据有关单据（见图 5-16 和图 5-17）以会计张宇身份编制记账凭证（如图 5-18～图 5-20）。

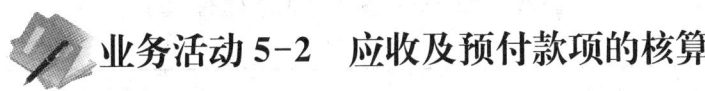

图 5-16　商业承兑汇票

中国工商银行进账单(收账通知) 1

2014 年 11 月 10 日   第 013 号

付款人	全称	南宁市立有公司	收款人	全称	南宁市红十字会
	账号	852369741		账号	000009876543210000
	开户银行	中国工商银行南宁市大学路支行		开户银行	中国工商银行南宁市民主支行

人民币（大写）	肆万伍仟元整	千	百	十	万	千	百	十	元	角	分
				¥	4	5	0	0	0	0	0

票据种类
票据张数

中国工商银行
南宁市民主支行
2014.11.10
付讫章

单位主管　　　　会计
复核　　　　　　记账

收款人开户行盖章

此联是收款人开户行给收款人的收账通知

图 5-17　进账单

a. 收到票据时：

记 账 凭 证

2014年07月10日　　　　　　记字第010号

摘要	总账科目	明细科目	√	借方金额								√	贷方金额								附单据
				千	百	十	万	千	百	十	元	角	分	千	百	十	万	千	百	十	元	角	分	
收到商业承兑汇票一张	应收票据						4	5	0	0	0	0	0											1张
	商品销售收入																4	5	0	0	0	0	0	
合计				¥			4	5	0	0	0	0	0	¥			4	5	0	0	0	0	0	

财务主管　　　　记账　　　　出纳 陈晓　　　　审核　　　　制单 张宇

图 5-18　记账凭证

b. 票据到期时（收到款项）：

记 账 凭 证

2014年11月10日　　　　　　记字第010号

摘要	总账科目	明细科目	√	借方金额								√	贷方金额								附单据
				千	百	十	万	千	百	十	元	角	分	千	百	十	万	千	百	十	元	角	分	
商业承兑汇票到期收款	银行存款						4	5	0	0	0	0	0											1张
	应收票据																4	5	0	0	0	0	0	
合计				¥			4	5	0	0	0	0	0	¥			4	5	0	0	0	0	0	

财务主管　　　　记账　　　　出纳 陈晓　　　　审核　　　　制单 张宇

图 5-19　记账凭证

c. 票据到期时(未收到款项):

如果购货单位无力偿还到期票款,该民间非营利组织应当将到期票据的票面金额转入"应收账款"账户。

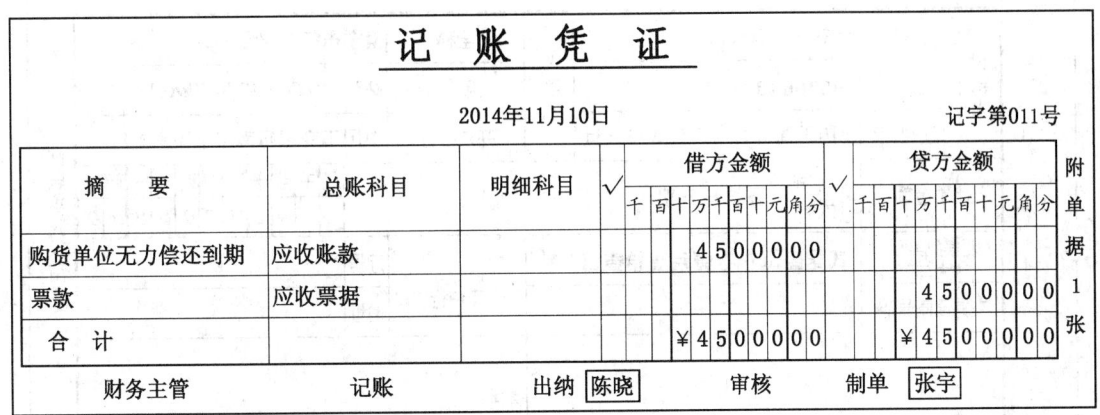

图 5-20 记账凭证

(2) 带息应收票据的核算。民间非营利组织收到的带息应收票据,除按照上述原则进行核算外,还应当于期末,按照应收票据的票面价值和确定的利率计算票据利息,并增加应收票据的账面余额,借记"应收票据"账户,贷记"筹资费用"账户。

到期不能收回的带息应收票据,应当按其账面余额转入"应收账款"账户核算,期末不再计提利息。其所包含的利息,在有关备查簿中进行登记,待实际收到时再冲减收到当期的筹资费用,借记"银行存款"等账户,贷记"筹资费用"账户。

票据利息的计算公式为:

$$应收票据利息 = 应收票据票面金额 \times 票面利率 \times 期限$$

带息应收票据到期收回款项时,应当按收到的本息,借记"银行存款"账户,按账面余额,贷记"应收票据"账户,按其差额(未计提利息部分)贷记"筹资费用"账户。

【例 5-8】 2014 年 7 月 11 日,甲民间非营利组织销售一批商品给南宁万有公司,货已发出,价款合计为 100 000 元。当日,收到南宁万有公司签发的商业承兑汇票一张,期限为 6 个月,票面利率为 6%。

要求:根据有关单据(见图 5-21 和图 5-22)以会计张宇身份编制记账凭证(见图 5-23~图 5-25)。

(1) 销售商品时:
(2) 计提票据利息时:

$$票据利息 = 100\,000 \times 6\% \div 12 \times 5 = 2\,500(元)$$

(3) 票据到期、收回款项时:

$$收款金额 = 100\,000 \times (1 + 6\% \div 12 \times 6) = 103\,000(元)$$

$$未计提的票据利息 = 100\,000 \times 6\% \div 12 \times 1 = 500(元)$$

图 5-21 商业承兑汇票

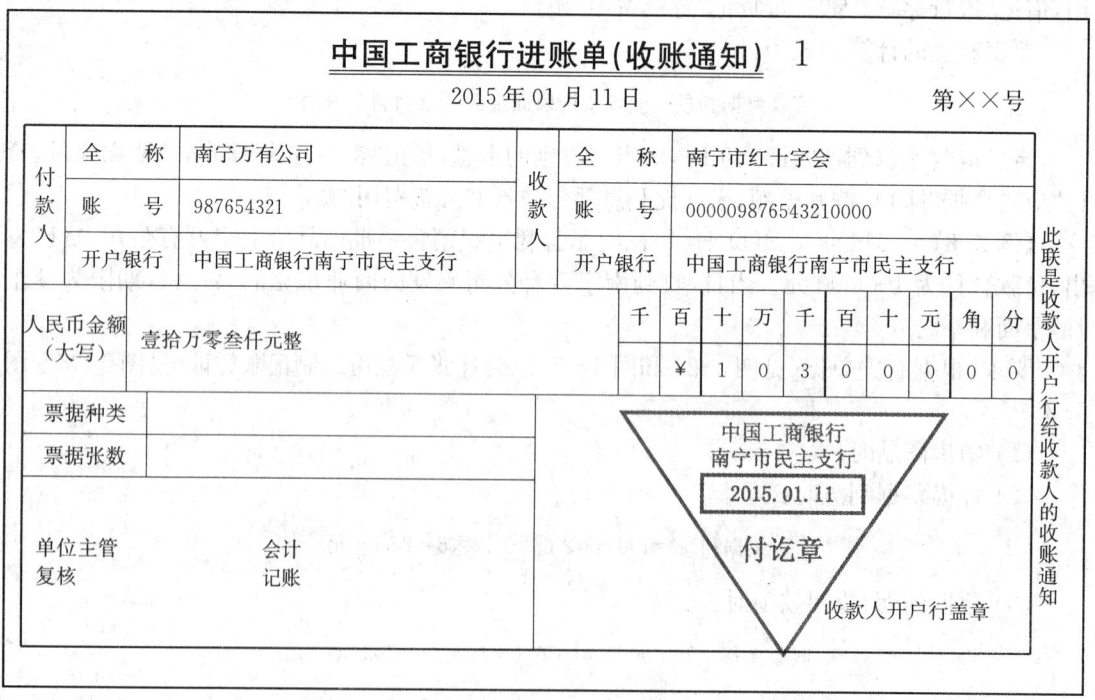

图 5-22 进账单

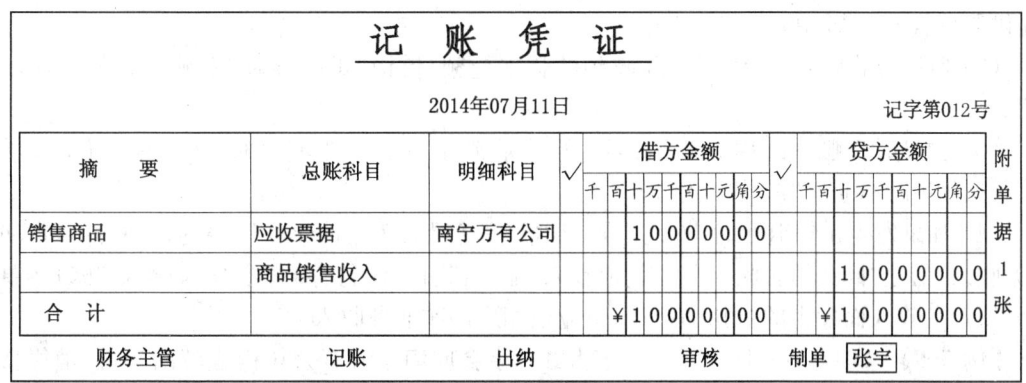

图 5-23　记账凭证

图 5-24　记账凭证

图 5-25　记账凭证

2. 应收账款的核算

应收账款是指民间非营利组织因销售商品、提供服务等主要业务活动,应当向会员、购买单位或接受服务单位等收取的、但尚未实际收到的款项,是民间非营利组织因销售商品、提供服务等主要业务活动所形成的债权。

民间非营利组织发生应收账款时,应当按照以下原则进行账务处理:

(1) 发生应收账款时,按照应收未收金额,借记"应收账款"账户,贷记"商品销售收入"、

"提供服务收入"、"会费收入"等账户。

(2) 收回应收账款时,按照实际收到的款项金额,借记"银行存款"等账户,贷记"应收账款"账户。

(3) 如果应收账款改用商业汇票结算,在收到承兑的商业汇票时,按照票面价值,借记"应收票据"账户,贷记"应收账款"账户。

(4) 如果发生销售退回时,不论是属于本年度还是属于以前年度销售的,都应冲减本期的业务收入,借记"商品销售收入"或"其他收入"账户,贷记"银行存款"或"应收账款"账户;单位为取得业务收入而发生的折扣和折让,也应当相应冲减业务收入。

【例5-9】 2014年7月12日,南宁市红十字会向南宁万有公司销售产品一批,销售款项共计44 000元,款项尚未收到。

要求:根据有关单据(见图5-26和图5-27)以会计张宇身份编制记账凭证(见图5-28和图5-29)。

图5-26 发票

a. 确认收入时:

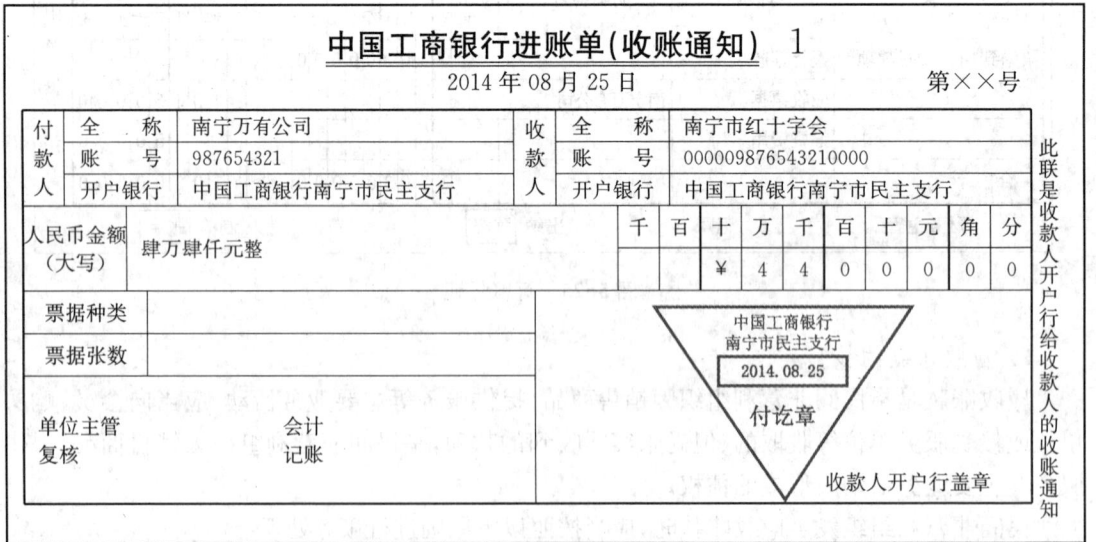

图5-27 进账单

图 5-28 记账凭证

b. 收到款项时：

图 5-29 记账凭证

3. 预付账款的核算

1）预付账款的含义

预付账款是指民间非营利组织预付给商品供应单位或者服务提供单位的款项。预付账款和应收账款都是单位的短期债权，但两者有显著区别：应收账款是单位销货引起的，而预付账款则是购货引起的；应收账款是等待客户付款，而预付账款是本单位主动支付款项形成的。

2）预付账款的会计处理

预付账款是民间非营利组织采购业务中形成的债权，如果民间非营利组织应付账款业务不多，可不单设"预付账款"账户，而与采购业务的"应付账款"账户合并。

民间非营利组织发生的预付账款应当作如下账务处理：

（1）因购货而预付款项时，应当按照实际预付的金额，借记"预付账款"账户，贷记"银行存款"等账户。

（2）收到所购货物时，应当按照所确认购货成本的金额，借记"存货"等账户，按照预付的账款金额，贷记"预付账款"账户，按照退回或补付的款项，借记或贷记"银行存款"等账户。

（3）如果有确凿证据表明预付账款并不符合预付款项性质，或者因供货单位破产、撤销等原因已无望再收到所购货物的，按照预付账款账面余额，借记"其他应收款"账户，贷记"预付账款"账户。

【例 5-10】 2014 年 7 月 12 日,南宁市红十字会订购自用货物一批,货款为 15 000 元,按合同约定需预付价款 10 000 元。

要求:根据有关单据(见图 5-30 和图 5-31)以会计张宇身份编制记账凭证(见图 5-32)。

支出报批单

申报部门:采购部填报		日期:2014 年 07 月 12 日	
用途	预付货款		
金额	(大写)壹万零仟零佰零拾零元零角零分		(小写)¥10 000.00
单位领导批示:	同意 2014 年 7 月 12 日	部门负责人审核	同意 2014 年 7 月 12 日
财会负责人:	会计:张宇	出纳:陈晓	经办人:李宁

图 5-30 支出报批单

中国工商银行
转账支票存根(桂)

$\frac{GE}{D\ 2}$ 3756124

附加信息 _____

出票日期 2014 年 07 月 12 日

收款人:南宁市家乐福
金 额:¥10 000.00
用 途:购进货物
单位主管　　　　会计

图 5-31 转账支票存根

记 账 凭 证

2014年07月12日　　　　　　　　　　　　　记字第029号

摘 要	总账科目	明细科目	√	借方金额 千百十万千百十元角分	√	贷方金额 千百十万千百十元角分	附单据
预付订货款	预付账款	南宁市家乐福		1 0 0 0 0 0 0			1张
	银行存款					1 0 0 0 0 0 0	
合 计				¥1 0 0 0 0 0 0		¥1 0 0 0 0 0 0	
财务主管	记账	出纳 陈晓		审核		制单 张宇	

图 5-32 记账凭证

4. 其他应收款的核算

1）其他应收款的概念

民间非营利组织的其他应收款是指除应收票据、应收账款、预付账款以外的其他各项应收、暂付款项，它包括应收股利、应收利息、应向职工收取的各种垫付款项、职工借款及应收保险公司赔款、罚款等，还应包括不设置"备用金"账户的民间非营利组织拨出的备用金。

2）账务处理

民间非营利组织对于发生的其他各项应收、暂付款项，应当根据其发生额，借记"其他应收款"账户，贷记"现金"、"银行存款"等账户；收回上述各项款项时，借记"现金"、"银行存款"等账户，贷记"其他应收款"账户。

1.（业务题）某民间非营利组织因销售商品收到期限3个月、面值35 000元的不带息商业承兑汇票一张。请编制相关会计分录。

2.（业务题）某民间抗癌协会上年度赊销给乙公司的价值2 800元的商品因质量问题而发生退货。请根据收到退货的入库或进行相应的会计处理。

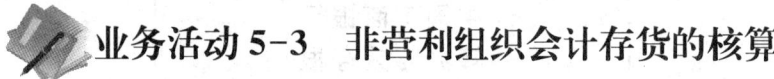

业务活动5-3　非营利组织会计存货的核算

【活动目标】　掌握民间非营利组织会计存货的核算。

1. 存货的定义

存货指民间非营利组织在日常业务活动中持有以备出售或者捐赠的，或者为了出售或捐赠仍处于生产过程中的，或者将在生产、提供服务或日常管理过程中耗用的材料、物资、商品等。

它包括：材料、库存商品、委托加工材料，以及达不到固定资产标准的工具、器具等。

2. 存货的特点

存货属于流动资产；存货是一项具有实物形态的有形资产。

3. 存货的范围

(1) 在正常业务过程中储存，以备出售或捐赠的存货。

(2) 为了最终出售或捐赠而处于生产过程中的存货。

(3) 为了提供服务或加工供出售的商品而储存的、以备消耗的存货。

4. 存货的盘存方法

存货的盘存方法有实地盘存制（也称定期盘存制）和永续盘存制（也称账面盘存制）两种。

5. 存货发出的计价

发出存货按实际成本核算的计价方法包括：个别计价法、先进先出法、加权平均法、移动平均法等

6. 存货的账务处理

(1) 外购的存货，按实际发生的采购成本入账。

(2) 接受捐赠的存货，按所确定的成本，借记"存货"账户，贷记"捐赠收入"账户。

(3) 根据存货清查的结果，若为盘盈的存货，应当冲减当期的管理费用；若为盘亏以及过

时、变质、毁损等报废的存货,在减去过失人或保险公司等赔款和残料价值后,应当计入当期管理费用。

【例5-11】 2014年7月7日,南宁市红十字会以银行存款购入办公用笔、纸张等用品,共计1 000元。款项已于当日支付。

要求:根据有关单据(见图5-33～图5-35)以会计张宇身份编制记账凭证(见图5-36)。

支出报批单

申报部门:总部　　　　　　　填报日期:2014年07月07日

用途	支付办公用品费		
金额	(大写)零万壹仟零佰零拾零元零角零分		(小写)¥1 000.00
单位领导批示:	同意　2014年07月07日	部门负责人审核	同意　2014年07月07日
财会负责人:	会计:张宇	出纳:陈晓	经办人:周红

图5-33　转账支票存根

中国工商银行
转账支票存根(桂)

$\frac{G}{D}\frac{E}{2}$ 3783126

附加信息

出票日期　2014年07月07日

| 收款人:南宁市家乐福 |
| 金　额:¥1 000.00 |
| 用　途:购进办公用品 |
| 单位主管　　　会计 |

图5-34　转账支票存根

收 料 单

供货单位:南宁市家乐福　　　　　　　　　　　凭证编号:
发票号码:　　　　　　2014年07月07日　　　收料仓库:资料室

材料编号	材料规格及名称	计量单位	数量		价格(元)	
			应收	实收	单价	金额
01	水性笔	支	200	200	2.00	400.00
02	纸	件	60	60	10.00	600.00
备注					合计	1 000.00

仓库负责人:　　　记账:　　　仓库保管:　　　收料:吴忧

图5-35　收料单

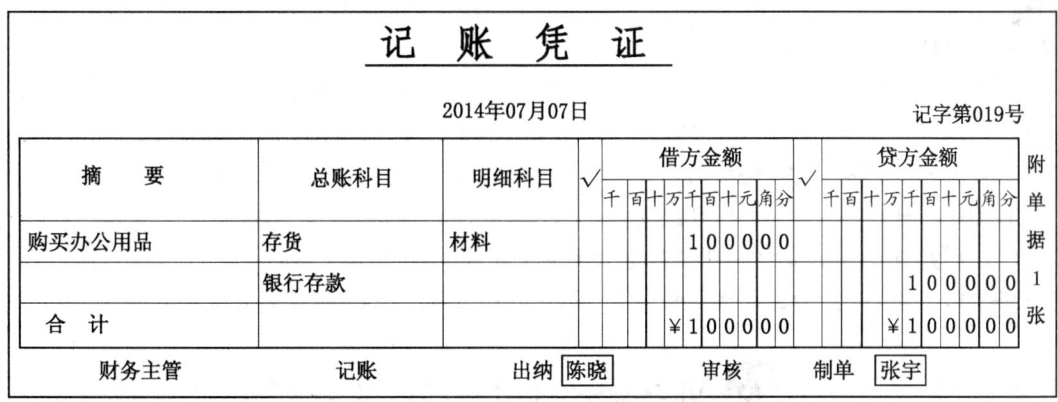

图 5-36 记账凭证

【例 5-12】 2014 年 7 月 7 日,南宁市红十字会的行政管理人员从库存中领用一批当月办公用的笔和信纸,该批笔和信纸的成本为 400 元。

要求:根据有关单据(见图 5-37)以会计张宇身份编制记账凭证(见图 5-38)。

领 料 单

领料部门:总部　　　　　　　　　　　　　　　　　　　凭证编号:
用途:办公　　　　　　2014 年 07 月 07 日　　　　　　领料仓库:资料室

材料编号	材料规格及名称	计量单位	数量		价格(元)	
			请领	实领	单价	金额
01	水性笔	支	100	100	2.00	200.00
02	纸	件	20	20	10.00	200.00
备注					合计	400.00

记账:　　　　　　发料:　　　　　　审批:　　　　　　　　　　　领料:李宁

图 5-37 领料单

记 账 凭 证

2014年07月07日　　　　　　　　　　　　　　　　　记字第020号

摘　　要	总账科目	明细科目	√	借方金额 千百十万千百十元角分	√	贷方金额 千百十万千百十元角分	附单据
领用办公用品	管理费用			4 0 0 0 0			1张
	存货	材料				4 0 0 0 0	
合　计				¥ 4 0 0 0 0		¥ 4 0 0 0 0	

财务主管　　　　记账　　　　出纳　　　　审核　　　　制单 张宇

图 5-38 记账凭证

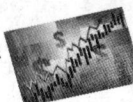

练一练

1. （业务题）×民间非营利组织从乙公司购入甲材料 8 000 千克，单价为 5 元，乙材料 2 000 千克，单价为 10 元，支付运输费 930 元和其他杂费 500 元。货款以银行存款支付，运杂费按重量分配。请编制相关业务的会计分录。

2. （业务题）×民间非营利组织接受捐赠工艺挂毯一批，没有限定用途和时间，属于无条件捐赠。捐赠方提供的凭据标明该工艺挂毯的价值为 40 万元，与市场价值基本相符，可以直接按照凭据上标明的金额入账。请编制相关业务的会计分录。

业务活动 5-4　投资的核算

【活动目标】　掌握民间非营利组织会计投资的核算。

1. 投资的概念

投资有广义和狭义之分。广义的投资不仅包括对外投资，如对外长期股权投资等，还包括对内投资，如投资购买固定资产等。狭义的投资仅指对外投资，即民间非营利组织为增加财富或谋求其他利益，而将资产让渡给其他单位所获得的另一项资产。本模块中所规定的投资，除特殊情况外，仅指狭义的投资。

2. 短期投资

1）短期投资的定义

短期投资应当符合以下两个条件：

（1）在公开市场交易并且有明确市价。

（2）持有投资作为剩余资金的存放形式，并保持其流动性和获利性。

2）短期投资的账户设置

民间非营利组织应设置"短期投资"和"短期投资跌价准备"等账户，核算短期投资业务的增减变动情况。

3）短期投资的账务处理

（1）短期投资的入账价值包括实际支付的买价、相关税费。短期债券投资实际支付的价款中包括已到付息期但尚未领取的债券利息或是已宣告但尚未领取的现金股利，应作为应收项目处理。不构成投资成本。

（2）短期投资的处置。在通常情况下，在处置短期投资的时候，应确认投资收益。按实际收到的价款与短期投资的账面价值的差额借记或贷记"投资收益"账户。

【例 5-13】　南宁市红十字会于 2015 年 1 月 2 日以 217 300 元的价格购入 2014 年 1 月 1 日发行的 3 年期债券，其债券利息按年收取，到期收回本金，债券年利率为 8%，该债券票面价值为 200 000 元，另支付相关税费 1 000 元。购入时，该债券 2014 年的利息尚未发放。南宁市红十字会购入该债券不准备长期持有。

要求：根据有关单据（见图 5-39 和图 5-40）以会计张宇身份编制记账凭证（见图 5-41 和图 5-42）。

```
        中国工商银行
      转账支票存根(桂)
         G E
         ─ ─ 3573219
         D 2
    附加信息ꢀꢀꢀꢀꢀꢀꢀꢀ
    ꢀꢀꢀꢀꢀꢀꢀꢀꢀꢀꢀꢀ
    ꢀꢀꢀꢀꢀꢀꢀꢀꢀꢀꢀꢀ
    出票日期  2015 年 01 月 02 日
   ┌─────────────────────┐
   │ 收款人:南宁市华夏公司         │
   ├─────────────────────┤
   │ 金  额:¥218 300.00          │
   ├─────────────────────┤
   │ 用  途:购进债券              │
   └─────────────────────┘
    单位主管         会计
```

图 5-39　转账支票存根

a. 取得短期投资时:

$$\text{购入该项短期投资的初始投资成本} = 217\,300 + 1\,000 - 200\,000 \times 8\% = 202\,300(\text{元})$$

$$\text{该投资实际支付的价款中包含的已到付息期但尚未领取的债券利息} = 200\,000 \times 8\% = 16\,000(\text{元})$$

	中国工商银行进账单(收账通知)		1	
	2015 年 02 月 05 日		第 039 号	
付款人	全称	南宁市红十字会	收款人	全称	南宁市华夏公司
	账号	000009876543210000		账号	000000000987
	开户银行	中国工商银行南宁市民主支行		开户银行	中国工商银行南宁市民主支行
人民币金额(大写)	壹万陆千仟元整		千百十万千百十元角分 ¥ 1 6 0 0 0 0 0	
款项来源	债券利息		中国工商银行 南宁市民主支行 2015.02.05 付讫章 收款人开户行盖章	
单位主管	会计			
复核	记账			

图 5-40　进账单

记 账 凭 证

2014年01月02日　　　　记字第009号

摘　要	总账科目	明细科目	√	借方金额										√	贷方金额									附单据1张
				千	百	十	万	千	百	十	元	角	分		千	百	十	万	千	百	十	元	角	分	
取得短期投资	短期投资					2	0	2	3	0	0	0	0												
	其他应收款	应收利息					1	6	0	0	0	0	0												
	银行存款																2	1	8	3	0	0	0	0	
合　计					¥	2	1	8	3	0	0	0	0			¥	2	1	8	3	0	0	0	0	

财务主管　　记账　　出纳　　审核　　制单 张宇

图 5-41　记账凭证

b. 收到支付的 2014 年债券利息时：

记 账 凭 证

2015年02月05日　　　　记字第015号

摘　要	总账科目	明细科目	√	借方金额										√	贷方金额									附单据1张
				千	百	十	万	千	百	十	元	角	分		千	百	十	万	千	百	十	元	角	分	
收到2014年债券利息	银行存款						1	6	0	0	0	0	0												
	其他应收款	应收利息																1	6	0	0	0	0	0	
合　计						¥	1	6	0	0	0	0	0				¥	1	6	0	0	0	0	0	

财务主管　　记账　　出纳　　审核　　制单 张宇

图 5-42　记账凭证

3. 长期股权投资的核算

长期股权投资是指民间非营利组织持有时间预计超过 1 年(不含 1 年)的各种股权性质的投资,包括股票投资和其他股权投资等。

【例 5-14】 2014 年 3 月 28 日,南宁市红十字会接受甲民间非营利组织的股票捐赠,该股票的公允价值为 60 000 元,已办完过户手续。

要求:根据有关单据(见图 5-43)以会计张宇身份编制记账凭证(见图 5-44)。

捐 赠 合 同

双方当事人为明确相互之间的权利义务关系,就捐赠事项达成以下协议:

第一条 捐赠金额

甲方向乙方捐赠某公司股票,该股票的公允价值为 60 000 元。

第二条 乙方接受捐赠后,应当向甲方出具合法、有效的收据,将受赠财产登记造册,妥善保管。

第三条 捐赠财物用途

乙方应当按照协议约定的用途使用捐赠财产,不得擅自改变捐赠财产的用途。如果确需改变用途的,应当征得得甲方的同意。

第六条 合同的效力

1. 本合同自双方或双方法定代表人签字并加盖单位公章或合同专用章之日起生效。
2. 本协议一式两份:甲方、乙方各一份,具有同等法律效力。

甲方(盖章):
法定代表人(签字):
签约日期:2014 年 03 月 28 日

乙方(盖章):
法定代表人(签字):
签约日期:2014 年 03 月 28 日

图 5-43 捐赠合同

记 账 凭 证

2014年03月28日   记字第003号

摘 要	总账科目	明细科目	√	借方金额 千百十万千百十元角分	√	贷方金额 千百十万千百十元角分	附单据
接受股票捐赠	长期股权投资	股票投资（投资成本）		6 0 0 0 0 0 0			1张
		捐赠收入				6 0 0 0 0 0 0	
合 计				¥6 0 0 0 0 0 0		¥6 0 0 0 0 0 0	

财务主管   记账   出纳   审核   制单

图 5-44 记账凭证

 **练一练**

1. (业务题)乙公司于 2014 年 5 月 15 日宣告分派现金股利,每 10 股派 1 元现金股利(不含税),5 月 15 日在册的股东均可享有该项现金股利,并定于 5 月 25 日发放现金股利。甲民间非营利组织于 2014 年 5 月 16 日以每股 6 元的价格购入乙公司股票 10 000 股。假设甲民间非营利组织为此项投资缴纳的税费为 300 元。要求:请编制甲民间非营利组织的会计分录。

2. (业务题)南宁市红十字会 2014 年 8 月 1 日购入 B 单位有表决权股票的 10%,并准备长期持有。实际投资成本为 200 000 元,另支付相关费用 3 000 元,B 单位于 2014 年 11 月 15 日宣告发放现金股利 100 000 元。要求:请编制南宁市红十字会的会计分录。

业务活动 5-5　固定资产的核算

【活动目标】　掌握民间非营利组织会计固定资产的核算。

1. 固定资产概述

固定资产是指民间非营利组织拥有或者控制的,具有如下特征的有形资产:

(1) 为管理、提供服务、生产商品或出租目的而持有的。

(2) 预计使用年限超过 1 年。

(3) 单位价值较高。

2. 固定资产的核算

1) 投入的固定资产

投资者投入的固定资产,按双方确认的价值,借记"固定资产"账户,贷记"实收资本"账户。

2) 外购固定资产

企业购入的不需要安装的固定资产,按购入时支付的全部价款,借记"固定资产"账户,贷记"银行存款"等账户。

3) 租入的固定资产

租入的固定资产可分为临时性租入的固定资产和融资性租入的固定资产。按应付的租金借记"固定资产"账户,贷记"长期应付款——应付融资租赁款"账户。

4) 接受捐赠的固定资产

按确定的入账价值,借记"固定资产"账户,贷记"捐赠收入"账户。

【例 5-15】　南宁市红十字会接受南宁市乙组织捐赠的生产设备一台,金额为 500 000 元,发生的运杂费、包装费计 3 000 元。

要求:根据有关单据(见图 5-45 和图 5-46)以会计张宇身份编制记账凭证(见图 5-47)。

捐 赠 协 议

甲方(捐赠人):南宁市乙组织

乙方(受赠人):南宁市红十字会

　　经甲、乙双方平等协商,达成如下协议:

　　甲方自愿将下述财产(以下简称"捐赠财产")无偿捐赠给乙方,乙方同意接受下述捐赠财产。

　　生产设备:价值伍佰万元整(附进口货物报关单)。

甲方(签名盖章):　　　　　　　　乙方(盖章):

2014 年 08 月 01 日　　　　　　　2014 年 08 月 01 日

图 5-45　捐赠协议

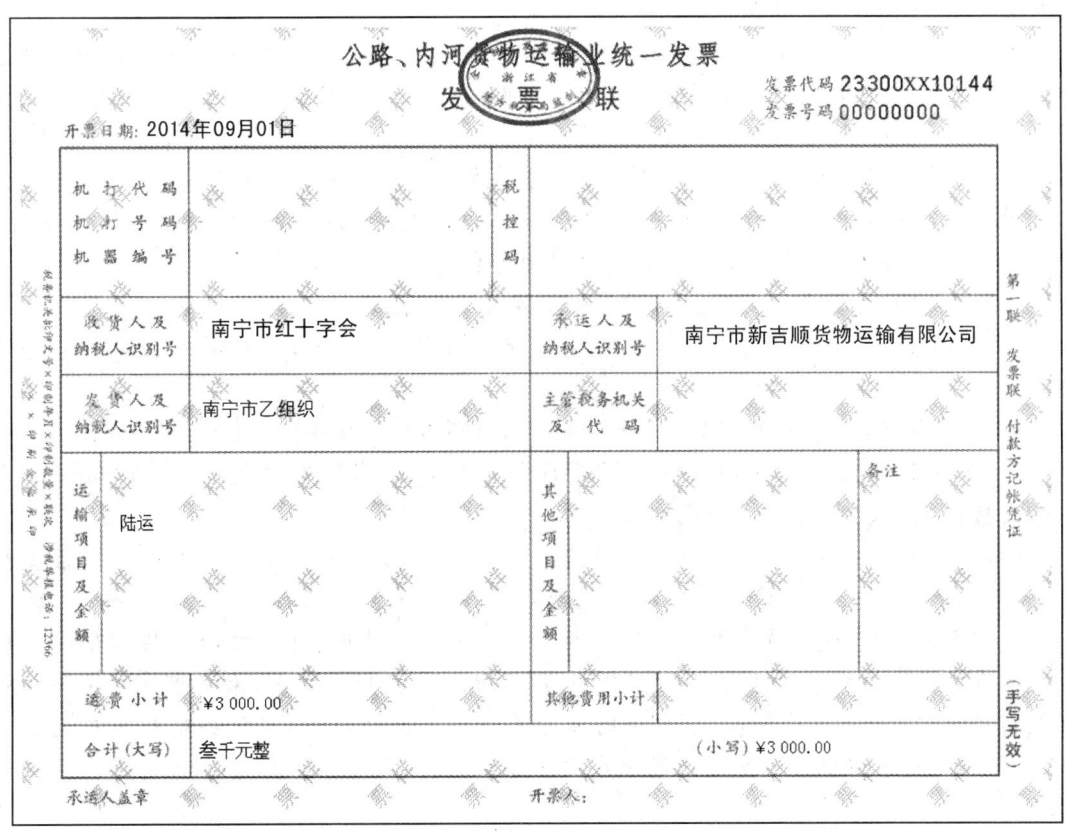

图 5-46　公路、内河货物运输业统一发票

图 5-47　记账凭证

1.（业务题）2014 年 4 月 5 日，×民间非营利组织购入一台不需要安装就可投入使用的办公设备，设备价款为 87 600 元，发生的运杂费为 3 400 元，以银行存款转账支付（假定不考虑其

他因素)。请编制该民间非营利组织的会计分录。

2.（业务题）X 民间非营利组织成立于 2013 年年初,并从当年开始计提坏账准备。2013 年年末,该民间非营利组织的应收账款余额为 500 000 元,估计坏账率为 5%。2014 年 6 月,该民间非营利组织发现有 2 800 元的应收账款已经确实无法收回,将其确认为坏账损失。2014 年 12 月 31 日,该民间非营利组织应收账款余额为 400 000 元。假定坏账准备的计提比率仍然为年末应收账款余额的 5%。请编制该民间非营利组织的相关会计分录。

3.（实训题）南宁市红十字会 2014 年发生如下经济业务：

(1) 1 月 10 日,业务员刘博出差,预借差旅费 2 000 元。

(2) 1 月 15 日,业务员刘博出差归来,报销差旅费计 1 800 元,交回现金 200 元,以结清借款。

(3) 2 月 1 日,购进货物,款项共计 65 500 元,款项用银行存款转账支付,货物入库。

(4) 2 月 25 日,到外地采购,申请开户银行开出注明"采购专户"的银行汇票 80 000 元,由采购员持往异地工商银行开立采购专户。

(5) 3 月 10 日,向乙单位销售一批商品,价款合计为 60 000 元。当日收到乙单位签发的票面价值为 60 000 元、票面利率为 6%、期限为 90 天的商业汇票一张。4 月 29 日,南宁市红十字会因急需资金,持乙单位签发的商业汇票向银行贴现,银行的年贴现率为 9%,贴现收入存入银行。同时约定,在应收票据到期,乙单位未按期支付时,南宁市红十字会负有向银行还款的责任。6 月 8 日,已贴现的商业承兑汇票到期,因乙单位的银行账户无款支付,贴现银行将已贴现的票据退回南宁市红十字会,同时从南宁市红十字会的账户中将票据款划回。

(6) 材料物资因受灾毁损,保险公司已确认赔偿 20 000 元给南宁市红十字会。

要求:请编制相关会计分录。

任务 2　民间非营利组织负债

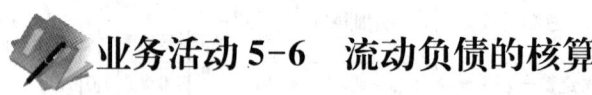

业务活动 5-6　流动负债的核算

【活动目标】　掌握民间非营利组织会计流动负债的核算。

流动负债是指将在 1 年内(含 1 年)偿还的负债,主要包括短期借款、应付款项、应付工资、应交税金、预收账款、预提费用和预计负债等。各项负债应当按照实际发生额入账。

1. 短期借款的核算

取得短期借款时,应按借款本金借记"银行存款"账户,贷记"短期借款"账户。

【例 5-16】　南宁市红十字会于 2014 年 6 月 1 日向某银行借入一笔短期借款,借款金额为 500 000 元,借款期限为 3 个月,借款利率为 6%,到期一次还本付息。

要求:根据有关单据(见图 5-48)以会计张宇身份编制记账凭证(见图 5-49)。

民间非营利组织的各种短期借款都应按期结算或支付利息,在实务中,主要有两种核算方法:

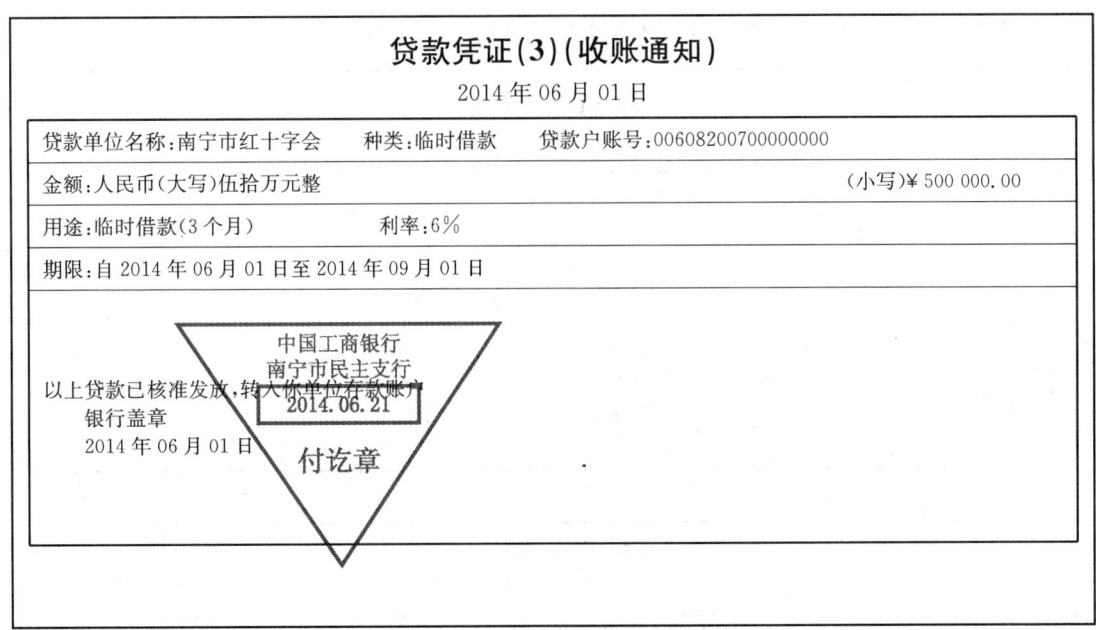

图 5-48 贷款凭证

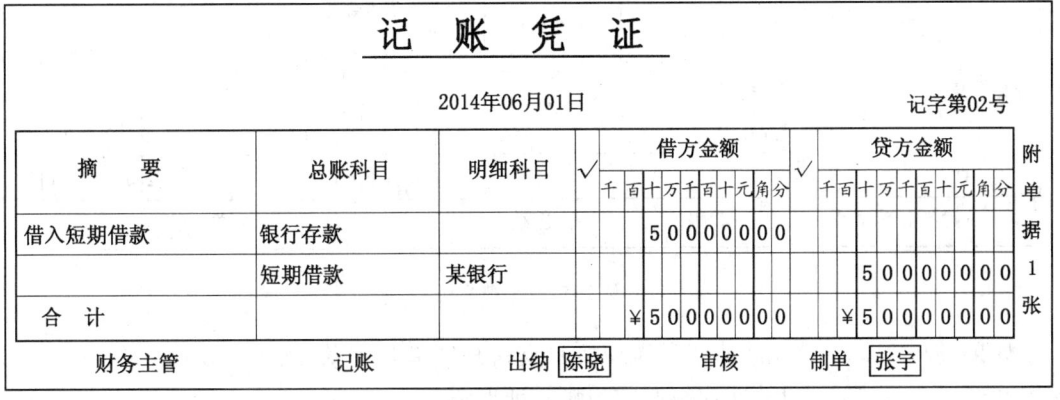

图 5-49 记账凭证

（1）按月预提计入费用。预提时，借记"筹资费用"账户，贷记"预提费用"账户；实际支付时，按照已经预提的利息金额，借记"预提费用"账户，按实际支付的数额与已预提额之间的差额，借记"筹资费用"账户，按实际支付的数额，贷记"银行存款"账户。当短期借款的利息按季度或按半年支付时，或者利息是在借款到期时连同本金一起支付并且金额较大时，一般都采用这种预提利息费用的方法。

（2）在实际支付利息或收到银行的计息通知时，直接计入当期损益，借记"筹资费用"账户，贷记"银行存款"账户。这种方法主要适用于短期借款的利息是按月支付的，或者利息虽是在到期时连同本金一起归还但数额较小的情况。

【例 5-17】 承[例 5-16]，该民间非营利组织按月计提利息。在借款期限内，各月月末该民间非营利组织计提短期借款利息 2 500 元(500 000×6‰÷12)。

要求:根据有关单据(见图 5-50)以会计张宇身份编制记账凭证(见图 5-51)。

利息计算表
2014 年 06 月 30 日

付款单位	账　号	000009876543210000
	户　名	南宁市红十字会
	开户银行	中国工商银行南宁市民主支行

年利率:6%
本月利息:2 500 元

科目
对方科目
复核员　　　　　　　记账员

图 5-50　利息计算表

记 账 凭 证
2014年06月30日　　　　　　　　　　　　记字第088号

摘　要	总账科目	明细科目	√	借方金额 千百十万千百十元角分	√	贷方金额 千百十万千百十元角分	附单据
计提利息	筹资费用			2 5 0 0 0 0			1张
	预提费用					2 5 0 0 0 0	
合　计				¥2 5 0 0 0 0		¥2 5 0 0 0 0	

财务主管　　　　记账　　　　出纳　　　　　　审核　　　　制单 张宇

图 5-51　记账凭证

如果[例 5-17]中该民间非营利组织按月支付短期借款利息,则在借款期限内,各月月末该民间非营利组织的会计张宇应编制的记账凭证见图 5-52。

记 账 凭 证
2014年06月30日　　　　　　　　　　　　记字第088号

摘　要	总账科目	明细科目	√	借方金额 千百十万千百十元角分	√	贷方金额 千百十万千百十元角分	附单据
支付利息	筹资费用			2 5 0 0 0 0			张
	银行存款					2 5 0 0 0 0	
合　计				¥2 5 0 0 0 0		¥2 5 0 0 0 0	

财务主管　　　　记账　　　　出纳 陈晓　　　审核　　　　制单 张宇

图 5-52　记账凭证

偿还短期借款时,如果按月计提利息,按归还的短期借款本金,借记"短期借款"账户,按照已预提的利息,借记"预提费用"账户,按照当月发生的利息费用,借记"筹资费用"账户,按照偿付的本金和利息,贷记"银行存款"账户;如果不采用预提利息的方法核算短期借款利息,按归还的短期借款本金,借记"短期借款"账户,按照支付的利息,借记"筹资费用"账户,按照偿付的本金和利息,贷记"银行存款"账户。

【例 5-18】 承[例 5-16],2014 年 8 月 31 日,短期借款到期。该民间非营利组织偿还借款本金 500 000 元,支付借款利息 7 500 元(500 000×6‰÷12×3),已经预提的短期借款利息为 5 000 元,8 月发生的利息费用为 2 500 元。

要求:根据有关单据(见图 5-53)以会计张宇身份编制记账凭证(见图 5-54)。

图 5-53 转账支票存根

图 5-54 记账凭证

如果[例5-18]中该民间非营利组织按月支付短期借款利息,则在短期借款到期时,该民间非营利组织应当偿还借款本金500 000元,并支付当月利息2 500元,会计张宇应编制的记账凭证见图5-55。

摘要	总账科目	明细科目	✓	借方金额 千百十万千百十元角分	✓	贷方金额 千百十万千百十元角分	附单据1张
偿还借款	短期借款			5 0 0 0 0 0 0 0			
	筹资费用			2 5 0 0 0 0			
	银行存款					5 0 2 5 0 0 0 0	
合 计				¥ 5 0 2 5 0 0 0 0		¥ 5 0 2 5 0 0 0 0	

记账凭证
2014年08月31日   记字第090号
财务主管   记账   出纳 陈晓   审核   制单 张宇

图5-55 记账凭证

2. 应付票据的核算

1) 应付票据的概念

应付票据是民间非营利组织购买材料、商品和接受服务等而开出、承兑的商业汇票,包括银行承兑汇票和商业承兑汇票。我国商业承兑汇票的付款期限最长不超过6个月,因此,将应付票据归流动负债进行管理和核算。

2) 应付票据的会计处理

为了核算民间非营利组织为购买材料、商品和接受服务等而开出、承兑的商业汇票,应当设置"应付票据"账户。该账户属于负债类账户,借方登记支付票据的金额;贷方登记开出、承兑汇票的面值和带息票据的预提利息;余额在贷方,反映民间非营利组织已经出具的尚未到期的应付票据本息。该账户应按"商业承兑汇票"和"银行承兑汇票"设置明细账户。

【例5-19】 南宁市红十字会于2014年12月1日向南宁红红百货商店(一般纳税人)购入一批商品,发票账单上商品价格为80 000元,增值税额为13 600元。南宁市红十字会开具了一张期限为3个月的带息银行承兑汇票,年利率为6%。

要求:根据有关单据(见图5-56和图5-57)以会计张宇身份编制记账凭证(见图5-58)。

3. 应付账款的核算

1) 发生应付账款的账务处理

民间非营利组织在发生应付账款时,按照应付未付金额,借记"存货"、"固定资产"等账户,贷记"应付账款"账户。

2) 偿付应付账款的账务处理

民间非营利组织偿付应付账款时,借记"应付账款"账户,贷记"银行存款"等账户。如果民间非营利组织开出并承兑商业汇票抵付应付账款,则应将应付账款转入应付票据,借记"应付账款"账户,贷记"应付票据"账户。在应付账款带有现金折扣的情况下,对于民间非营利组织实际取得的现金折扣,应当冲减取得当期的筹资费用,根据已按全额入账的应付账款的账面价值,借记"应付账款"账户,根据实际取得的现金折扣,贷记"筹资费用"账户,根据实际支付的价款,贷记"银行存款"等账户。

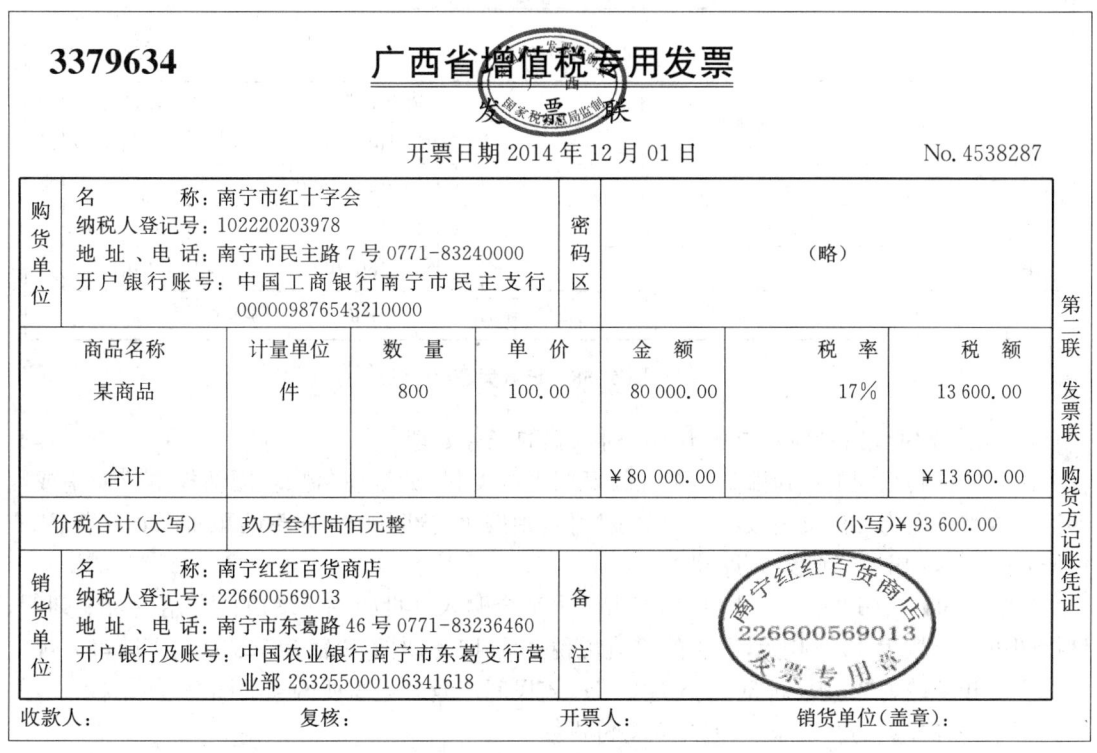

图 5-56 增值税专用发票

图 5-57 银行承兑汇票

图 5-58　记账凭证

3）无法支付或由其他单位承担的应付账款的账务处理

民间非营利组织的应付账款一般在较短期限内支付，如果应付账款因债权单位撤销或因其他原因被确定为无法支付或由其他单位偿付，则按照这部分应付账款的账面价值。借记"应付账款"账户，贷记"其他收入"账户。

【例 5-20】　2014 年 5 月 1 日，南宁市红十字会购入一批图书。增值税专用发票上列明，该批图书的价款为 10 000 元，适用的增值税税率为 13%，增值税额为 1 300 元。销售方规定的现金折扣条件为"2/10，n/30"。5 月 25 日，该民间非营利组织所购买的图书已验收入库，并收到了销售方开具的发票账单，但尚未支付货款。

要求：根据有关单据（见图 5-59）以会计张宇身份编制记账凭证（见图 5-60）。

图 5-59　增值税专用发票

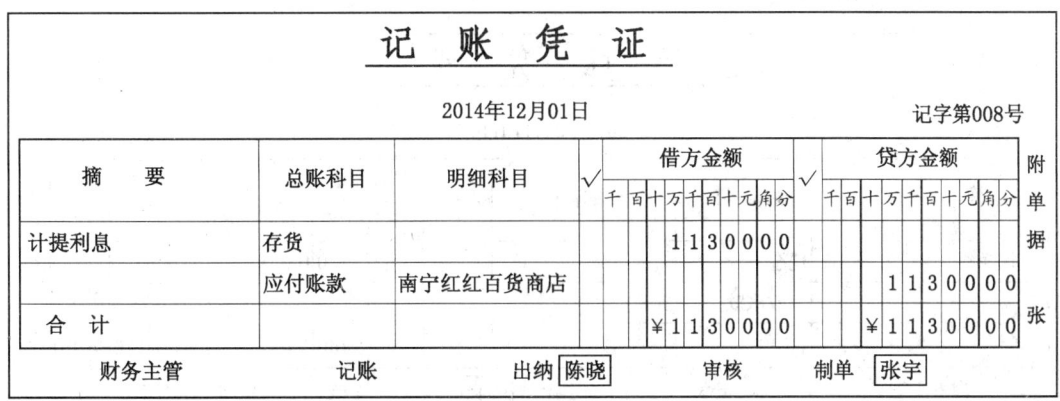

图 5-60 记账凭证

4．预收账款的核算

1）预收账款的概念

预收账款是民间非营利组织按照合同规定向服务和商品购买单位预收的各种款项。它是买卖双方协议商定，由供货方或提供劳务方预先向购货方或接受劳务方收取一部分货款或订金而形成的一项负债。这项负债需要民间非营利组织用以后的商品或服务等偿付。

2）预收账款的会计处理

（1）会计账户的设置。如果民间非营利组织预收账款比较多，可以设置"预收账款"账户。该账户属于负债类账户，借方登记预收账款的结算数；贷方登记预收账款的发生数；期末余额在贷方，反映民间非营利组织向服务和商品购买单位预收的款项。"预收账款"账户应当按照向其购买服务和商品的单位设置明细账，进行明细核算。

（2）主要账务处理。民间非营利组织在提供服务或销售商品发生预收账款的情况下，按照预收的价款，借记"银行存款"等账户，贷记"预收账款"账户。

【例 5-21】 南宁市红十字会按照会员代表大会通过的会费收缴办法的规定，其个人会员应当每年缴纳 600 元会费，每年的会费应当在当年度 1 月 1 日至 3 月 31 日缴纳。南宁市红十字会可以将会费收入用于符合其宗旨的各项活动，不受特定的时间或用途的限制。假设 2014 年 1 月 10 日，南宁市红十字会收到会员陈豪通过邮局汇款支付的会费 1 200 元，该会员说明此款项是支付 2014 年和 2015 年两个年度的会费。

要求：根据有关单据（见图 5-61）以会计张宇身份编制记账凭证（见图 5-62）。

图 5-61 收据

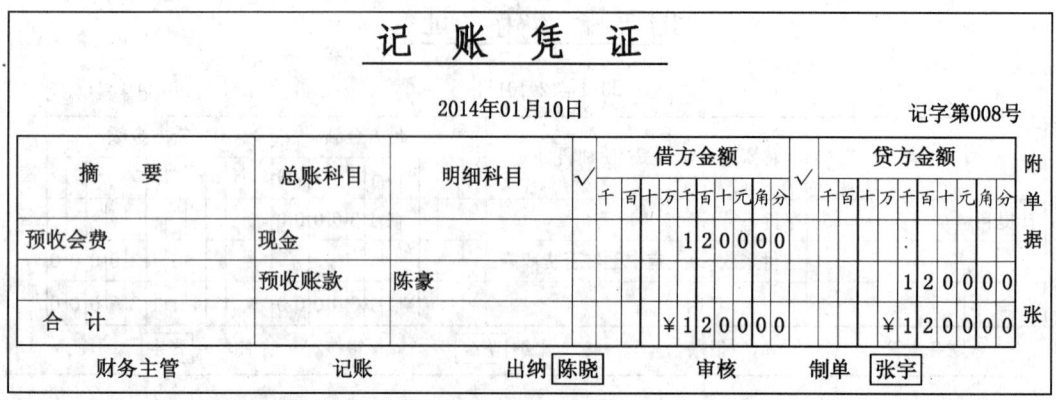

图 5-62 记账凭证

练一练

1. （简答题）民间非营利组织负债的特征有哪些？
2. （简答题）简述民间非营利组织负债的分类及其特殊性。

业务活动 5-7　长期负债的核算

【活动目标】　掌握民间非营利组织会计长期负债的核算。

1. 长期负债的概念

长期负债是指偿还期限在 1 年以上（不含 1 年）的负债，是民间非营利组织向债权人筹集的可供长期使用的资金，包括长期借款、长期应付款和其他长期负债等项目。与流动负债相比，长期负债具有债务金额较大、偿还期限较长、可以分期偿还等特点。

2. 会计账户的设置

为了核算和监督民间非营利组织长期借款的借入、计息及偿还情况，应设置"长期借款"账户。该账户属于负债类账户，借方登记民间非营利组织偿还或转销的借款本息；贷方登记民间非营利组织借入的借款本金和利息；余额在贷方，反映民间非营利组织尚未偿还的长期借款本息。该账户应按贷款单位设置明细账，并按贷款种类进行明细核算。

3. 主要账务处理

民间非营利组织向银行或其他金融机构借入长期借款时，应按照实际发生额，借记"银行存款"账户，贷记"长期借款"账户。

【例 5-22】　南宁市红十字会因新建业务用房，于 2014 年 2 月 1 日向工商银行民主支行借入专门借款 6 000 000 元，期限为 2 年。

要求：根据有关单据（见图 5-63）以会计张宇身份编制记账凭证（见图 5-64）。

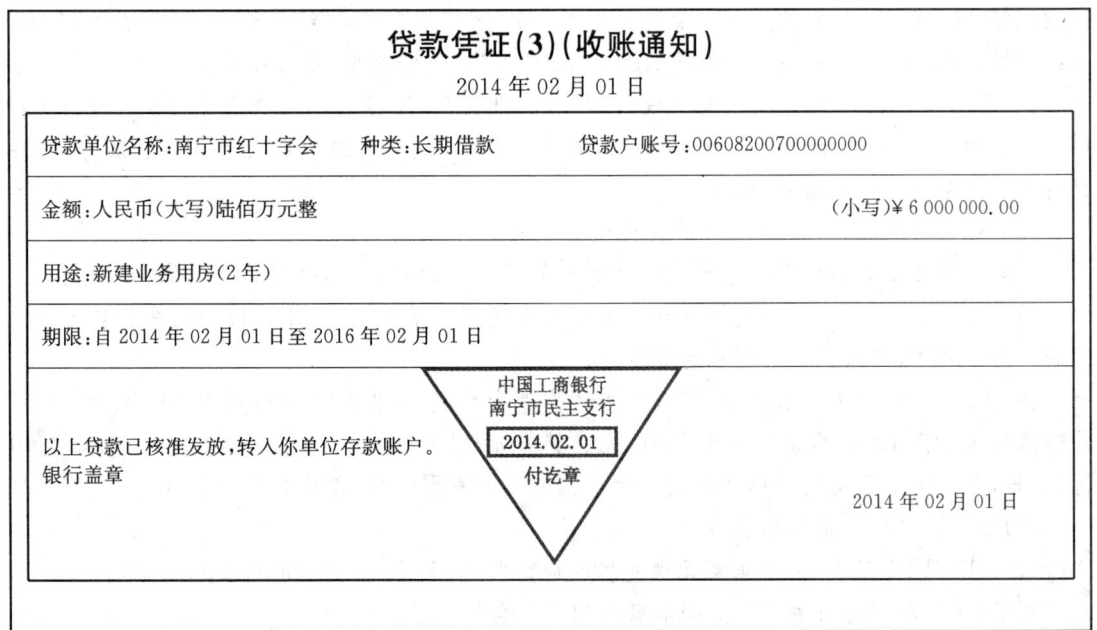

图 5-63 贷款凭证

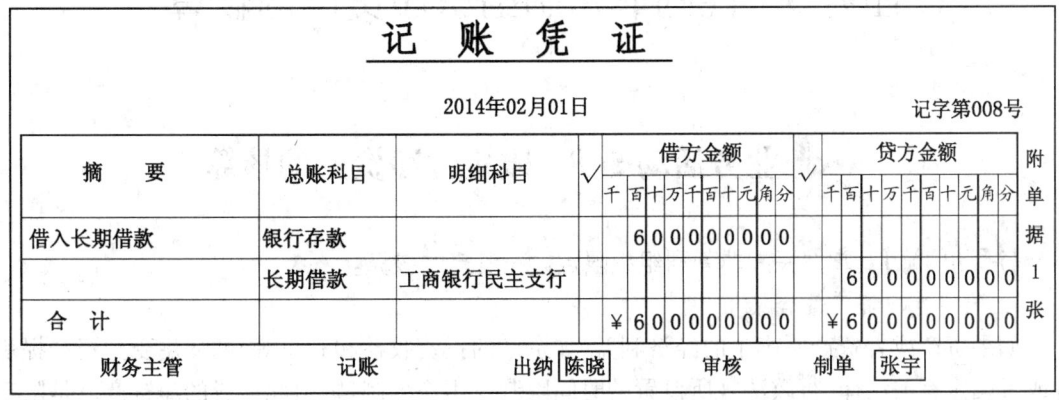

图 5-64 记账凭证

（实训题）×民间非营利组织 2014 年发生如下经济业务：

（1）3 月 10 日，该社会团体收到某会员支付的会费 1 000 元。按照该社会团体会员代表大会通过的会费收缴办法的规定，其个人会员应当每年缴纳 500 元会费，每年的会费应当在当年度 1 月 1 日至 3 月 31 日缴纳。该社会团体可以将会费收入用于符合其宗旨的各项活动，不受特定的时间或用途的限制。

（2）5 月 15 日，销售产品一批，货款为 45 000 元，增值税额为 7 650 元，提货单和增值税专用发票等结算单已交给购货方，款项尚未收到。

（3）6 月 30 日，计算出本月累计发生的销项税额为 86 000 元，进项税额转出为 7 100 元，进项税额 48 200 元,则本月应交增值税额为 44 900 元。根据其资金情况,以银行存款 34 900 元缴纳增值税。本月应交未交增值税 10 000 元转入"未交增值税"明细账户。

(4) 8月1日,向某企业(一般纳税人)购入一批商品,发票账单上商品价格为 80 000 元,增值税额为 13 600 元,开具了一张期限为 3 个月、年利率为 6% 的带息银行承兑汇票,为取得银行承兑汇票而支付手续费 500 元。

(5) 8月31日,计提 1 个月的票据利息 468 元。

(6) 11月1日,票据到期,收到银行支付到期票据的付款通知,偿付票据的本金和利息。

(7) 11月1日,假设票据到期时无力支付到期的银行承兑汇票,此时银行承兑汇票已计提的利息为 468 元,尚未计提的利息为 936 元。

(8) 9月1日,购入一批图书,增值税专用发票上列明,该批图书的价款为 10 000 元,适用的增值税税率为 13%,增值税额为 1 300 元。销售方规定的现金折扣条件为"2/10, n/30"。9月25日,所购图书已验收入库并收到了销售方开具的发票账单,但尚未支付货款。

(9) 10月8日,付清购书款。

(10) 12月31日,将一笔确实无法支付的应付账款(华夏公司)3 500 元予以转销。

要求:根据以上资料编制该民间非营利组织的会计分录。

任务3 民间非营利组织净资产的核算

业务活动 5-8 限定性净资产的核算

【活动目标】 掌握民间非营利组织限定性净资产的核算。

1. 限定性净资产的含义

如果资产或者资产所产生的经济利益(如资产的投资收益和利息等)的使用受到资产提供者或者国家有关法律、行政法规所设置的时间限制或用途限制,则由此形成的净资产就是限定性净资产。

2. 账户设置及账务处理

为了核算和监督限定性净资产的增加、转销和结存情况,民间非营利组织应当设置"限定性净资产"账户。该账户属于净资产类账户,借方登记限定性净资产的使用、转销等减少金额;贷方登记限定性净资产的增加金额;余额在贷方,反映民间非营利组织历年积存的限定性净资产金额。民间非营利组织可以根据本单位的具体情况和实际需要,在该账户下设置相应的二级账户和明细账户。限定性净资产的主要账务处理如下:

民间非营利组织限定性净资产的主要来源之一是获得了限定性收入(主要是限定性捐赠收入和政府补助收入)。期末,民间非营利组织应将当期"限定性收入"账户的贷方余额转为限定性净资产,即将各收入账户中所属的限定性收入明细账户的贷方余额转入"限定性净资产"账户的贷方,借记有关收入账户,贷记"限定性净资产"账户。

【例 5-23】 南宁市红十字会 2014 年 12 月 31 日有关账户余额见表 5-2。

表 5-2　　　　　　　　　　　账　户　余　额　表

2014 年 12 月 31 日　　　　　　　　　　　　　　　　　单位:元

账　户	余　额
捐赠收入——限定性收入	120 000
其他收入——限定性收入	30 000
政府补助收入——限定性收入	150 000
会费收入——限定性收入	50 000

要求:以会计张宇身份编制记账凭证(见图 5-65)。

记　账　凭　证

2014年12月31日　　　　　　　　　　　　　　记字第129号

摘　要	总账科目	明细科目	√	借方金额 千百十万千百十元角分	√	贷方金额 千百十万千百十元角分
结转限定性净资产	捐赠收入	限定性收入		1 2 0 0 0 0 0 0		
	其他收入	限定性收入		3 0 0 0 0 0 0		
	政府补助收入	限定性收入		1 5 0 0 0 0 0 0		
	会费收入	限定性收入		5 0 0 0 0 0 0		
	限定性净资产					3 5 0 0 0 0 0 0
合计				¥3 5 0 0 0 0 0 0		¥3 5 0 0 0 0 0 0

财务主管　　　记账　　　出纳 陈晓　　　审核　　　制单 张宇

附单据1张

图 5-65　记账凭证

练一练

1.(业务题)×民办学校 2014 年 10 月接受某企业家的一笔捐赠 500 000 元,要求资助贫困学生。2015 年 7 月,经与该企业家协商,将其中 100 000 元用于奖学金开支。请编制相关会计分录。

2.(业务题)×民间非营利组织将政府拨付的赈灾款 500 000 元已全额用于赈灾,并已计入赈灾费用。请编制相关会计分录。

业务活动 5-9　非限定性净资产的核算

【活动目标】　掌握民间非营利组织非限定性净资产的核算。

1. 非限定性净资产的概念

非限定性净资产指民间非营利组织的净资产中没有时间限制或(和)用途限制的部分。

2. 非限定性净资产的来源和变动

1) 非限定性净资产的来源

民间非营利组织的非限定性净资产主要来源于以下两方面:

(1) 获得资源提供者提供的资产或其他资产(如获赠资产产生的经济利益),并且资源提供者或者国家法律、行政法规对资产的使用没有设置限制。

(2) 从事交换交易时因收入大于成本而积累的非限定性净资产。

2) 非限定性净资产的变动

民间非营利组织发生业务活动成本、管理费用、筹资费用和其他费用时,会减少非限定性净资产。此外,限定性净资产限定条件解除后,要重新分类为非限定性净资产,也就导致非限定性净资产的增加。

概括地说,引起非限定性净资产变动的情况有以下三种:

(1) 获得非限定性收入、发生业务活动成本和其他当期费用。

(2) 限定性资产与非限定性净资产的重新分类。

(3) 对以前期间非限定性收入和费用项目的调整。

3. 账务处理

(1) 为核算非限定性净资产的增加、转销和结存情况,民间非营利组织应当设置"非限定性净资产"账户。该账户属于净资产类账户,借方登记非限定性净资产的使用、转销等减少金额;贷方登记非限定性净资产的增加金额;余额在贷方,反映民间非营利组织历年积存的非限定性净资产。非限定性净资产的主要账务处理如下:期末,民间非营利组织应将各收入类账户所属"非限定性收入"明细账户的余额转入"非限定性净资产"账户:借记"捐赠收入——非限定性收入"、"会费收入结余——非限定性收入"、"提供服务收入——非限定性收入"、"政府补助收入——非限定性收入"、"商品销售收入——非限定性收入"、"投资收益——非限定性收入"、"其他收入——非限定性收入"等账户,贷记"非限定性净资产"账户。

期末,将各费用类账户的余额转入"非限定性净资产"账户:借记"非限定性净资产"账户,贷记"业务活动成本"、"管理费用"、"筹资费用"、"其他费用"等账户。

【例 5-24】 2014 年 12 月 31 日,某民间非营利组织与非限定性净资产有关的账户期末余额见表 5-3。

表 5-3　　　　　　　　　　　期末账户余额　　　　　　　　　　　单位:元

账　户	余　额
捐赠收入——非限定性收入	80 000
提供服务收入——非限定性收入	300 000
商品销售收入——非限定性收入	500 000
其他收入——非限定性收入	120 000
业务活动成本	150 000
管理费用	50 000
筹资费用	40 000

要求:以会计张宇身份编制记账凭证(见图 5-66 和图 5-67)。

记账凭证

2014年12月31日　　　记字第361号

摘要	总账科目	明细科目	借方金额	贷方金额
结转收入	捐赠收入	非限定性收入	800000	
	提供服务收入	非限定性收入	300000	
	商品销售收入	非限定性收入	500000	
	其他收入	非限定性收入	120000	
	非限定性净资产			1000000
合计			¥1000000	¥1000000

财务主管　　记账　　出纳 陈晓　　审核　　制单 张宇

附单据1张

图 5-66　记账凭证

记账凭证

2014年12月31日　　　记字第362号

摘要	总账科目	明细科目	借方金额	贷方金额
结转费用	非限定性净资产		240000	
	业务活动成本			150000
	管理费用			50000
	筹资费用			40000
合计			¥240000	¥240000

财务主管　　记账　　出纳 陈晓　　审核　　制单 张宇

附单据1张

图 5-67　记账凭证

1. (简答题) 限定性净资产是如何界定的?
2. (简答题) 简述非限定性净资产的来源及其变动情况。
3. (业务题) ×民办博物馆 2014 年 12 月收到某收藏家捐赠的明代文物一件,要求只能用于展览,不能转让或者出售,但捐赠当时无法确定该文物的公允价值。2015 年 4 月,经专家鉴定,确认该文物的公允价值为 600 000 元。请编制相关会计分录。
4. (业务题) ×基金会 2014 年 6 月获得一笔捐款 200 万元,当时捐赠人没有对捐款的使用提出要求。2015 年 3 月,捐赠人向基金会提出,要求将未使用的捐款全部用于希望小学的建设,经协商,该基金会同意了捐赠人的要求(假设该笔捐款尚未使用)。请编制相关会计分录。
5. (业务题) 假设×捐资举办的民办学校 2014 年度的非限定性净资产增加额为 100 万元,按照《民办教育促进法实施细则》的要求,应当计提 25 万元(100×25%)的发展基金。请编制相关会计分录。

任务 4　民间非营利组织收入

业务活动 5-10　非交换交易收入的核算

【活动目标】　掌握民间非营利组织非交换交易收入的核算。

民间非营利组织非交换交易收入主要包括捐赠收入和政府补助收入。

1. 捐赠收入

"捐赠"顾名思义就是赠送,民间非营利组织因接受赠送而带来的资金流入为捐赠收入。民间非营利组织接受的捐赠符合收入的定义,即它是民间非营利组织在业务活动中取得的,最终会导致净资产的增加,因此,应当将其确认为收入。捐赠收入主要发生在各类基金会、宗教场所,也可以发生在其他类型的民间非营利组织,如医院等。

一般而言,捐赠收入主要有以下形式:

(1) 非限定性捐赠收入。如果资产捐赠者未对捐赠资产的使用设置时间限制或者(和)用途限制,则所确认的相关捐赠收入为非限定性捐赠收入。

(2) 限定性捐赠收入。如果资产捐赠者对资产的使用设置了时间限制或(和)用途限制,则所确认的相关捐赠收入为限定性捐赠收入。

为了核算接受其他单位或个人捐赠所取得的收入,民间非营利组织应设置"捐赠收入"账户。该账户用于核算民间非营利组织接受其他单位或者个人捐赠所取得的收入。民间非营利组织因受托代理业务而从委托方收到的受托代理资产不在该账户下核算。该账户属于收入类累积账户,借方登记结转为本期净资产的收入额;贷方登记本期实现的收入额;平时余额在贷方,反映非营利组织当期实现的捐赠收入的累积金额。期末结转净资产后,该账户应无余额。该账户可以根据收入是否存在限制,设置"限定性收入"和"非限定性收入"二级明细账户进行明细核算。

【例 5-25】　2014 年 10 月 1 日,南宁市红十字会根据捐款协议,收到南宁市丙企业的一项无条件的捐赠款项 100 万元,该款项已通过开户行收妥。

要求:根据有关单据(见图 5-68 和图 5-69)以会计张宇身份编制记账凭证(见图 5-70)。

图 5-68　捐赠协议

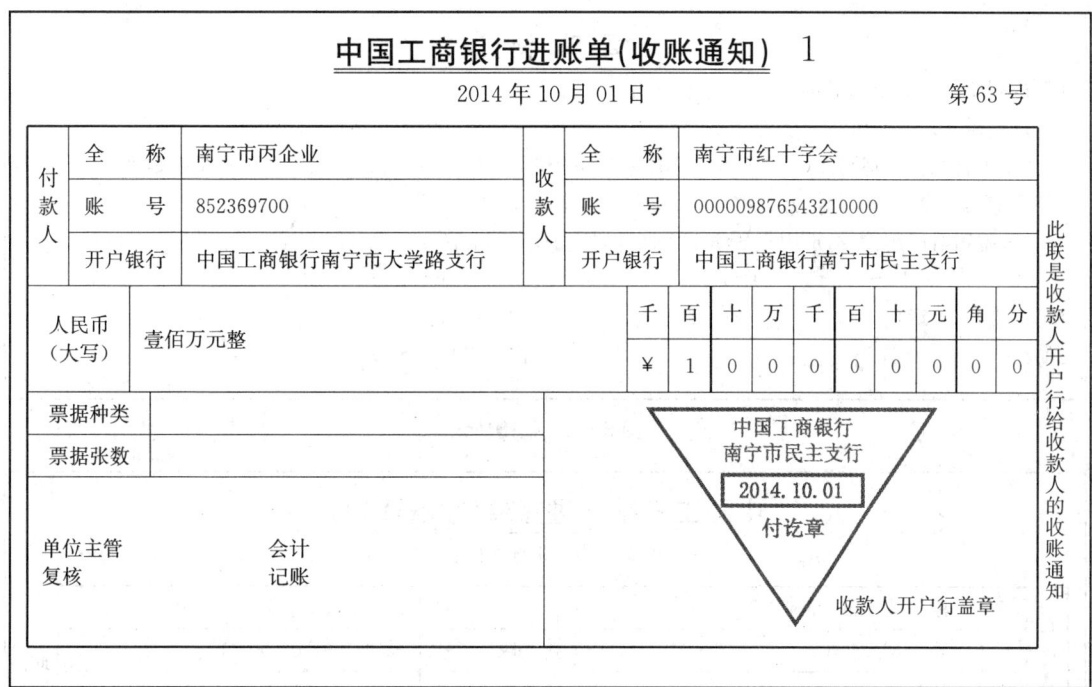

图 5-69 进账单

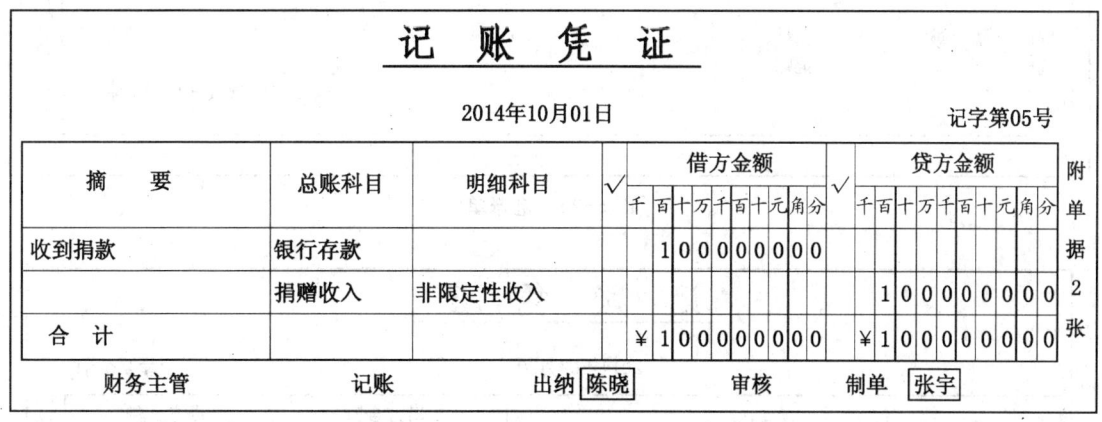

图 5-70 记账凭证

【例 5-26】 2014 年 9 月 20 日,南宁市红十字会收到南宁市甲企业一项捐赠款项。协议规定,某组织向南宁市红十字会捐赠 5 万元,应当在协议签订当日转入南宁市红十字会银行账户。该笔款项必须用于南宁市红十字会某项学术课题研究的设备购入。

要求:根据有关单据(见图 5-71 和图 5-72)以会计张宇身份编制记账凭证(见图 5-73)。

捐赠协议

甲方（捐赠人）：南宁市丁企业

乙方（受赠人）：南宁市红十字会

甲方自愿将下述财产（以下简称“捐赠财产”）无偿捐赠给乙方，乙方同意接受下述捐赠财产。

现金：人民币（大写）伍万元整　　　　（小写）¥ 50 000.00

该捐赠财产用途：指定用于某项学术课题研究的设备购入

甲方（签名/盖章）：　　　　　　　　乙方（盖章）：

2014 年 09 月 20 日　　　　　　　　2014 年 09 月 20 日

图 5-71　捐赠协议

中国工商银行进账单（收账通知）　1

2014 年 09 月 20 日　　　　　　　　第 71 号

付款人	全　称	南宁市丁企业	收款人	全　称	南宁市红十字会
	账　号	852369700		账　号	006082007006699111
	开户银行	中国工商银行南宁市大学路支行		开户银行	中国工商银行南宁市民主支行

人民币（大写）	伍万元整	千	百	十	万	千	百	十	元	角	分
				¥	5	0	0	0	0	0	0

票据种类	
票据张数	

单位主管　　会计
复核　　记账

中国工商银行南宁市民主支行 2014.09.20 付讫章

收款人开户行盖章

此联是收款人开户行给收款人的收账通知

图 5-72　进账单

记　账　凭　证

2014年09月20日　　　　　　　　记字第015号

摘　要	总账科目	明细科目	√	借方金额	√	贷方金额
收到捐款	银行存款			5000000		
	捐赠收入	限定性收入				5000000
合　计				¥5000000		¥5000000

附单据 1 张

财务主管　　记账　　出纳 陈晓　　审核　　制单 张宇

图 5-73　记账凭证

2. 政府补助收入

政府补助收入是指民间非营利组织接受政府拨款或者政府机构给予的补助而取得的收入。政府补助收入可以发生在各类型的民间非营利组织。政府补助收入也分为限定性和非限定性两种。

民间非营利组织接受政府补助所获得的资产通常为银行存款，应当按照实际收到的金额入账。如果民间非营利组织接受政府补助所获得的资产为非现金资产，其计量与接受捐赠的非现金资产的计量是一致的。

民间非营利组织应设置"政府补助收入"账户，核算民间非营利组织因为政府拨款或者政府机构给予的补助而形成的收入。该账户属于收入类累积账户，借方登记结转为本期净资产的收入额；贷方登记本期实现的收入额；平时余额在贷方，反映非营利组织当期实现的政府补助收入的累积金额。期末结转净资产后，该账户应无余额。该账户可以根据收入是否存在限制，设置"限定性收入"和"非限定性收入"二级明细账户进行明细核算。

【例 5-27】 2014 年 10 月 5 日，南宁市红十字会收到政府补助款项 400 000 元，且补助协议规定该资金只能用于特殊的教育项目。

要求：根据有关单据（见图 5-74）以会计张远身份编制记账凭证（见图 5-75）。

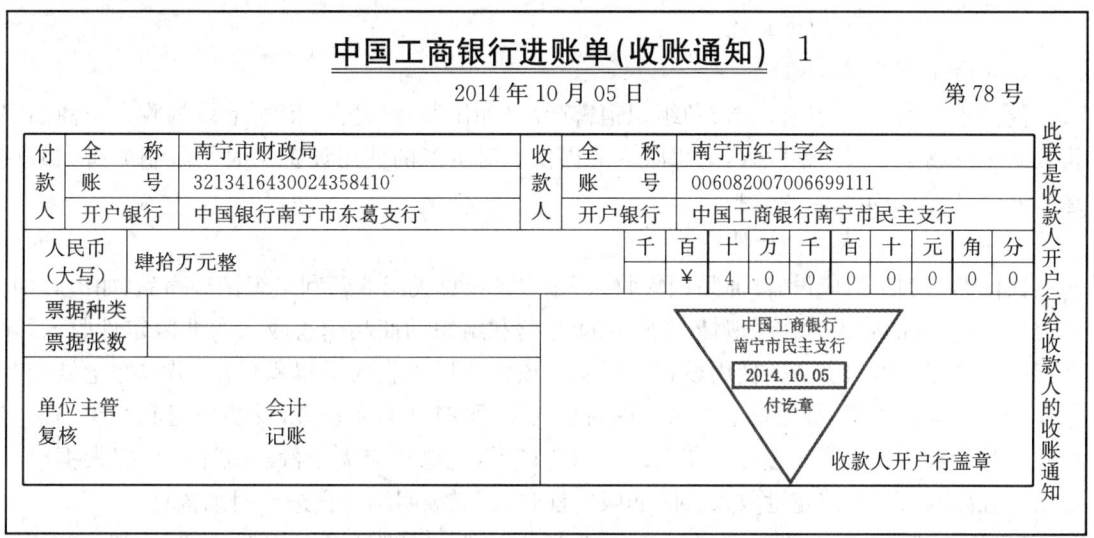

图 5-74 进账单

图 5-75 记账凭证

练一练

1.（业务题）×民间非营利扶贫基金会宣布成立,当日收到政府补助款项600 000元,且补助协议规定该资金只能用于特殊的教育项目。请编制相关会计分录。

2.（业务题）承上题,该扶贫基金会因故未能满足政府补助所附条件,根据政府补助协议,扶贫基金会必须退还政府补助款200 000元。请编制相关会计分录。

业务活动5-11　交换交易收入的核算

【活动目标】　掌握民间非营利组织交换交易收入的核算。

1. 交换交易收入的概念及内容

交换交易收入是指民间非营利组织按照市场规则,通过等价交换提供商品、服务和让渡资产使用权取得的收入,这类收入取得时,需要向交易对方支付等值或者大致等值的金额,或者提供等值或者大致等值的货物、服务等。交换交易收入主要包括商品销售收入、提供服务收入、会费收入等。

2. 商品销售收入的核算

1) 商品销售收入的概念

商品销售收入是指民间非营利组织销售产品(如出版物、药品)等所形成的收入。商品销售收入一般属于非限定性收入,如果收入的提供者对资产的使用设置了时间限制或者(和)用途限制,则应按限定性收入单独核算。

2) 商品销售收入的会计处理

民间非营利组织应设置"商品销售收入"账户来核算民间非营利组织销售商品(如出版物、药品等)所形成的收入。在一般情况下,民间非营利组织的商品销售收入为非限定性收入,除非相关资产提供者对资产的使用设置了限制。该账户属于收入类累积账户,借方登记结转为本期净资产的收入额;贷方登记本期实现的收入额;平时余额在贷方,反映非营利组织当期实现的商品销售收入的累积金额。期末结转净资产后,该账户应无余额。该账户可以根据收入是否存在限制,设置"限定性收入"和"非限定性收入"二级明细账户进行明细核算。

【例5-28】　南宁市红十字会于2014年11月出版并对外发售该组织会刊,该刊物的统一零售价为每份50元,对该会会员的优惠价格为每份45元,成本为每份40元。11月份该会共售出1 000份会刊,其中600份为会员购买,共收到会刊收入47 000元(假设不考虑税收及其他费用)。

要求:根据有关单据(见图5-76~图5-78)以会计张宇身份编制记账凭证(见图5-79~图5-80)。

3. 提供服务收入的核算

1) 提供服务收入的概念

提供服务收入是指民间非营利组织根据章程等的规定向其服务对象提供服务取得的收入,包括学杂费收入、医疗费收入、培训收入等。提供服务收入一般属于非限定性收入,如果收入的提供者对资产的使用设置了时间限制或者(和)用途限制,则应按限定性收入单独核算。

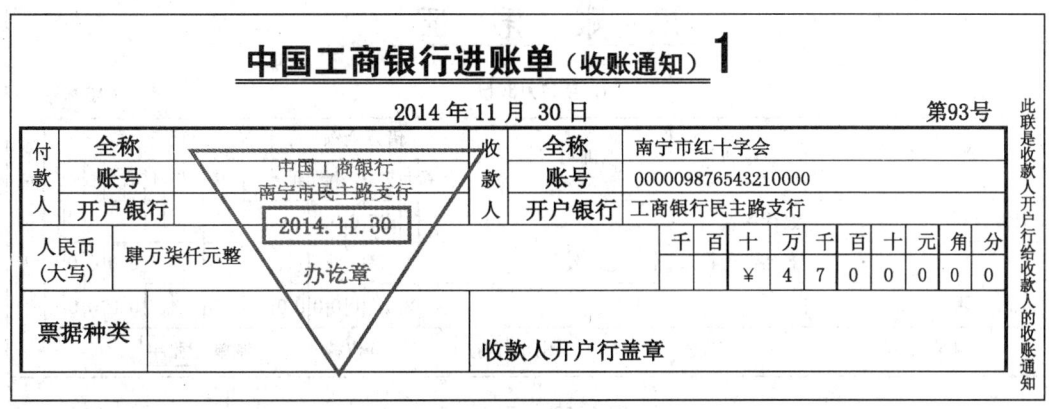

图 5-76　进账单

南宁市非营利组织发票（副联）

客户名称：南宁市红十字会　　　支票号：国税　　　开票时间：2014 年 11 月 30 日

项目	单位	数量	单价	金额
会刊收入	份	1 000	45.00	47 000.00
合计				￥47 000.00

图 5-77　非营利组织发票

领　料　单

领料部门：总部　　　　　　　　　　　　　　　　凭证编号：
用途：销售　　　　2014 年 11 月 01 日　　　　领料仓库：民主仓库

材料编号	材料规格及名称	计量单位	数量		价格（元）	
			请领	实领	单价	金额
011	11月会刊	份	1 000	1 000	40.00	40 000.00
备注					合计	￥40 000.00

记账：　　　　　发料：　　　　　审批：　　　　　　　　　领料：陈丽

图 5-78　领料单

2）提供服务收入的会计处理

为了核算提供服务收入增减变动情况，民间非营利组织应设置"提供服务收入"账户。该账户属于收入类累积账户，借方登记结转为本期净资产的收入额；贷方登记本期实现的收入额；平时余额在贷方，反映非营利组织当期实现的提供服务收入的累积金额。期末结转净资产后，该账户应无余额。该账户可以根据收入是否存在限制，设置"限定性收入"和"非限定性收入"二级明细账户进行明细核算。

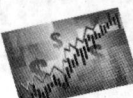

记 账 凭 证

2014年11月30日　　　　　　　　　　　　　记字第098号

摘要	总账科目	明细科目	√	借方金额 千百十万千百十元角分	√	贷方金额 千百十万千百十元角分	附单据1张
销售会刊	银行存款			4 7 0 0 0 0 0			
	商品销售收入	非限定性收入				4 7 0 0 0 0 0	
合　计				¥ 4 7 0 0 0 0 0		¥ 4 7 0 0 0 0 0	

财务主管　　　　　记账　　　　出纳 陈晓　　　　审核　　　　制单 张宇

图 5-79　记账凭证

记 账 凭 证

2014年11月30日　　　　　　　　　　　　　记字第099号

摘要	总账科目	明细科目	√	借方金额 千百十万千百十元角分	√	贷方金额 千百十万千百十元角分	附单据1张
销售会刊结转成本	业务活动成本	商品销售成本		4 0 0 0 0 0 0			
	存货	会刊				4 0 0 0 0 0 0	
合　计				¥ 4 0 0 0 0 0 0		¥ 4 0 0 0 0 0 0	

财务主管　　　　　记账　　　　出纳　　　　审核　　　　制单 张宇

图 5-80　记账凭证

【例 5-29】　2014 年 6 月 1 日,某民间非营利医院挂号处报来当日挂号诊费收入现金 20 000 元。
要求：根据有关单据(见图 5-81)以会计张宇身份编制记账凭证(见图 5-82)。

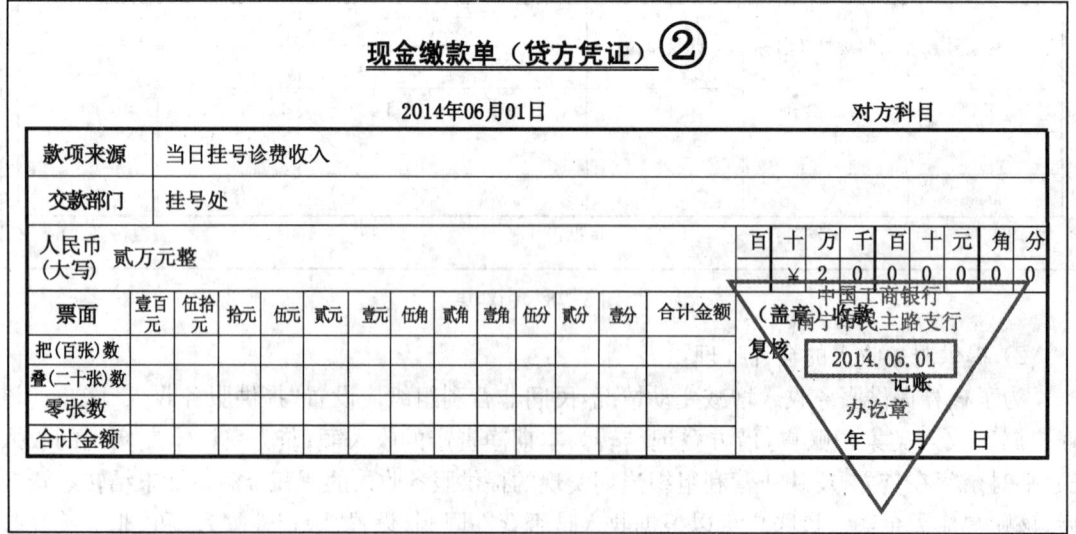

图 5-81　现金缴款单

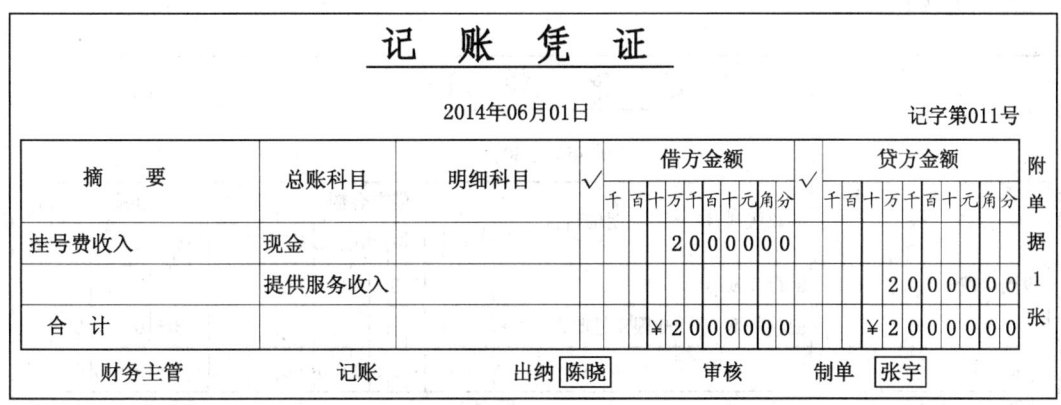

图 5-82　记账凭证

4. 会费收入的核算

1) 会费收入的概念

会费收入是指民间非营利组织根据章程等的规定向会员收取的会费。在一般情况下，民间非营利组织的会费收入为非限定性收入，除非资产提供者对资产的使用设置了限制。

2) 会费收入的计量

在实务中，民间非营利组织应设置"会费收入"账户核算定向会员收取的会费收入。该账户属于收入类累积账户，借方登记结转为本期净资产的收入额；贷方登记本期实现的收入额，平时余额在贷方，反映非营利组织当期实现的会费收入的累积金额。期末结转净资产后，该账户应无余额。该账户可以根据收入是否存在限制，设置"限定性收入"和"非限定性收入"二级明细账户进行明细核算。

【例 5-30】 2014 年 1 月 30 日，南宁市社会科学研究会收到本年度会员缴纳会费 36 000 元，款项全部通过银行收讫。

要求：根据有关单据（见图 5-83）以会计张宇身份编制记账凭证（见图 5-84 和图 5-85）。

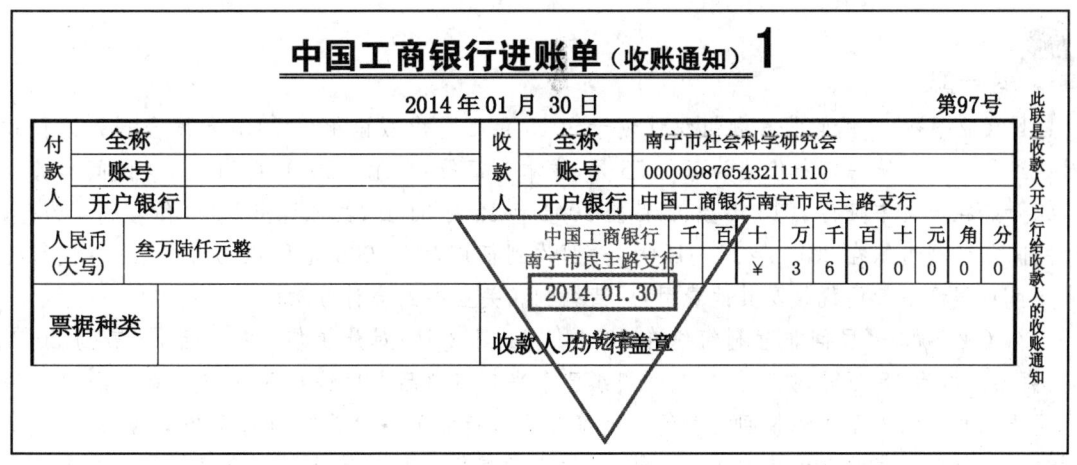

图 5-83　进账单

收到会费时：

记 账 凭 证

2014年01月30日　　　　　　　　　　　记字第011号

摘　要	总账科目	明细科目	√	借方金额 千百十万千百十元角分	√	贷方金额 千百十万千百十元角分	附单据1张
收到会费	银行存款			3 6 0 0 0 0 0			
	应收账款	非限定性收入				3 6 0 0 0 0 0	
合　计				¥ 3 6 0 0 0 0 0		¥ 3 6 0 0 0 0 0	

财务主管　　　　记账　　　　出纳 陈晓 　　　审核　　　　制单 张宇

图 5-84　记账凭证

每月月底确认会费收入时（以1月份为例）：

记 账 凭 证

2014年01月31日　　　　　　　　　　　记字第012号

摘　要	总账科目	明细科目	√	借方金额 千百十万千百十元角分	√	贷方金额 千百十万千百十元角分	附单据1张
每月月底确认会费收入	应收账款	非限定性收入		3 0 0 0 0 0			
	会费收入					3 0 0 0 0 0	
合　计				¥ 3 0 0 0 0 0		¥ 3 0 0 0 0 0	

财务主管　　　　记账　　　　出纳　　　　审核　　　　制单 张宇

图 5-85　记账凭证

1.（业务题）×民间非营利组织计划于2015年1月出版该组织2015年度会刊。该刊物对该组织会员的统一零售价格为每份55元，成本为每份40元。2014年11月，该民间非营利组织开始在会员中征订2015年会刊，截至2014年12月31日，共征订出1 000份会刊。为此，该民间非营利组织在2014年11~12月，分别收到征订款35 000元和20 000元（均以银行转账支付）（假设不考虑税收及其他费用）。请编制相关业务的会计分录。

2.（业务题）×民间非营利组织在2014年11月3日，对外销售一批商品，价款为20万元，商品成本为18万元，该民间非营利组织已于当日将商品交付给买方，但款项尚未收到。该民间非营利组织为了尽快收回货款而规定符合现金折扣的条件为"2/10，1/20，n/30"。假定销售同时符合销售收入确认的4项条件，同时不考虑税金和其他费用。请编制相关业务的会计分录。

任务 5　民间非营利组织费用

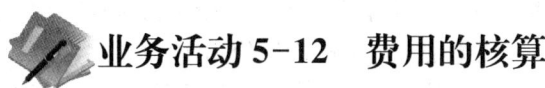

业务活动 5-12　费用的核算

【活动目标】　掌握民间非营利组织费用的核算。

1. 业务活动成本的核算

1）业务活动成本的概念

业务活动成本指民间非营利组织为了实现其业务活动目标、开展其项目活动或者提供服务所发生的费用。

2）账务处理

民间非营利组织发生的业务活动成本，应当按照其发生额计入当期费用。发生的业务活动成本，借记"业务活动成本"账户，贷记"现金"、"银行存款"、"存货"、"应付账款"等账户。期末，将"业务活动成本"账户的余额转入非限定性净资产，借记"非限定性净资产"账户，贷记"业务活动成本"账户。期末结转后，"业务活动成本"账户应无余额。

【例 5-31】　2014 年 6 月 2 日，×民间非营利组织根据会员大会章程和 2014 年度活动计划，向每家会员单位免费发放资料一套。资料由 A 印刷公司提供，印刷费为 25 000 元，货款未付。

要求：以会计张宇身份编制记账凭证（见图 5-86）。

摘要	总账科目	明细科目	借方金额	贷方金额
资料成本	业务活动成本	会员服务成本	￥25 000 00	
	应付账款	A印刷公司		￥25 000 00
合计			￥25 000 00	￥25 000 00

记账凭证　2014年06月01日　记字第011号　制单：张宇

图 5-86　记账凭证

2. 管理费用的核算

1）管理费用的概念

管理费用是指民间非营利组织为组织和管理其业务活动所发生的各项费用。

2）管理费用的账务处理

民间非营利组织发生的管理费用，应当在发生时按其发生额计入当期费用。管理费用的主要账务处理如下：

（1）现金、存货、固定资产等盘亏，根据管理权限报经批准后，按照相关资产账面价值扣除可以收回的保险赔偿和过失人的赔偿等后的金额，借记"管理费用"账户，按照可以收回的保险赔偿和过失人赔偿等，借记"现金"、"银行存款"、"其他应收款"等账户，按照已提取的累计折旧，借记"累计折旧"账户，按照相关资产的账面余额，贷记相关资产账户。

【例5-32】 2014年12月31日，南宁市红十字会盘点固定资产时发现，一项作为固定资产入账的笔记本电脑盘亏，该笔记本电脑账面原值为10 300元，已提取折旧3 300元。根据管理权限报经批准后，该笔记本电脑保管人员负责赔偿5 000元，从该职工下月工资中扣除。

要求：根据有关单据（见图5-87）以会计张宇身份编制记账凭证（见图5-88）。

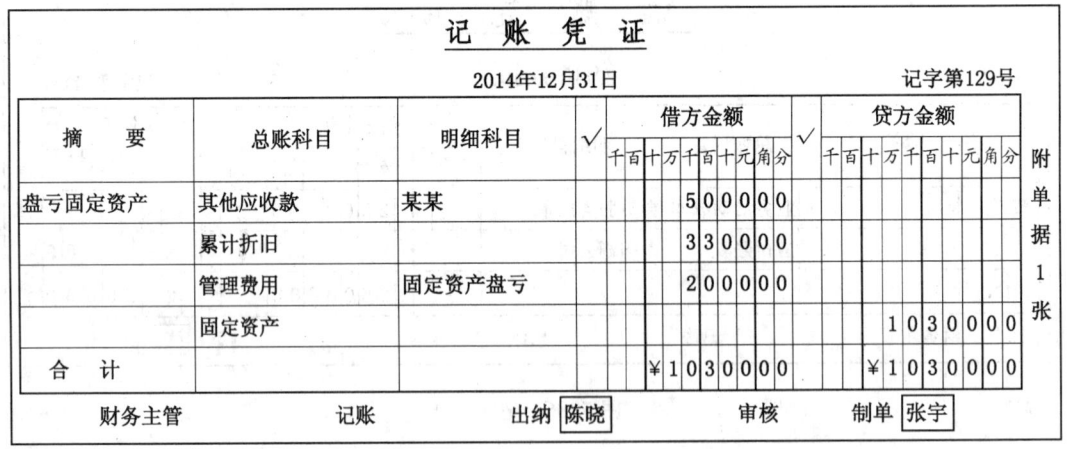

图5-87 现金盘点报告

图5-88 记账凭证

（2）对于因提取资产减值准备而确认的资产减值损失，借记"管理费用"账户，贷记相关资产减值准备账户。冲减或转回资产减值准备，借记相关资产减值准备账户，贷记"管理费用"账户。期末，将"管理费用"账户的余额转入非限定性净资产，借记"管理费用"账户，贷记"非限定性净资产"账户。期末结转后，"管理费用"账户应无余额。

1. （简答题）民间非营利组织费用的概念和主要特征是什么？
2. （简答题）如何对民间非营利组织的费用进行分类？
3. （简答题）民间非营利组织费用确认与计量的原则有哪些？
4. （业务题）2014年12月6日，甲民办养老院与乙企业签订一份捐赠协议。协议规定，乙企业将2014年实现净利润的10%用于甲养老院的基础设施修缮支出，该款项将于2015年1月底之前汇至养老院银行账户。同时，乙企业承诺，此次捐赠的款项不会少于10万元。根据此协议，养老院于2015年1月25日收到乙企业捐赠的款项12万元。请编制相关业务的会计分录。
5. （业务题）×民办医院是某单位指定的定点医院。月末汇总该单位员工医疗费用结欠款5万元。下月10日，欠款单位将所欠医疗费如数还清。请编制相关业务的会计分录。
6. （业务题）×民办学校本年度招收新生，实收学费30万元，其中，当年度学费5万元，第二、第三年度学费均为10万元，第四年度学费为5万元。请编制相关业务的会计分录。
7. （业务题）×民间非营利社会科学研究会2015年1月收到本年度会员缴纳会费36 000元，款项全部通过银行收讫。请编制相关业务的会计分录。
8. （业务题）2015年年末，×民间非营利组织的会计部门将会费收入账户余额8万元转入非限定性净资产。请编制相关业务的会计分录。
9. （业务题）2015年1月3日，×民间非营利组织出版并对外发售该组织会刊，该刊物的统一零售价为每份50元，成本为每份40元。截至1月底，该组织共售出1 000份会刊，收到会刊收入5万元（假设不考虑税收及其他费用）。
10. （业务题）2014年11月12日，×民间非营利组织受托为某会员单位培训一批学员，会员单位通过银行转账支付培训费总额为6万元，该组织所支付的会议费等培训成本为4万元。假设全部支出通过银行转账，而且不考虑其他税费。请编制相关业务的会计分录。
11. （业务题）2014年6月2日，×民间非营利组织根据会员大会章程和2007年度活动计划，向每家会员单位免费发放资料一套。资料由A印刷公司提供，印刷费25 000元，货款未付。请编制相关业务的会计分录。
12. （业务题）2014年12月31日，×民间非营利组织"业务活动成本"账户的借方余额为30万元。请编制相关业务的会计分录。
13. （业务题）2014年12月31日，×民间非营利组织通过对本年度应收账款金额、账龄和欠款单位的经营状况进行分析后，计提坏账准备共计25 000元。请编制相关业务的会计分录。
14. （业务题）2014年12月31日，×民间非营利组织"管理费用"账户的借方余额为56 000元。请编制相关业务的会计分录。
15. （业务题）×基金会为举办募款活动发生以下费用：以转账支票支付印刷宣传资料费3万元；以现金支付劳务费500元，误餐费120元。请编制相关业务的会计分录。
16. （业务题）2014年12月31日，×民间非营利组织"筹资费用"账户借方余额为6万元。请编制相关业务的会计分录。
17. （业务题）2014年10月11日，×民间非营利组织的一项固定资产使用期满经批准报废,该项固定资产原值为18万元,累计折旧已计提175 000元,在报废过程中,以银行存款支付清理费用5 000元,残料变卖收入为6 500元。请编制相关业务的会计分录。

18.(业务题)2014年12月31日,×民间非营利组织"其他费用"账户借方余额为6万元。请编制年终结账的会计分录。

综合实训题

(1)×基金会以现金购买办公用品160元,予以报销。请编制相关业务的会计分录。

(2)在现金清查中,×民间非营利组织发现长款40元,无法查明原因。请编制相关业务的会计分录。

(3)2014年5月31日,某慈善总会银行存款日记账的账面余额为24 000元,而银行送来的对账单上存款余额为34 000元。经逐笔核对,发现有以下几笔未达账项:

A.慈善总会于5月25日送存转账支票一张,面值为2 000元,银行尚未登记入账。

B.慈善总会于5月26日开出转账支票一张2 800元,持票人尚未办理转账手续。

C.银行于5月27日已将受托销货款10 000元收款入账,慈善总会尚未收到收账通知。

D.银行于5月29日已将慈善总会应支付的水电费800元从银行存款中划拨,但慈善总会尚未收到转账通知单。

请编制银行存款余额调节表。

(4)2014年12月31日,甲民间非营利组织应收账款和其他应收款的余额为20万元,估计坏账率为2%。"坏账准备"账户余额为贷方3 000元。请计算2015年应提取的坏账准备。

(5)2014年11月20日,×民间非营利组织购入材料一批,已验收入库,但发票等结算凭证尚未收到,货款尚未支付。月末,按照暂估价入账,假设其暂估价为86 000元。请编制相关业务的会计分录。

(6)×民间福利院于2015年1月1日以20万元的价格购入2015年1月1日发行的5年期到期还本付息债券,债券年利率为12%,债券面值为20万元,购买债券时支付的相关税费为1 000元。请编制相关业务的会计分录。

(7)2015年4月12日,×民间非营利组织以银行存款一次购入办公用电脑5台、配套设施5套,每套包括一张桌子、一把椅子,总计款项35 000元,已经验收入库。每台电脑的公允价值为5 500元,一张桌子的公允价值为500元,一把椅子的公允价值为260元。请编制相关业务的会计分录。

(8)2014年5月,×民间非营利组织购入一批图书。增值税专用发票上列明,该批图书的价款为1万元,适用的增值税税率为13%,增值税额为1 300元。销售方规定的现金折扣条件为"2/10,n/30"。5月25日,该民间非营利组织所购买的图书已验收入库,并收到了销售方开具的发票账单,但尚未支付货款。6月3日,该民间非营利组织付清了购书款。请编制相关业务的会计分录。

(9)×民办学校2014年10月接受×企业家的一笔捐赠50万元,要求资助贫困学生。2015年7月,经与该企业家协商,将其中的10万元用于奖学金开支。请编制相关业务的会计分录。

(10) ×民间非营利组织原来捐赠人捐赠8万元,约定的资产限制使用期限已满。请编制相关业务的会计分录。

(11) ×民间非营利组织将政府拨付的赈灾款50万元已全额用于赈灾,并已计入赈灾费用。请编制相关业务的会计分录。

(12) ×基金会2014年6月获得一笔捐款200万元,当时捐赠人没有对使用范围提出要求。2015年3月,该捐赠人向基金会提出,要求将未使用的捐款全部用于希望小学的建设,经协商,基金会同意了捐赠人的要求(假设该笔捐款尚未使用)。请编制相关业务的会计分录。

(13) 2014年12月6日,甲民办养老院与乙企业签订一份捐赠协议。协议规定,乙企业将2014年实现净利润的10%用于甲养老院的基础设施修缮支出,该款项将于2015年1月底之前汇至养老院银行账户。同时,乙企业承诺,此次捐赠的款项不会少于10万元。根据此协议,养老院于2015年1月25日收到乙企业捐赠的款项12万元。请编制相关业务的会计分录。

(14) 2014年5月6日,甲私立医院收到乙医药公司捐赠的药品一批,发票上注明价值8万元,为此,甲医院以现金支付运费1 000元,乙公司未对药品的使用和处分设定任何限制。请编制相关业务的会计分录。

(15) 2014年6月27日,甲基金会收到乙企业捐赠的笔记本电脑10台,捐赠人约定该笔记本电脑只能用于基金会的某种公益性用途,1年后可由甲基金会随意使用或处理。经市场调查,这批笔记本电脑的市场价值为12万元。请编制相关业务的会计分录。

(16) 2014年12月31日,×民间非营利组织将限定性政府补助收入45万元和非限定性政府补助收入55万元,分别转入限定性净资产和非限定性净资产。请编制相关业务的会计分录。

(17) 2014年6月2日,×民间非营利组织根据会员大会章程和2014年度活动计划,向每家会员单位免费发放资料一套。资料由A印刷公司提供,印刷费为25 000元,货款未付。请编制相关业务的会计分录。

(18) 2014年12月31日,×民间非营利组织通过对本年度应收账款金额、账龄和欠款单位的经营状况进行分析后,计提坏账准备共计25 000元。请编制相关业务的会计分录。

(19) 2014年5月3日,×民间非营利组织接受捐赠10台台式计算机,入账价值为每台5 800元,共计58 000元。该组织计划出售这批计算机,变现的现金用于某地区春蕾计划。2014年12月31日,该批计算机尚未售出,但市场上同类计算机的市场价格已经跌至每台4 000元。请编制相关业务的会计分录。

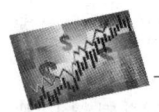

各章综合实训题参考答案

模块 2　财政总预算会计

(1) 借:国库存款——一般预算存款		580 000
贷:一般预算收入		580 000
(2) 借:国库存款——基金预算存款		750 000
贷:基金预算收入——教育基金		400 000
——养路费		350 000
(3) 借:国库存款——一般预算存款		9 000
贷:在途款		9 000
(4) 借:预拨经费——教育局		900 000
贷:国库存款		900 000
(5) 借:基建拨款		1 500 000
贷:国库存款		1 500 000
(6) 借:其他财政存款		400 000
贷:专用基金收入		400 000
(7) 借:一般预算支出		280 000
贷:国库存款——一般预算存款		280 000
借:其他财政存款——专用基金存款		280 000
贷:专用基金收入		280 000
(8) 借:其他财政存款		18 000
贷:财政周转金收入——占用费收入		18 000
(9) 借:国库存款		600 000
贷:与上级往来		600 000
(10) 借:基金预算支出		700 000
贷:国库存款		700 000
(11) 借:财政周转金放款		2 800 000
贷:其他财政存款		2 800 000
(12) 借:国库存款		750 000
贷:补助收入——基金预算补助		450 000
上解收入——一般预算上解		300 000
(13) 借:与下级往来		850 000
贷:国库存款		850 000

(14) 借：补助支出——一般预算补助　　　　　　　　　　　　　　1 000 000
　　　贷：国库存款——一般预算存款　　　　　　　　　　　　　　　　1 000 000
(15) 借：有价证券　　　　　　　　　　　　　　　　　　　　　　1 300 000
　　　贷：国库存款——基金预算存款　　　　　　　　　　　　　　　　1 300 000
(16) 借：暂付款　　　　　　　　　　　　　　　　　　　　　　　　600 000
　　　贷：国库存款　　　　　　　　　　　　　　　　　　　　　　　　600 000
(17) 借：上解支出　　　　　　　　　　　　　　　　　　　　　　　520 000
　　　贷：国库存款——一般预算存款　　　　　　　　　　　　　　　　520 000
(18) 借：国库存款　　　　　　　　　　　　　　　　　　　　　　1 520 000
　　　贷：有价证券　　　　　　　　　　　　　　　　　　　　　　　1 500 000
　　　　　一般预算收入　　　　　　　　　　　　　　　　　　　　　　20 000
(19) 借：与上级往来　　　　　　　　　　　　　　　　　　　　　　600 000
　　　贷：补助收入　　　　　　　　　　　　　　　　　　　　　　　　600 000
(20) 借：国库存款　　　　　　　　　　　　　　　　　　　　　　　146 000
　　　贷：调入资金　　　　　　　　　　　　　　　　　　　　　　　　146 000
(21) 借：财政周转金支出——业务费支出　　　　　　　　　　　　　 10 500
　　　贷：其他财政存款　　　　　　　　　　　　　　　　　　　　　　10 500
(22) 借：预算结余　　　　　　　　　　　　　　　　　　　　　　　240 000
　　　贷：预算周转金　　　　　　　　　　　　　　　　　　　　　　　240 000
(23) 借：一般预算支出　　　　　　　　　　　　　　　　　　　　　560 000
　　　贷：国库存款　　　　　　　　　　　　　　　　　　　　　　　　560 000
　　 借：其他财政存款　　　　　　　　　　　　　　　　　　　　　560 000
　　　贷：财政周转基金　　　　　　　　　　　　　　　　　　　　　　560 000
(24) 借：待处理财政周转金　　　　　　　　　　　　　　　　　　　700 000
　　　贷：借出财政周转金　　　　　　　　　　　　　　　　　　　　　700 000
　　 借：财政周转基金　　　　　　　　　　　　　　　　　　　　　700 000
　　　贷：待处理财政周转金　　　　　　　　　　　　　　　　　　　　700 000
(25) 借：一般预算收入　　　　　　　　　　　　　　　　　　　　9 800 000
　　　　补助收入——一般预算补助　　　　　　　　　　　　　　　5 000 000
　　　　上解收入　　　　　　　　　　　　　　　　　　　　　　　2 900 000
　　　　调入资金　　　　　　　　　　　　　　　　　　　　　　　　500 000
　　　贷：预算结余　　　　　　　　　　　　　　　　　　　　　　　18 200 000
　　 借：预算结余　　　　　　　　　　　　　　　　　　　　　　 9 740 000
　　　贷：一般预算支出　　　　　　　　　　　　　　　　　　　　　5 400 000
　　　　　补助支出——一般预算补助　　　　　　　　　　　　　　　2 470 000
　　　　　上解支出　　　　　　　　　　　　　　　　　　　　　　　1 870 000
　　 借：基金预算收入　　　　　　　　　　　　　　　　　　　　 7 900 000
　　　　补助收入——基金预算补助　　　　　　　　　　　　　　　3 600 000
　　　贷：基金预算结余　　　　　　　　　　　　　　　　　　　　　11 500 000
　　 借：基金预算结余　　　　　　　　　　　　　　　　　　　　 5 174 000
　　　贷：基金预算支出　　　　　　　　　　　　　　　　　　　　　3 000 000
　　　　　补助支出——基金预算补助　　　　　　　　　　　　　　　1 674 000
　　　　　调出资金　　　　　　　　　　　　　　　　　　　　　　　　500 000

```
借：专用基金收入                                    6 500 000
    贷：专用基金结余                                6 500 000
借：专用基金结余                                    2 820 000
    贷：专用基金支出                                2 820 000
借：财政周转金收入                                     78 000
    贷：财政周转金支出                                 78 000
借：财政周转金收入                                     22 000
    贷：财政周转基金                                   22 000
```

模块3　行政单位会计

```
(1) 借：其他应收款——职工王某                           2 000
       贷：库存现金                                    2 000
(2) 借：库存现金                                      40 000
       贷：零余额账户用款额度                          40 000
(3) 借：经费支出——财政拨款支出                           250
       贷：库存现金                                      250
(4) 借：库存现金                                          30
       贷：待处理财产损溢                                  30
(5) 借：待处理财产损溢                                    30
       贷：应缴财政款                                      30
(6) 借：银行存款                                     400 000
       贷：其他收入                                   400 000
(7) 借：银行存款                                      30 000
       贷：零余额账户用款额度                          30 000
同时：
借：经费支出——财政拨款支出                             30 000
    贷：经费支出——其他资金支出                         30 000
(8) 借：银行存款                                       1 200
       经费支出                                         100
       贷：存货——库存材料（甲材料）                    1 300
(9) 借：预付账款                                      20 000
       贷：资产基金——预付款项                         20 000
同时：
借：经费支出                                          20 000
    贷：财政拨款收入                                   20 000
(10) 借：存货                                        200 000
        贷：资产基金——存货                           200 000
     借：资产基金——预付款项                           20 000
        贷：预付账款                                   20 000
     借：经费支出                                     180 000
        贷：财政拨款收入                              180 000
```

(11) 借:存货　　　　　　　　　　　　　　　　　　　　　　　　　　9 000
　　　贷:资产基金——存货　　　　　　　　　　　　　　　　　　　　9 000
同时:
借:待偿债净资产　　　　　　　　　　　　　　　　　　　　　　　　9 000
　　贷:应付账款——N公司　　　　　　　　　　　　　　　　　　　　9 000
(12) 借:资产基金——政府储备物资　　　　　　　　　　　　　　　350 000
　　　贷:政府储备物资　　　　　　　　　　　　　　　　　　　　　350 000
(13) 借:银行存款　　　　　　　　　　　　　　　　　　　　　　　　2 000
　　　贷:应缴财政款——罚没收入　　　　　　　　　　　　　　　　　2 000
(14) 借:其他应付款——某企业　　　　　　　　　　　　　　　　　　8 000
　　　贷:银行存款　　　　　　　　　　　　　　　　　　　　　　　　8 000
(15) 借:经费支出　　　　　　　　　　　　　　　　　　　　　　5 310 000
　　　贷:应付职工薪酬——工资(离退休费)　　　　　　　　　　　3 600 000
　　　　　　　　　　　　——地方(部门)津贴补贴　　　　　　　　1 200 000
　　　　　　　　　　　　——其他个人收入　　　　　　　　　　　　50 000
　　　　　　　　　　　　——社会保险费　　　　　　　　　　　　300 000
　　　　　　　　　　　　——住房公积金　　　　　　　　　　　　160 000
(16) 借:应付职工薪酬——工资　　　　　　　　　　　　　　　　　　2 000
　　　贷:其他应收款　　　　　　　　　　　　　　　　　　　　　　　2 000
(17) 代扣时:
借:应付职工薪酬——工资　　　　　　　　　　　　　　　　　　　　6 000
　　贷:应缴税费——应缴个人所得税　　　　　　　　　　　　　　　　6 000
代缴时:
借:应缴税费——应缴个人所得税　　　　　　　　　　　　　　　　　6 000
　　贷:零余额账户用款额度　　　　　　　　　　　　　　　　　　　　6 000
(18) 代扣时:
借:应付职工薪酬——工资　　　　　　　　　　　　　　　　　　　350 000
　　贷:其他应付款——应付社会保险费　　　　　　　　　　　　　250 000
　　　　　　　　　——应付住房公积金　　　　　　　　　　　　　100 000
代缴时:
借:其他应付款——应付社会保险费　　　　　　　　　　　　　　　250 000
　　　　　　　——应付住房公积金　　　　　　　　　　　　　　　100 000
　　贷:零余额账户用款额度　　　　　　　　　　　　　　　　　　350 000
(19) 借:财政拨款结余——单位内部调剂(某市教育局)　　　　　　2 000 000
　　　贷:财政拨款结转——单位内部调剂(甲行政单位)　　　　　2 000 000
(20) 借:拨出经费——基本支出　　　　　　　　　　　　　　　　100 000
　　　贷:银行存款　　　　　　　　　　　　　　　　　　　　　　100 000
(21) 借:银行存款　　　　　　　　　　　　　　　　　　　　　　　　800
　　　贷:其他收入　　　　　　　　　　　　　　　　　　　　　　　　800
(22) 借:经费支出　　　　　　　　　　　　　　　　　　　　　　　9 000
　　　贷:银行存款　　　　　　　　　　　　　　　　　　　　　　　9 000
　　　借:应付账款——N公司　　　　　　　　　　　　　　　　　　9 000
　　　贷:待偿债净资产　　　　　　　　　　　　　　　　　　　　　9 000

(23) 2014 年 12 月 31 日：
a. 财政直接支付：
借：财政应返还额度——财政直接支付 260 000
　　贷：财政拨款收入 260 000
b. 财政授权支付：
借：财政应返还额度——财政授权支付 140 000
　　贷：零余额账户用款额度 140 000
2015 年 1 月 2 日：
a. 财政直接支付：
不变会计分录。
b. 财政授权支付：
借：零余额账户用款额度 140 000
　　贷：财政应返还额度——财政授权支付 140 000

模块 4　事业单位会计

(1) 借：库存现金 3 000
　　　贷：零余额账户用款额度 3 000
(2) 借：银行存款 8 500
　　　贷：事业收入 8 500
(3) 借：零余额账户用款额度 630 000
　　　贷：财政补助收入 630 000
(4) 借：事业支出 720
　　　贷：零余额账户用款额度 720
(5) 借：事业支出 3 640
　　　贷：零余额账户用款额度 3 640
　　借：固定资产 3 640
　　　贷：非流动资产基金 3 640
(6) 借：事业支出 14 000
　　　贷：银行存款 14 000
　　借：无形资产 14 000
　　　贷：非流动资产基金 14 000
(7) 借：银行存款 90 000
　　　贷：短期借款 90 000
(8) 借：存货 10 000
　　　贷：应付票据 10 000
(9) 借：短期借款 20 000
　　　　其他支出 1 900
　　　贷：银行存款 21 900
(10) 借：应付账款 4 800
　　　贷：零余额账户用款额度 4 800
(11) 借：银行存款 3 400
　　　贷：应缴国库款 3 400

(12) 借：应缴国库款		3 400
贷：银行存款		3 400
(13) 借：事业支出		741 000
贷：应付职工薪酬——工资		660 000
——离退休费		81 000
(14) 借：应付职工薪酬——工资		660 000
——离退休费		81 000
贷：零余额账户用款额度		741 000
(15) 借：事业支出		41 400
贷：零余额账户用款额度		14 100
(16) 借：事业支出		23 000
贷：财政补助收入		23 000
(17) 借：银行存款		3 610
贷：经营收入		3 610
(18) 借：银行存款		7 000
贷：其他收入		7 000
(19) 借：事业支出——基本支出		3 950
贷：零余额账户用款额度		3 950
(20) 借：事业支出——项目支出		13 200
贷：财政补助收入		13 200
(21) 借：经营支出		1 340
贷：银行存款		1 340
(22) 借：事业支出		120
贷：库存现金		120
(23) 借：非流动资产基金		3 580
贷：累计折旧		3 580
(24) 借：其他支出		27
贷：库存现金		27
(25) 借：财政补助收入——基本支出		699 000
财政补助收入——项目支出		13 200
贷：财政补助结转		712 200
借：财政补助结转		704 630
贷：事业支出——财政补助支出——基本支出		691 430
事业支出——财政补助支出——项目支出		13 200
(26) 借：财政补助结转		7 600
贷：财政补助结余		7 600
(27) 借：事业收入		8 500
其他收入		7 000
贷：事业结余		15 500
借：事业结余		15 927
贷：事业支出		14 000
其他支出		1 927

(28) 借：经营收入　　　　　　　　　　　　　　　　　　　　　　　　3 610
　　　贷：经营结余　　　　　　　　　　　　　　　　　　　　　　　　　　3 610
　　　借：经营结余　　　　　　　　　　　　　　　　　　　　　　　　1 340
　　　贷：经营支出　　　　　　　　　　　　　　　　　　　　　　　　　　1 340
(29) 借：经营结余　　　　　　　　　　　　　　　　　　　　　　　　2 270
　　　贷：非财政补助结余分配　　　　　　　　　　　　　　　　　　　　　2 270
(30) 借：非财政补助结余分配　　　　　　　　　　　　　　　　　　　2 270
　　　贷：事业基金　　　　　　　　　　　　　　　　　　　　　　　　　　2 270

模块 5　民间非营利组织会计

(1) 借：管理费用　　　　　　　　　　　　　　　　　　　　　　　　　160
　　　贷：现金　　　　　　　　　　　　　　　　　　　　　　　　　　　　160
(2) 借：现金　　　　　　　　　　　　　　　　　　　　　　　　　　　　40
　　　贷：其他收入　　　　　　　　　　　　　　　　　　　　　　　　　　40
(3)

银行存款余额调节表　　　　　　　　　　　　　　　　　　　单位：元

项目	金额	项目	金额
慈善总会银行存款账户余额	24 000	银行对账单上的存款余额	34 000
加：银行已收款记账金额	10 000	加：慈善总会已收款记账金额	2 000
减：银行已付账记账金额	800	减：慈善总会已付款记账金额	2 800
调节后的余额	33 200	调节后的余额	33 200

(4) 2014 年年末按应收款项计算的应计提坏账准备＝200 000×2％＝4 000(元)
　　　2014 年应提取坏账准备＝4 000－3 000＝1 000(元)
(5) A. 转化入账时：
　　借：存货——材料　　　　　　　　　　　　　　　　　　　　　　86 000
　　　贷：应付账款——暂估应付账款　　　　　　　　　　　　　　　　　86 000
　　B. 下月初用红字冲回时：
　　借：存货——材料　　　　　　　　　　　　　　　　　　　　　　86 000
　　　贷：应付账款——暂估应付款　　　　　　　　　　　　　　　　　　86 000
　　C. 收到有关结算凭证，并按材料实际价格支付款项时：
　　借：存货——材料　　　　　　　　　　　　　　　　　　　　　　87 000
　　　贷：银行存款　　　　　　　　　　　　　　　　　　　　　　　　　87 000
(6) 该民间福利院购买债券的初始投资成本＝200 000＋1 000＝201 000(元)
　　A. 借：长期债权投资——债券投资(面值)　　　　　　　　　　　200 000
　　　　　　　　　　　　——债券投资(债券费用)　　　　　　　　　　1 000
　　　　贷：银行存款　　　　　　　　　　　　　　　　　　　　　　201 000
(7) 各项资产的成本计算如下：
　　办公电脑的总成本＝35 000÷(5 500×5＋500×5＋260×5)×5 500×5
　　　　　　　　　　＝1.118 2×27 500＝30 750.5(元)

桌子的总成本＝1.118 2×500×5＝2 795.5(元)
椅子的总成本＝1.118 2×260×5＝1 454(元)

借：固定资产　　　　　　　　　　　　　　　　　　　　　　　　　30 750.5
　　存货　　　　　　　　　　　　　　　　　　　　　　　　　　　　4 249.5
　　贷：银行存款　　　　　　　　　　　　　　　　　　　　　　　　　　　35 000.0

(8) 借：存货　　　　　　　　　　　　　　　　　　　　　　　　　　11 300
　　贷：应付账款　　　　　　　　　　　　　　　　　　　　　　　　　　　11 300

由于是在10天内付清了货款，因此取得了现金折扣226元(11 300×2%)，实际偿付11 074元(11 300－226)。

借：应付账款　　　　　　　　　　　　　　　　　　　　　　　　　11 300
　　贷：筹资费用　　　　　　　　　　　　　　　　　　　　　　　　　　　226
　　　　银行存款　　　　　　　　　　　　　　　　　　　　　　　　　　　11 074

(9) A. 2014年10月，收到捐赠时：

借：银行存款　　　　　　　　　　　　　　　　　　　　　　　　500 000
　　贷：捐赠收入——限定性收入　　　　　　　　　　　　　　　　　　500 000

B. 2014年12月31日，结转限定性净资产时：

借：捐赠收入——限定性收入　　　　　　　　　　　　　　　　　500 000
　　贷：限定性净资产　　　　　　　　　　　　　　　　　　　　　　　500 000

C. 2014年7月，发放奖学金时：

借：业务活动成本　　　　　　　　　　　　　　　　　　　　　　100 000
　　贷：现金　　　　　　　　　　　　　　　　　　　　　　　　　　　100 000
借：限定性净资产　　　　　　　　　　　　　　　　　　　　　　100 000
　　贷：非限定性净资产　　　　　　　　　　　　　　　　　　　　　　100 000

(10) 借：限定性净资产　　　　　　　　　　　　　　　　　　　　　80 000
　　　贷：非限定性净资产　　　　　　　　　　　　　　　　　　　　　　80 000

(11) 借：业务活动成本　　　　　　　　　　　　　　　　　　　　　500 000
　　　贷：现金（银行存款）　　　　　　　　　　　　　　　　　　　　　500 000
借：限定性净资产　　　　　　　　　　　　　　　　　　　　　　500 000
　　贷：非限定性净资产　　　　　　　　　　　　　　　　　　　　　　500 000

(12) A. 2014年6月，获得捐款时：

借：银行存款　　　　　　　　　　　　　　　　　　　　　　　2 000 000
　　贷：捐赠收入——非限定性收入　　　　　　　　　　　　　　　2 000 000

B. 2015年6月30日，结转限定性资产时：

借：捐赠收入——非限定性收入　　　　　　　　　　　　　　　2 000 000
　　贷：非限定性净资产　　　　　　　　　　　　　　　　　　　　2 000 000

C. 2008年3月，将未使用的捐款用于希望小学的建设时：

借：非限定性净资产　　　　　　　　　　　　　　　　　　　2 000 000
　　贷：限定性净资产　　　　　　　　　　　　　　　　　　　　　2 000 000

(13) A. 2014年12月6日，不满足捐赠收入的确认条件，无会计分录。

B. 2015年1月25日，收到乙企业的捐赠款项时：

借：银行存款　　　　　　　　　　　　　　　　　　　　　　　120 000
　　贷：捐赠收入——限定性收入　　　　　　　　　　　　　　　　120 000

(14) 借：存货——药品 81 000
　　　贷：捐赠收入——非限定性收入 80 000
　　　　　现金 1 000
(15) 借：固定资产 120 000
　　　贷：捐赠收入——限定性收入 120 000
(16) 借：政府补助收入——限定性收入 450 000
　　　贷：限定性净资产 450 000
　　　借：政府补助收入——非限定性收入 550 000
　　　贷：非限定性净资产 550 000
(17) 借：业务活动成本——会员服务成本 25 000
　　　贷：应付账款——A印刷公司 25 000
(18) 借：管理费用 25 000
　　　贷：坏账准备 25 000
(19) 2014年年末，该批计算机的可变现净值40 000元(4 000×10)低于其账面价值58 000元，因此应当计提存货跌价准备，确认存货跌价损失18 000元(58 000－40 000)。
　　借：管理费用——存货跌价准备 18 000
　　　贷：存货跌价准备 18 000

教学课件索取单

敬爱的老师：

感谢您使用我们出版社的教材。为了方便您的教学，教材配有相关教学课件。如果您需要，请您直接填写下面表格中的相关信息，并拍照后以电子邮件的形式发到下面的邮箱；或者在立信会计出版社官网(www.lixinaph.com)的下载专区中下载并填写课件索取表格，并以电子邮件形式发到我社邮箱(lixinaph@163.com)，我们在核对您的信息后，会免费向您提供教学课件。

我们的联系方式：

地　址：上海市中山西路2230号1号楼1507室　　　邮　编：200235
　　　　立信会计出版社　　　　　　　　　　　　电　话：(021) 64411223(O)
电子邮件：victoria_tysx@126.com　　　　　　　联系人：余榕

姓　　名		性别		身份证号			
学　　校				学院、系		教研室	
学校地址						邮　编	
职　　务				职　称		办公电话	
E-mail				手　机		宅　电	
通信地址						邮　编	
所选教材				教材用量		册	
委托订购单位							

您对本书的使用有什么意见和建议？

_____

_____

_____